《武汉地方法治发展史》编委会

主　任： 胡绪鹍

副主任： 景新华　涂文学　关太兵

编　委：（按姓氏笔画为序）

王　耀　刘健勤　刘新涛　孙天文　孙原琍
严　宏　李卫东　李双利　李国祥　李晓晖
杨学文　肖永平　邹　耘　张　功　张　凯
张河洁　陈晓华　武　乾　罗　平　周　玉
周　罡　秦慕萍　莫洪宪　夏　俊　顾久幸
涂亚平　梁　彤　彭国元　彭胜坤

咨询专家学者：（按姓氏笔画排序）

王　伟　王帅一　王立峰　王斐弘　方立新　付海晏
严昌洪　苏亦工　李　力　李　明　李　勇　李　强
李秀清　李启成　李贵连　杨一凡　杨卫东　何邦武
余钊飞　张　生　张三夕　张金才　张幸平　张晓玲
张晓燕　张笃勤　张蓓蓓　张德美　陈云朝　陈国平
陈晓枫　陈景良　范忠信　罗福惠　周叶中　周建民
春　杨　胡永恒　侯欣一　莫纪宏　徐立志　徐永康
高汉成　唐仕春　萧伯符　虞和平　谭仁杰

武汉地方法治发展史

先秦卷

主编／胡绪鹍
副主编／李卫东　周玉

顾久幸／著

人民出版社

策划编辑:李春生　鲁　静
责任编辑:刘松弢　彭代琪格

图书在版编目(CIP)数据

武汉地方法治发展史.先秦卷/胡绪鹍 主编;顾久幸 著.—北京:人民出版社,2023.11
(武汉地方法治发展史)
ISBN 978-7-01-025855-3

Ⅰ.①武… Ⅱ.①胡…②顾… Ⅲ.①法制史-武汉-先秦时代 Ⅳ.①D927.631

中国国家版本馆 CIP 数据核字(2023)第 195204 号

武汉地方法治发展史
WUHAN DIFANG FAZHI FAZHANSHI
(先秦卷)

胡绪鹍　主编　顾久幸　著

人民出版社 出版发行
(100706　北京市东城区隆福寺街99号)

中煤(北京)印务有限公司印刷　新华书店经销

2023年11月第1版　2023年11月北京第1次印刷
开本:710毫米×1000毫米 1/16　印张:14.75
字数:242千字

ISBN 978-7-01-025855-3　定价:80.00元

邮购地址 100706　北京市东城区隆福寺街99号
人民东方图书销售中心　电话 (010)65250042　65289539

版权所有·侵权必究
凡购买本社图书,如有印制质量问题,我社负责调换。
服务电话:(010)65250042

序（一）

胡绪鹍

八年书长卷，卷卷苦心成。由人民出版社出版的《武汉地方法治发展史》系列著作终于面世了。据悉，在我国地方法治史研究中，尤其作为大城市法治专史系列研究，此乃开先河之举。作为《武汉地方法治发展史》的编著者，我们在忐忑之余，亦甚感欣慰。

《武汉地方法治发展史》由武汉市法学会、江汉大学主持编撰，旨在通过对武汉地区3500多年法律制度和法律实施的回顾研究，从中梳理出历史长河中武汉法治萌芽、生长、发展的脉络与规律，借鉴历史，服务现实，开启未来，助推新时代武汉法治城市建设。

《武汉地方法治发展史》丛书，由通史和专业史两大系列组成，共12卷。其中，通史系列从商代盘龙城时代至2018年，分6卷；公安、检察等专业史系列从1840年鸦片战争或1861年汉口开埠至2018年，分6卷。丛书内容丰富，史料翔实，不少是新发掘的鲜见资料，向世人展示了一幅波澜壮阔、跌宕起伏的武汉地方法治发展历史画卷。

一

编纂《武汉地方法治发展史》动议于2014年初，由武汉市法学会集思广益酝酿提出。推动开展这项研究，源于中央全面依法治国战略的实施和武汉一流法治城市建设的理论与实践探索，源于武汉在我国法律制度建设和法律治理中的重要历史地位，也凝聚和显示了武汉地区法学法律工作者的历史使命和责任担当。

武汉历史悠久，是国家历史文化名城，楚文化的重要发祥地，城市文明可追溯到3500年前的盘龙城。明末清初，汉口以商业大镇卓立华中，成为"楚中第一繁盛处"。武汉也是中国近代工业的发祥地之一和辛亥革命首义之城。新中国成立后，特别是改革开放使这座文明古城焕发新的活力。武汉不断丰富发展的历史文明，本身蕴含着博大精深的法治思想、法治实践、法治文化。改革开放以来，武汉经济社会快速发展，建设国家中心城市和现代化国际性超大城市，离不开法治的保障和促进，也同样需要与其地位相适应的良法善治环境。

武汉法治建设生生不息的生动实践，为开展"武汉地方法治发展史"研究奠定了坚实基础。武汉作为中国古代法律制度发展比较完善、现代法治建设较早发生和发展的地区，自商朝盘龙城时代开始就有地方法律运行体制和法律实践活动；1861年汉口开埠，更使武汉成为近代中国地方法制较为完备的城市之一。晚清张之洞督鄂开启封建法律制度改革。亚洲第一部民主共和性质的宪法性文件《鄂州约法》在武汉诞生。大革命时期武汉是中国共产党早期开展司法实践的地方。抗战时期武汉一度成为战时立法中心。新中国成立，特别是改革开放以来，武汉较早提出依法治市战略。近年来，全市认真贯彻落实中央全面依法治国一系列决策部署，深入贯彻习近平法治思想，坚持依法治市、依法执政、依法行政共同推进，法治城市、法治政府、法治社会一体建设，取得显著成就。历史和现实的地方法治建设实践，成为我们开展"武汉地方法治发展史"研究的"富矿"和用之不竭的鲜活资源。

区域法治是国家法治的地方化和具体化，区域法治文化对加强和推动区域法治建设具有特殊功能和作用。多年来，许多专家学者对武汉历史上产生的法律制度、法律实践进行研究，取得丰硕成果，但至今尚无较为系统完整的武汉地方法治史方面的专门著述。组织力量全面系统地开展武汉地方法治发展史研究，已成为摆在武汉法学法律工作者面前的一项紧迫任务。

作为我国法学研究重镇的武汉，法学法律资源丰厚，为武汉地方法治发展史研究提供了重要智力支撑。武汉地区高校有数十个法学院（系），拥有一批全国知名的法律史学专家学者，研究实力雄厚。除此之外，我们还创造条件，通过多种途径和方式，邀聚了一批国内相关方面的专家学者，他们都给予武汉地方法治发展史编撰以极大关注和鼎力支持。前些年，中共武汉市委政法委主持编撰了《武汉政法志》，也积累了宝贵的史志编撰经验，凝聚了一批骨干力量。这些都为开展武汉地方法治发展史研究奠定了坚实基础。

二

《武汉地方法治发展史》从创意到出版，历时八载。面对这项具有开创性的法治文化研究工程，我们始终怀有审慎敬畏之心，仅酝酿时间就达两年。

现在回过头来看，磨刀不误砍柴工，长时间的酝酿对丰富和完善顶层设计非常必要。它确立了研究中的若干关键问题，使整个研究工作始终在正确轨道上运行。

酝酿主要在三个问题上展开：

第一，关于立题

立题，是法治史编撰最先绕不开的话题。围绕武汉法制史或武汉法治史，我们先后在武汉、北京、杭州等地，分别邀请数十位法律、法学、政治、地方志、党史、历史等学科的专家学者，组织了十多场咨询论证会。与此同时，我们还采取登门求教等方式，博采众长。2015年初，我们获悉中国社会科学院法学研究所的知名法制史专家杨一凡先生正在武汉大学讲学，编委会一行数人专程前往拜访。杨一凡先生不吝赐教，如醍醐灌顶，在最关键之时给我们以指导与支持。

2016年1月，正值北京隆冬时节，寒风凛冽，而中国社会科学院法学研究所的百年红楼里却温暖如春，群贤毕至。来自北京大学、清华大学、中国人民大学、中国政法大学等北京地区诸多法学法律界的专家学者，在法学所主持下，正在为"武汉地方法治发展史"课题研究把脉问诊。同年3月，春暖花开，在杭州师范大学鼎力支持下，我们邀请以沪杭为主的华东地区法学界、史学界知名专家学者进行咨询论证。通过咨询、研讨、专访等多种形式征求意见，最终形成的共识是：开展地方法治史研究，正当其时，且具有多重积极意义，是一项极具开创性的工作。与此同时，专家学者们也提出了许多宝贵的意见和建议。

我们认真梳理、消化，逐一研究专家学者们的意见，最终将课题名称确定为"武汉地方法治发展史"。在国家及地方漫长的法律制度及法律治理变迁中，始终蕴含着法治元素的痕迹和朴素的法治思想、法治方式以及形态各异的法律治理实践。而且这些实践伴随着社会发展从低级到高级不断推进，需要用马克思主义辩证和发展的观点进行梳理，为当今武汉法治建设提供借鉴。

第二，关于时间跨度和区域空间

关于武汉地方法治发展史涉及的时间跨度，开始有三种意见：第一种是立足中华人民共和国成立以来的研究。第二种是从1840年鸦片战争或1861年汉口开埠开始，研究近代以来包括中华人民共和国成立以来的武汉法治进程。第三种是上溯到3500年前武汉建城时，以此为起点延伸到中华人民共和国成立以来的武汉法治建设研究。

我们认为，这些意见都有其合理性。经过专家论证和编委会反复研究，确定研究的时间跨度从3500年前商朝盘龙城亦即武汉城市之根萌发时开始至2018年，研究重点放在中华人民共和国成立以来武汉法治建设的历史。

关于区域空间。在史学研究中必须明确历史上武汉的地域范围。现今武汉管辖的地域范围，历史上不是统一的行政区划，曾分属不同地方行政管辖，且经历无数次调整变更。对历史上武汉区域空间的界定，应以当前武汉所辖区域为基础，上溯到这些区域各个历史时期的行政管辖沿革。也就是说，"武汉地方法治发展史"的研究区域，不囿于当今武汉行政区域的硬性边界，而是以武汉为中心，以此为基点伸缩。先秦时期，则应把武汉放在楚国的大区域里来研究。

第三，关于课题研究必须把握的几个关系

通过反复斟酌，结合专家学者的建议和在编撰中可能遇到的实际问题，我们明确提出应注重把握以下几个关系：

在总体设计中，注重把握好法制与法治的关系。突出法治主线，以研究法律制度为基础，重点研究法律的执行和实施，把法治元素视为一个长期的不断发展的过程，力求反映出武汉各个历史时期不同类型法治元素呈现的实际状况和历史特征，在时间纵向维度上把握从散见的法治元素到当前全面依法治市的发展脉络。用发展的眼光，贯通、连接武汉各个历史时期的法律制度和法律施治，探寻法治元素生长的轨迹。关于这个问题，李卫东教授在本书"序（二）"中有较为详细的阐述。

在研究内容上，注重把握好国家法律治理整体与武汉地方局部的关系。即以国家、省（郡、州）法律法规制定、实施为背景，重点研究国家、省（郡、州）制定的法律法规在武汉的施行，以及武汉自身的地方立法实践活动。

在研究方式方法上，注重把握好统一规范与开放创新的关系。在统一大纲的基础上，不搞规定模板，鼓励各课题组根据不断挖掘搜集的资料开展创新研究，取得最新成果。各课题组成员采取开放式组合，不以地域设限，还可由课题组委托第三方编撰。

在此基础上，2014年12月，武汉市法学会、江汉大学联合向武汉市依法治市（普法）领导小组正式提出关于开展该项研究的报告。12月22日，市依法治市（普法）领导小组批复同意课题立项。随后，武汉市社会科学工作领导小组将"武汉地方法治发展史"列为2016年社科基金第一批重点课题，最终成果为《武汉地方法治发展史》。

《武汉地方法治发展史》课题从初始酝酿到立项实施，凝聚了社会各方面的悉心呵护和倾力关爱。尤其是武汉市委市政府及市委政法委时任主要领导同志阮成发、唐良智、万勇、胡曙光、曹裕江等，分别对此项工作作出批示，认为做好武汉法治史研究，对于促进依法治市、建设法治城市意义重大，要求全市各有关方面大力支持。

三

《武汉地方法治发展史》编撰的关键环节是课题研究团队和项目主持人（主笔）选择。为此，我们颇费了一番功夫。在信息化和大数据时代，行之有效的传统课题研究方式需要传承，适应新形势的编撰组织形式更要创新。目的是千方百计确保史书编撰质量。

我们最先实施的重大措施是课题面向国内外公开招标，择优组建研究团队。2016年4月27日，经过认真研究和准备，我们通过《光明日报》《长江日报》，分重点课题、一般课题，同时向国内外发布招标公告。公开招标得到国内高校和科研机构的积极响应。我们本着公平、公正、公开的原则，最终确定由中南财经政法大学、华中师范大学、湖北经济学院、江汉大学、武汉市委党校5个研究团队，分别承担先秦、秦至唐、宋元明清、晚清、民国、中华人民共和国6个历史分期的法治发展史研究课题；另外确定12项专题研究课题由其他高校和研究机构的学者分别承担；同时，根据一些专家和法律实务部门同志关于扩展法治史研究范围，推动专业部门加强自身专史研究的建议，新增武汉公安史、武汉检察史、武汉法院史、武汉司法行政史、武汉仲裁史、武汉律师史等专业史课题。各有关部门高度重视，精选本系统研究骨干或聘请专家学者，提供良好工作环境，精心组织编撰。

《武汉地方法治发展史》编撰真正动笔，是在2016年的下半年，而专业史部分则稍晚一些。从各课题组和作者的撰写过程看，编撰总体上科学严谨，打磨凝心聚力，各课题组精诚合作，资源共享，克难攻坚。在充分搜集、占有资料的基础上，精心编制大纲，专家和业内权威人士反复论证大纲；力求在整体结构、章节内在逻辑、历史发展脉络、重大事实等方面有完整而科学的再现。编撰中去伪存真，以史料、史实说话，力求还原当时真实景况。在形成初稿后，各课题组反复校核史料，邀请专家学者和业内权威人士，广泛征求意见，不断修改完善。如武汉市委党校课题组承担的新中国武汉地方法治发展史卷，曾先后自下而上，由内及外，邀请多批专家学者从大纲至各章节，逐项修改，两年内提出修改意见数百条，课题组按照修改意见不断补充资料，充实完善，前后进行20余次大的修改。先秦至清朝部分根据专家学者意见先后做了10余次包括结构、内容方面的修改。武汉公安史卷在搜集数百万字史料的基础上反复研究，推敲取舍，先后数易其稿。从编委会掌握的情况看，丛书每一卷大的修改都在数次以上。一些承担课题的同志深有感触地说，这次法治史研究最大的收获就是丰富了研究资源，拓宽了研究视野，创新了研究方法，提升了研究能力。

编撰质量的基础是课题团队和撰稿人素养。法治史编撰全程借智借脑，自始至终邀请国内众多法学法律专家学者作为学术智力支撑，通过其对课题跟进贴身把脉指导，成为我们为编撰质量把关的关键一招。2018年12月22—23日，武汉市法学会、江汉大学、武汉市委党校联合再度赴京，在中央党校政法部、中国社会科学院法学研究所分别召开部分研究成果评审会，对不同历史时期的部分样稿进行逐一评审。来自中央党校政法部，中国社科院法学研究所、近代史研究所，北京大学法学院，清华大学法学院，中国政法大学等各方面的专家学者，对研究的初步成果给予积极评价，对进一步深化课题研究提出具体意见建议。这次成果评审会起到了把脉问诊、指点迷津的"体检"作用。

为了统一《武汉地方法治发展史》书稿编写要求和技术规范，编委会提出了编撰各时段必须具备的内容框架和遵循的技术标准。在各卷完成初稿、审稿期间，我们及时将《人民出版社学术著作出版规范》送发各课题组，明确要求各课题组依照遵循。

《武汉地方法治发展史》的编撰是一项系统工程，所涉历史时空跨度大，文史资料卷帙浩繁，参与团队和课题承担人员众多，因此做好组织协调服务工作至关重要。从制定每年编撰计划，明确阶段重点，适时组织工作推进，到成立编务组、学术组，不断加强工作调度和学术指导。围绕编撰总体目标，重点把握三个环节：一是大纲编写，做好顶层设计。二是全程跟踪，贴近服务。三是重点督导，分类推进。对重点课题直接上门听取研究情况，与执笔人面对面磋商，根据不同进度情况，分门别类提出具体推进意见和建议。

我们对书稿在报送出版社前的审读、修改、送审等制定了严格具体的规范程序。在各课题组对研究成果开展自下而上、自上而下的自审自评基础上，编委会学术组、编务组对初稿的政治性、重要史实、历史沿革、总体框架及基本体例等八个方面进行初审把关，分别提出意见，归纳整理后反馈给课题组进行修改。重点历史分期的研究课题，由编委会与课题单位共同邀请专家学者和法律实务工作者共同修改。书稿基本成型后，进入终审程序，由课题组及所在单位、专家评审委员会、编委会审核通过，方能进入报送出版程序。

四

法治是人类文明的重要成果之一。学习借鉴古今中外优秀法治文明成果，不断丰富和发展符合中国实际、具有中国特色，体现社会发展规律的社会主义法治文化，助力法治武汉建设，乃我们编撰《武汉地方法治发展史》之初心和追求。

编撰初始，大家都知道这是件难事，但知其难，却不知其这般难。难在何处？

2020年，是《武汉地方法治发展史》的收官之年。正值集中攻关的关键时刻，武汉遭遇突如其来的新冠肺炎病毒的肆虐和戕害。在党中央的坚强领导下，武汉与全国人民一道，用众志成城、坚韧不拔书写了令世人瞩目的抗疫史诗。《武汉地方法治发展史》的编著者，协力同心、共克时艰、笔耕不辍，确保了法治史编撰工作逆境前行。

编撰地方法治发展史无先例可寻，一切均需拓荒探路，从零做起。编撰体例一段时间确定不了，只得打破现有编史体例，综合运用不同史书体例编撰。史料搜集和梳理运用难度更大：一方面，清以前有关武汉地区的史料，尤其是法制（治）方面的史料匮乏，成为研究瓶颈；另一方面，晚清以来的史料浩如烟海，如何梳理又成为困扰编撰的突出问题。课题研究团队分布四面八方，隶属不同地区、单位和部门，统一编写体例、进度，邀请专家学者审核修改、规范文稿等，组织协调难度不小。面对这样一个浩大的系统工程，只有持续用心用情用力，知难而纪，克难而书，始得推进。

纪史的最低要求是还原本真。鉴于各历史分期史料占有不尽相同，我们坚持实事求是，章、节、目不搞统一模板，力求客观记录不同历史时期的法律制定、法律治理活动及发展过程。编撰工作坚持以可靠史料作支撑，经得起历史检验。为了还原历史，许多课题组在查阅大量档案资料、相关研究学术成果的同时，还进行实地调研、走访；还有的课题组对同一事件多个版本进行细致比对，去粗取精，去伪存真；一些参与修改、统稿的专家学者对有的史实、观点反复核实、论证，作出最后结论。先秦课题组还十分注重吸收运用最新考古成果。正是坚持立足客观史实和严谨的编撰学风，《武汉地方法治发展史》各卷基本反映了武汉法治发展各个历史时期的客观面目。

编撰的过程，也是我们对地方法治发展史不断深化认识的全新过程。由此追本溯源，"研究我国古代法制传统和成败得失，挖掘和传承中华法律文化精华，汲取营养、择善而用。"[1] 也是我们编撰《武汉地方法治发展史》的初衷。

人民群众是法治最广泛、最深厚的基础。民惟法本，是我们编撰法治史感悟至深之处。我国的法律民本思想源远流长，从"民惟邦本"的价值基点，到"抑强助弱"的公平精神，崇尚"以和为贵"，主张重民、利民、裕民、养民、惠民。马克思指出，不是人为法律而存在，而是法律为人而存在。[2] 在全

---

[1] 中共中央文献研究室编：《习近平关于全面依法治国论述摘编》，中央文献出版社2015年版，第32页。

[2] 马克思：《黑格尔法哲学批判》，载《马克思恩格斯全集》第1卷，人民出版社1956年版，第281页。

面依法治国的伟大实践中，法律不是统治和奴役民众的工具。坚持人民主体地位，真正体现"以人民为中心"；坚持法治为了人民、依靠人民、造福人民、保护人民。这些都应当作为衡量法治成败得失的根本标准。

法治兴则城市兴。法治是城市规划、建设、管理的重要标志，也是城市治理的理想境界。我国历史上普遍重视城市法律的制定和施行，除在综合性法典中专列有关城市管理的篇章，还颁行有专门或主要运用于城市管理的单行法规。尽管历史演进和城市兴衰历经不同时代，甚至于战乱和灾害，但如果没有这些法律规范，很难想象城市能够长期有序承续。当今我国城市已进入新的发展时期，现代化城市治理的理念和方式较之先人和历史早已有天壤、本质之别，法治已成为城市的核心竞争力之一。历史和现实表明，当代城市尤其是如武汉这样超大城市的高质量可持续发展，需要不断与时俱进完善城市法律制度并保持稳定性，贯彻依法治城，运用法治手段营造良好城市环境，使法治成为城市发展的重要保障，在法治轨道上推进城市治理体系和治理能力现代化。

"天下之事，不难于立法，而难于法之必行。"[①] 我们从武汉地方法治发展史中深刻感悟到，良法善治的辩证统一，方能激发社会活力，促进社会进步。晚清重臣张之洞在汉创设的城市公共建设制度、官办企业制度、教育与文化法律等一系列制度，成为当时全国制度的典范。其身体力行极力推进"善治"，践行这些"良法"，使武汉成为我国近代工业和近代教育的发祥地之一。《武汉地方法治发展史》记载了武汉治理百年城市痼疾"麻木"[②]的范例：2003年，武汉市委、市政府秉持"依法行政、有情操作"的理念治理城市管理顽疾，受到市民拥护支持，成功解决了城市治理的老大难问题，被誉为全国依法治城的典型。当然，不同历史时代"良法善治"的内涵本质和表现形式不尽相同。建设现代化法治城市，不仅应注重制定体现广大人民意志、符合本地实际和时代要求、可以"护航""导航"的良法，更应防止"立法如林、执法如零"和简单粗暴执法。建立高素质的司法执法队伍，把保障人民利益放在首位，运用法治思维和法治方式深化改革、推动发展、化解矛盾、维护稳定、防范风险。

[①] 张居正：《请稽查章奏随事考成以修实政疏》，载《张文忠公全集》（上），中华书局1935年版，第40页。

[②] 武汉人俗称的"麻木"指的是人力三轮车、正三轮摩托车和残疾人专用车（代步车改为营运）。

中华文化历史悠久，中华法治文明博大精深。从某种意义上讲，《武汉地方法治发展史》作为一个缩影和窗口，"挖掘民为邦本、礼法并用、以和为贵、明德慎罚、执法如山等中华传统法律文化精华，根据时代精神加以转化，加强研究阐发、公共普及、传承运用，使中华优秀传统法律文化焕发出新的生命力。"[①] 还有全人类优秀的法治文明成果，都需择善而为，弘扬光大。法治发展的历史进程，也是伴随人类社会从无至有、从不自觉到自觉、从低级到高级，不断深化认知和实践的渐进过程；法治社会是人们对法治理想的一种向往和追求，这个过程远未完结；不同历史时期，不同经济基础，不同社会制度，会呈现不同的法律体系和施治方式；法治发展史反映的时代性、不平衡性和多样性特征，也是人类社会发展客观规律的必然反映。武汉地方法治发展史是中华法治文明的一部分。我们尝试立足历史长河中武汉区域这个点，与读者共同领略中华法治文明的无限风光，追逐古往今来人们为着法治中国、法治社会、法治城市不懈奋斗的足迹。

[①]《关于加强社会主义法治文化建设的意见》，人民出版社2021年版，第9—10页。

序（二）

李卫东

从考古发现看，早在史前时代，中国已产生一大批具备城市形制的聚落，如石峁、城头山、良渚古城等。早期城市的出现，不仅标志着社会财富和权力向中心聚落集中，同时说明当时的社会已具备较强的动员能力，意味着建立在城市这种聚落上的规则和秩序出现，"城市法"开始萌芽。进入文明社会后，历代君主纷纷修筑城池维护自己的统治，即所谓"筑城以卫君，造郭以守民"①。城市建设和管理的法律和规范更加完备，《周礼》中的《考工记》和《司市》对此都有十分详尽的记载。中国古代大部分城市是在政府主导下，自上而下建立和发展起来的，城市的法律也以政府管制和治理为主要出发点，通过城市规划与营造立法、市政管理立法、城市治安管理与防灾立法、城市商业与经济管理立法、城市人口与社会管理立法等，构成一套具有中国特色的"城市法"体系。

一

研究城市地方立法及法律治理，自然不能回避"城市法制"与"城市法治"这两个概念。对于"法制"，我国社会主义法制开创者董必武曾下了一个十分简洁明了的定义，他说："我们望文生义，国家的法律和制度，就是法制。"② 从这个意义上讲，法制（Legal System）特指法律制度，是与经济制度、政治制度等相对应的概念。"法制"内涵丰富，它不仅包括国家法律及

---

① 张觉校注：《吴越春秋》卷二，载《吴王寿梦传第二》，岳麓书社2006年版，第16页。
② 董必武：《论社会主义民主和法制》，人民出版社1979年版，第153页。

其相关机构，而且还包括完整的法律运行和法律监督等程序、活动及过程等。广义的"法制"还有很多扩张性解释，包括更多内容，比如把非正式的法律制度如政策、指令、习惯等也纳入"法制"之中。城市作为国家和区域的统治中心，是各类法律制度、规则和习惯产生、推行和实施的地方。城市自身的管理也依靠大量的法律和其他规则进行，没有这些规则和制度，城市无法正常运行。可以说"法制"是城市的重要组成部分，没有"法制"就没有城市。"法治"是相对于"人治"的一个概念，又称法律之治，涉及城市治理和社会生活的方方面面，大到城市治理结构、政府行为，小到邻里关系、个人言行，均需在法律思维的指引和法律规范的约束下，在法律的框架内运行。

  首先，相对于法制，"法治"是一个动态过程和发展的概念，有其阶段性和时代性，需用历史发展的眼光看待。"法治"这一概念早在春秋战国时期已经在我国产生，如《商君书·任法》中有"任法而治国"，《管子·明法》中有"以法治国"等。这里的"法治"（The Rule by Law），是与"礼治"相对应的概念，即用"法"这种新的规则体系代替过去以"礼"为中心的规则体系。是与"刑不可知，则威不可测""议事以制，不为刑辟"的奴隶主贵族专制，儒家思想崇尚的圣人和贤人之治，以及建立在宗法等级秩序上的"礼治"等相区别的一种新的国家和社会治理的观念和方法。秦行商鞅之法，将法家思想作为治国之策，此后经历汉唐一系列改造融合之后，最终确立了礼法并重的国家治理格局。至近代，西法东渐，此时的"法治"同民主与科学等观念一起，成为民主革命者反抗专制主义的思想武器。但自清末法律改革，到辛亥革命，再到民国创立及此后几个阶段，完全意义上的资产阶级民主"法治"始终没有在中国建立起来。新中国成立，特别是改革开放以后，中国特色社会主义法治建设得到空前重视，全面依法治国成为坚持和发展中国特色社会主义的基本方略。中国特色社会主义法治有着明确的内在性。习近平同志指出："走什么样的法治道路、建设什么样的法治体系，是由一个国家的基本国情决定的。……全面推进依法治国，必须从我国实际出发，同推进国家治理体系和治理能力现代化相适应，既不能罔顾国情、超越阶段，也不能因循守旧、墨守成规。"[①] 显然，当今我们追求的

---

  ① 中共中央文献研究室编：《习近平关于全面依法治国论述摘编》，中央文献出版社2015年版，第31页。

"法治"在内涵和外延上与中国历史其他阶段所追求的"法治",以及西方的"法治"都是不同的。对于"法治"这一观念在中国历史上的发展和演进,李贵连在《法治是什么——从贵族法治到民主法治》中指出,中国经历了"由贵族法治转为君主法治/帝制法治/专制法治/官僚法治,再转为民主法治"的发展阶段,目前我们正在建设社会主义法治国家。①

其次,与法制一样,"法治"既不是某种特定的政治和社会制度的专用概念,也没有固定的模式,应根据其核心价值来理解和把握。法治很难有个统一的衡量标准,城市法治更没有模板可以复制。如果简单地用西方那些建立在自己城市发展基础上的"法治"理论来观照中国城市发展中的法律现象,只会有两种结果。要么无法对中国城市史上的法律现象进行正确的解读和说明,并对中国城市历史上存在的法律治理和法制运行得出否定的结论。要么附会西方法治理论和标准,无视中国城市发展的独特性,选择或裁减史料,穿凿附会,发潜阐幽,脱离时空地"发现"或"构建"出不符合实际的中国城市法治发展的历史进程和模式。只有不拘泥于西方城市法治理论,研究者才能立足中国文化与价值观念的自身特质,构建与描绘出中国古代城市"法治"的内容。

最后,"法治"是规则之治、制度之治和程序之治,中国历史上的"法治"虽从属于专制之治,但同时也是对"人治"和"专制之治"的约束和限制,具有相对进步性。诚然,中国古代的"法治"主要体现当权者的权力,而不是普通民众的权利,法律的权威不是来自所有人对法律的信仰,而是来自民众对权力的敬畏。虽然如此,我们依然不能否认它的存在价值。因为在特定的历史条件下,这种规则之治强调法律、法规的权威作用,在一定程度上是对人治的约束,比随意性的专制要好。中国古代城市作为区域性政治中心,管理者为君主委派的地方官员。大量历史研究成果表明,他们对城市的管理不是随意的,必须遵守相应的法规,依法行事,并随时受到监察机构和官员的监督、约束。这种"法治"所蕴含的对权力的约束和监督,以及官员在治理地方中所遵循的"先教后刑""教法兼行""正身守法""明正赏罚""扶弱抑强""慎杀恤刑"和重视民事调解与预防犯罪等思想,

---

① 参见李贵连:《法治是什么——从贵族法治到民主法治》,广西师范大学出版社2013年版,第9页。

与当今法治思想有共同之处。

综上,"法治"是一个动态发展的概念,主要针对"人治"而言,城市法制与城市法治这两个概念并不矛盾和相互排斥,二者既有区别又有联系,不能用先后、优劣来区分二者。"法制"与"法治",二者的研究对象不同,内涵与外延也有差异。如果说前者主要表现在制度层面,那么后者则更多地表现在价值层面,更强调法律对城市市民各种权利的保护,以及将城市管理机构的权力运行纳入法治轨道中,受到权力的制衡、权利的约束和程序的限制。如果说,城市法制主要是指城市产生和运行的基本法律和制度,那么城市法治则更强调城市依法治理的理念,法律和制度的运行方式、程序和过程,以及在这一过程中公共权力受到的规范和制约、市民权利得到充分保障等。良好的法律制度和理念是城市法治实施的基础和前提,城市法治建设必须要有完备的城市法制,所以城市法治必然包含大量城市法制内容,其内涵更丰富一些。

二

根据城市法制和城市法治的区别与联系,城市法制史主要研究与城市形成和发展相关的法律制度,城市内部的管理法规、管理制度,以及相关组织机构的发生、发展和演变规律等。城市法治史则主要研究法律在城市形成和发展中的作用和地位,城市治理的理念和方式,城市市民的法律意识,市民的权利保障等。如果说,城市法制史比较侧重于静态的法律制度,那么城市法治史则更强调城市动态的运行模式,以及各种权力的行使方式和程序。一方面,城市"法治"的重要基础是城市法制,因此城市法治史研究不能离开城市法制史的研究。另一方面,历史上城市的"法治"也是广义城市法制史研究的内容,在此意义上,对城市"法治"的研究又是城市法制史的重要工作,二者具有同一性。

作为一个复杂的巨系统,城市内部事务繁多,社会分工细密,社会各阶层和各种社会组织关系极为复杂。处理、协调这些复杂的关系和事务,除了依靠基本的法律和规范以外,还要有良好的城市管理体制和机制,综合运用包括民间习惯、行业规范,甚至社会舆论等在内的各种力量,保证城市社会的稳定和谐、城市机体的有序运行。这些问题往往超过了"法制"所能涵盖的内容，研究城市法治史能更全面地反映城市治理的基本情况。"法治"的类型及发展水平的高低，更能体现城市发展的阶段特征，是我们判断一个城市发展阶段和发展水平的一个重要考量点。

就中国历史上城市起源和发展的特点，以及中国传统城乡关系而言，古代中国的管理体制是"城乡一体"。如果这个"一体"是通过国家统一"法制"来确定的，那么单从"法制"的视角研究城市，不利于我们对城市治理的独特性进行研究。"法制"虽然也有地方性，但与"法治"相比，法制还是偏向于强调一致性，强调国家或地方规范的统一实施。但事实上，城市一定不同于乡村。此外，中国历代城市众多，因为地域文化传统的不同，城市功能的不同，以及发展水平与规模的不同，城市面貌多种多样。比如，历史上地处江南的商业中心扬州与远在塞外的军事重镇代州，虽然都是名城，因其所在区域和城市功能的不同，在城市管理体制和城市治理方式上显然不一样。就算是同在一个地域，因为城市功能的不同，城市的治理方式和结构也可能完全不同。如历史上的武昌和汉口，虽隔江相望，但二者是完全不同的两个城市，城市管理体制和方式各有特色。武昌的城市管理更多体现了王朝政权自上而下的管理体制，城市功能分区明确，政治和军事色彩明显，传统教化和国家法律规范在城市社会中占主导作用。而汉口的城市管理，主要是依靠商业力量自发产生的，自治性的商业组织如"会馆""公所"在城市发展与城市社会管理中发挥了重要作用，传统教化的影响较小，受国家法律法规的约束也没有武昌明显。在汉口，协调人与人的关系，处理各种矛盾和纠纷的方式与规则，更多来自民间习惯、商事规则和行会帮规等。那么，研究城市治理过程中特殊的规则，以及这些规则如何发挥作用，更需要我们用"城市法治"这样的概念揭示中国城市自身的运行规律。

鉴于我们将"法治"视为一个动态的概念，加之发展的眼光与视角，因此相对于城市"法制史"，城市"法治发展史"更能全面反映城市治理特色和时代特征。突破"法制"的藩篱，以"法治发展"的视角研究城市，更能全面揭示城市治理和发展的历史。

三

历史经验表明，城市化过程往往与法治化同步，法治不仅是城市社会治理的最好方式，同时也是城市现代化发展水平的重要参照。在全面依法治国的今天，总结和梳理我国城市发展史上"法治"建设的成败得失，对于我们总结历史经验，更好地开展法治城市建设有着积极的意义。

首先，认识"法治"在中国城市发展与治理中的功能和作用，有助于从历史的维度连接传统法律观念与现代法治精神。"对古代法治文明在批判性继承的基础上进行创造性转化、创新性发展，是法治发展的普遍规律之一。"[1] 研究一个城市的法治发展状况和历史脉络，不仅能帮助我们更好地认识这座城市的治理方式和精神特质，而且能深刻认识城市法治生长的条件和发展路径。中国是一个后发现代化国家，按照现代法治的一般原则和标准，中国传统城市法治发展的程度总体不高，在过去绝大多数时期内只有部分法治或法治的萌芽，或仅仅在某些领域具备一些法治的色彩。尽管如此，我们依然不能否认在中国城市发展历程中，相关法律、制度以及法的观念对于城市发展的积极意义。比如自《周礼》开始确立的各种城市规划和营建法律规范，形成了中国独特的城市建设格局和空间形制，促进不同社会阶层和职业的城市居民在城市内和谐共生。这些规范所包含的天人合一、公平公正等思想恰恰是当代城市法治建设的重要精神和文化资源。

其次，可以观照当代城市法治建设。历史学家克罗齐曾说："一切历史都是当代史（Contemporary history）。"这句话表明，我们对任何历史问题的研究，都离不开对现实的关怀。当今我国已经进入新一轮城市化时代，人口、产业，以及其他各种要素和资源都迅速向城市聚集，城市也因此成为各类社会矛盾的集聚区和焦点，进而变成国家治理的重心和难点。最好的治理模式是法治，城市治理现代化离不开法治的力量和法治的保障。为此，各级政府纷纷制订法治城市建设方案并付诸实施。在理论界，一大批学者也对法治城市建设的理论、路径和指标体系等开展研究。每座城市都有自己的文化和历史，有法律运行的实践经验和市民对于依法治理的共同认识。"任何一种法治都诞生于地方，每个城市的法治起源都具有或然性。"[2] 如果脱离这些谈城市法治，这个"法治"也只能存在于理论之中，停留在规划之上。研究历史上的城市"法治发展"，就是为了汲取历史文化资源，促进当代城

---

[1] 张文显：《习近平法治思想的理论体系》，《法制与社会发展》2021年第1期。
[2] 李乾：《中国城市法治发展可比性研究》，华南理工大学博士学位论文，2016年。

市法治建设。

最后，揭示国家法治与地方法治之间的互动关系。中国是一个传统的大一统国家，中央政府对地方拥有绝对的权力和权威，地方完全听令于中央政府，并在上级组织领导下统一执行中央政府的政策和法令。一方面，法治的统一性是必要的，法治不统一，主权也随之分裂。另一方面，我们也要认识到在幅员辽阔的中国，各地社会经济发展程度不同、民俗风情不一致，在落实国家法治方面必然会有差异，简单地用国家法治的统一性来否定地方法治的重要性显然是不对的。同时法治不是纸面上的纯粹理性设计，具有很强的实践性，是源自基层实践的体系构建，具有经验主义的特性。国家法治的具体内容既来自地方实践的需要，又需要通过地方法治的实践去落实。国家在法治建设过程中遇到的问题，也需要用地方法治所形成的经验去解答。因此，地方法治的发展不仅是国家法治重要组成部分，更是推动国家法治进步的基础和源泉。

城市作为新思想、先进生产力最集中的区域，不仅是现代法律意识和法治思想最早萌芽的地方，同时还是现代法治最先开始实践的场所。城市也是地方法治问题最集中的地方，与国家整体法治建设关系最密切。作为法治建设创新之地，城市在国家法治建设中具有引领作用。在共同的法治建设总目标追求下，不同城市的法治建设实际上是一种竞合关系，并进而形成特色不同的城市法治。这些丰富多彩的城市法治建设是国家总体法治建设源源不绝的地方资源。开展城市法治史研究，把国家法治建设过程中各城市"地方性知识"和"地方性经验"加以总结，构建地方性知识与全国性知识的转化关系与交流模式，有助于我们充分理解国家法治深层次动因和基础。

序（三）

杨一凡

多年来，学界对中国传统法律制度和法律思想的研究取得了重大进展，研究领域不断拓宽，研究水平不断提升，在许多方面取得可喜的学术突破。这些对于我们全面了解古代法制面貌、法治发展，吸收传统法律文化精华具有重要意义。

当然，若要更为科学地阐述中国古代法律发展的历史，还有许多新领域和重大课题需要继续探索。比如，绝大多数法律文献尚未整理和研究；历代以各种法律形式表述的行政、经济、军政、民事、文化教育等诸方面的制度，有待深入和系统地探讨；对古代地方立法形式及立法成果的探索，也才刚刚开始。重新认识和全面、客观地阐述中国法律史，是当代学者肩负的重大历史责任，需要学界同人不懈努力，为实现这一学术目标作出贡献。

一

在中国古代法律体系中，既有朝廷颁布的法律，也有地方官府颁布的大量地方法规和政令法令。朝廷立法与地方立法并存，共同组成一个完整的法律体系。地方立法是国家法律体系的有机组成部分，内涵丰富，且具有不同地域的特色。地方法规、政令等是为实施朝廷法律而制定的，发挥着补充和辅助国家法律实施的功能。只有把朝廷立法与地方立法结合起来研究，才能揭示中国古代法律体系的全貌，并对当今法治建设提供参考与借鉴。到目前为止，这方面的研究还极其薄弱，需要予以特别关注。

从城市发展的角度看，武汉地区的城市形成于东汉末年以后，城市发展也经历了从"双城对峙"到"三镇鼎立"，再到"三镇合一"的历史过程。

尽管历史上的夏口、武昌、汉口等都是有影响的城市，但武汉真正具有现代城市的功能和特质，是在1861年汉口开埠以后。《武汉地方法治发展史》以"武汉"为研究空间，是用现代的思维回望古代，但视角是"发展"的。这种写法，有两层观照：

一是古代国家法律与地方立法之间的关系问题，涉及国家与地方法律制度的互动。国家与社会的二元研究，一直是法律史、社会史以及经济史的研究热点，这种分野，重在考察国家秩序与基层秩序的传递与相互影响。

二是传统农业社会的法律体系向现代商品社会法律体系的转变问题，涉及近现代法律的转型。中国古代法律，特别是吏政、礼制、刑事、民事类法律，受儒家纲常礼教影响颇深，贵贱有等，尊卑有序，伦理色彩浓厚。现代法律以"权利"为本位，宪法、民法、刑法等法律以"人"为中心。古代农业社会流动性低，呈现"熟人社会"的形态，现代商品社会交易频繁，"陌生人社会"是主要表现。

这两个方面，都需要我们将其置于中国历史发展长河中观察和剖析。

另外，对于"法治"一词的使用，不能简单地理解为"rule of law"。如果用此英文单词对照古人论述的法家"法治"、贵族"法治"，内涵大相径庭。"法治"是治理国家的一种方式，也存在一个发展过程，古代的可以认为是"古典法治"，现代的则是"民主法治"，二者的性质、内容、功能既有质的区别，又有一定的传承关系。基于上述认识，《武汉地方法治发展史》的定名，采用了"法治"一词，意在用发展的眼光看待法治的历史进程。

二

地方立法在中国古代出现较早，也经历了漫长的发展过程。《睡虎地秦墓竹简》中的《语书》，即是南郡太守腾给县道啬夫的文书，说明在战国时期就存在地方长官发布政令的做法。汉代时，条教、书、记是地方法令、政令的重要载体。唐、宋、元时期，各级地方官府和长官以条教、条约、约束及榜文、告示等形式，发布了大量的地方性法规法令和政令。这在《武汉地方法治发展史》中也能得到印证。因时间久远，地方法律文书大多失传，今人只能看到较少的文字记录。

明代以后，地方立法出现了繁荣的景象，法律的形式更加多样化，数量也远远超过前代。除各级地方长官发布了大量的政令，以及制定地方法规外，朝廷派出巡察各地的官员针对地方时弊，以条约、告示、檄文、禁令等形式，颁布了不少地方性法规。

清代地方立法较明代又有新的进展。"条约"是清代前期地方立法的重要形式，"章程""省例"是清代中后期地方立法的重要载体。清朝地方立法内容广泛，几乎涉及行政、经济和社会生活管理的各个方面。"省例"的撰辑、刊印，标志着中国古代地方法制建设进入了比较成熟的阶段。

地方立法的高潮出现在清末。面对西方列强的入侵、社会动荡和国家政局的变化，各地方出于救亡图存，维护基层政权和社会治安的需要，积极推进法制变革，制定了一系列专门性的单行地方法规。在《武汉地方法治发展史》中，可以看到张之洞督鄂时期的系列主张，也可以看到城市在现代转型中的种种变化。

中国古代的地方立法，是伴随着社会的进步和立法变革的进程不断发展完善的。不同历史时期，地方立法的内容和编撰水平差异甚大。现存的古代地方法律文献汗牛充栋，这些文献记载了大量的地方治理特别是乡治的法律措施和成功经验，闪烁着古人的智慧光芒。要客观地揭示古代不同历史时期地方立法的本相，借鉴其精华古为今用，必须重视地方法律文献的整理和研究。撰写地方法律史，无论是对于开拓法史研究，还是挖掘中华法文化的优良传统，都有积极的推动作用。

研究地方立法以及法治的发展，有助于深入了解影响地方法律制度的诸种因素，以及它们之间的互动关系，也有助于改变在地方法律史尤其是民事管理法律制度研究的落后状态，正确地解释民事法律制度、民刑关系研究中存在的争议问题。最重要的是，把古代朝廷立法与地方立法结合研究，有助于对地方执法中存在的各种社会问题进行理论分析和解释。

三

以往的地方法律研究，多利用文书、州县档案，解释的范围重在"乡村社会"，对于作为"城"或者"市"所属区域的地方法律关注不够。无论是传统意义上的"城""市"，还是近代形成的城市，城市内部社会构成、社会组织和社会管理均与乡村地区有很大不同。不是简单地人口从乡村转移到城市，而是形成新的生活方式、组织方式和管理方式，故城市治理方面的地方立法，面临许多新的问题，包括市场经济、财政税收、教育、环境、治安、用水、消防、公共交通、社会保障诸多的公共事务。武汉作为中国历史上知名的区域性城市，以及近现代中国最有影响力的城市之一，可以作为一个范例，展示城市地方法律的制定与运行，以及传统法律体系向现代法律体系的转变。在《武汉地方法治发展史》中，可以看到早期地方城市中法律，以及汉口开埠以来的城市变化，武昌首义以后地方政治与法治的各种交融，民国时期的市政建设，以及新中国的革新转变等。

城市治理法规的出现，是一种新的"人"的社会关系的建立，是从法律上评价和看待"人"的存在，而不是通过其他认识，比如常有的是血缘或宗教，这是近代社会或现代文明的象征。在熟人社会，缺乏经济对价交换的广泛，人们固定在特定地域，相互熟悉。只有在社会交换活动超出地域范围时，面对不特定的交换者，才能构成对"人"的概念的一般性的评价，这种评价是对对方交易资格与履行资格的考察，也包括对财产权的承认，对交易者地位平等的看待。

乡村的熟人社会，"人"的评价相对减弱，对于交易资格、履行资格、财产权的考虑相对不明显。"陌生人"的城市，对于交易资格、履行资格、财产权的评价更为强烈，契约、法律则作为一种显现规则呈现出来。另外，城市的兴起和功能的转变，以及对公共事务的需求，又要求大量的"个人"通过契约组成团体，实现公共服务，政府也作为后盾进行补充，法律的市民化才更为成熟。

城市法律史的研究，是今后法律史研究的一个崭新而又不可缺少的领域。加强这一领域的研究，将会继续为传统法律向现代法律转型研究输送营养，落脚点也在探索中国传统法律文化、文明规则的现代继承与融合。

四

在中国这样有几千年人治传统的国度里，从人治走向法治，任重道远。在《武汉地方法治发展史》里，也看到"法治"在地方的步履蹒跚。依法治国，是人类文明发展的必然趋势，也是社会主义市场经济和民主政治的基本要求。国家的长治久安和兴旺发达，主要依靠法治。为此，我们要坚守"全面依法治国"的理念，按照"宪法至上"的原则，实现依宪执政和依法行政；不断完善宪法实施和监督制度，彰显法的权威和生命力；保障公民的权利，以"权利"为本位，彻底清除以"管控人民"为执法出发点的"工具主义"法律观；坚守"以法控权"，让公务活动切实服务于实现公民的实质权利；做到"司法公正"，进而对社会公正具有重要的引领作用；强调"良法善治"，要求法律成为一个符合社会正义观的内部有序、自治的体系；立法必须切合国情实际，既要吸收和借鉴发达国家的成功经验，也要重视吸收中国传统法文化的积极成分。

《武汉地方法治发展史》作为研究地方法律史的系列丛书，是中国传统法文化研究的一项重要成果。它由武汉市法学会、江汉大学主持编撰，历时八年，旨在通过对武汉地区3500多年法律制度和法律实施进行回顾研究，从中梳理出悠久历史中的地方法治发展的脉络与规律。

武汉这座城市，位于长江与汉水交汇处，在九省通衢的地理位置上，近代以来极其重要，可谓人杰地灵。今天，武汉是我国法学研究的重地，法学资源丰厚，培养了大批的法学以及法律人才。撰写、出版《武汉地方法治发展史》，是武汉法律人为当代中国法学事业和法治建设作出的又一新的贡献。

在本丛书写作过程中，课题组从选题、招标、广泛听取专家建议、编写写作大纲，到组织高校教师以及专业的人员进行写作、审稿、修改、校对，做了大量的工作，完成此鸿篇巨作，实属不易。由于部分史料搜集困难等原因，该成果也存在一些不足，各历史时期的研究深度也不均衡，有待进一步提高和完善。然而，该丛书作为一部以城市法治发展为主要论述对象的法律史著作，具有开创意义，应予以肯定和支持。

是为序。

目 录

绪 论 ·· 1

第一章 三苗时期江汉地区的法制土壤 ············· 12

一、三苗时期江汉地区的发展状况 ····················· 12
（一）三苗的来源 ·· 12
（二）三苗所处的地域 ··· 15
（三）三苗与尧舜的战争冲突 ······························ 17
（四）三苗的社会发展状况 ·································· 19
二、"三苗之战"与早期法律观念的出现 ············ 22
（一）战争与"刑始于兵" ··································· 22
（二）习惯法的出现 ··· 26

第二章 武汉地区新石器至夏商时期文化与法制发展轨迹 ········ 28

一、大溪文化的社会奠基作用 ···························· 28
二、江汉地区屈家岭文化的社会发展阶段 ·········· 31
三、石家河文化——迈向阶级社会 ····················· 35
四、夏时期武汉地区的文化遗迹与社会发展 ······ 44
五、商代武汉地区的时代背景与政治特征 ·········· 46
（一）时代背景 ·· 46

1

（二）盘龙城遗址基本的文化内涵与特征 …………………… 47
（三）盘龙城与中原商城的关系 …………………………… 51
六、汉西商文化遗存与文化特征 ……………………………… 54
七、铜绿山古铜矿遗存及与盘龙城的关系 …………………… 55
八、盘龙城商文化与中原商文化的异同 ……………………… 57
九、商朝的法律状况与盘龙城文化中所见法律痕迹 ………… 59
（一）商朝的法律思想及法律形式 ………………………… 59
（二）盘龙城中的商朝法律痕迹 …………………………… 61

第三章 楚国的兴起与早期国家行政机构 …………………… 62

一、国家的出现 ………………………………………………… 62
（一）楚国的王权与行政组织 ……………………………… 62
（二）基本的国家机构与司法部门 ………………………… 65
二、地方行政机构及执法组织 ………………………………… 68
（一）地方县制及下属的执法组织 ………………………… 68
（二）县之下的基层行政组织及所属诉讼官员 …………… 72
（三）战国时期特殊的基层组织 …………………………… 75
三、楚国的官员制度 …………………………………………… 76
（一）官名的来源及特征 …………………………………… 76
（二）官员的法定身份 ……………………………………… 76
（三）官员的选拔与任免 …………………………………… 89
（四）官员的督责和处置 …………………………………… 91
（五）与楚国官制相关的史料依据 ………………………… 92
四、等级与爵位制 ……………………………………………… 102
（一）等级观念的来源 ……………………………………… 102
（二）等级的法律界定 ……………………………………… 103
（三）爵制授予的法律规定 ………………………………… 105
（四）等级制的作用及后世的影响 ………………………… 106

第四章　楚国的法律制度 ······ 107

一、发展与完善中的楚国法律制度与体系 ······ 107
（一）法律的类型 ······ 107
（二）刑罚的种类 ······ 108
（三）基本大法 ······ 110
（四）法律的制定 ······ 111
（五）不成文法 ······ 112
（六）礼与法的关系 ······ 112
二、楚国法律制度中的司法程序 ······ 114
（一）从中央到地方的司法机构 ······ 114
（二）各级机构的司法程序 ······ 115

第五章　楚国社会生活中的礼与法 ······ 117

一、祭祀之礼 ······ 117
二、朝聘之礼 ······ 120
三、燕飨之礼 ······ 122
四、会盟之礼 ······ 123
五、丧葬之礼 ······ 125
六、婚姻之礼 ······ 128

第六章　楚国的军事制度与法 ······ 131

一、国家的武装制度 ······ 131
（一）国家武装力量的几种法定形式 ······ 132
（二）地方武装在法律上的界定 ······ 133
（三）邑兵制 ······ 134
（四）民兵制 ······ 134
二、军事编制 ······ 135

（一）车兵的构成与作用……………………………………………… 135
　　（二）步兵的构成与作用……………………………………………… 136
　　（三）舟兵的形成与作用……………………………………………… 138
　　（四）骑兵的兴起与作用……………………………………………… 140
　三、军事指挥系统…………………………………………………………… 140
　　（一）政军合一的军事指挥系统……………………………………… 140
　　（二）从军政不分到军事指挥的独立………………………………… 141
　　（三）战阵与士兵的训练……………………………………………… 142
　四、军事法…………………………………………………………………… 147
　　（一）征兵法…………………………………………………………… 147
　　（二）与军事法则相关的文献记载…………………………………… 149

第七章　楚国的经济制度与法 …………………………………………… 155

　一、楚国的土地制度与国家收入…………………………………………… 155
　二、官员的俸禄与地方经济………………………………………………… 158
　　（一）食邑制…………………………………………………………… 158
　　（二）基层经济组织与分配方式……………………………………… 159
　三、经济的发展与经济法…………………………………………………… 165
　　（一）楚国的井田制…………………………………………………… 165
　　（二）楚国的赋制……………………………………………………… 165
　　（三）楚国的税制……………………………………………………… 177
　　（四）楚国的役制……………………………………………………… 181
　四、墓葬出土文物中所见楚国经济管理制度……………………………… 186

第八章　楚国法制与周及各诸侯国法制的关系 ………………………… 193

　一、楚国法制与周代法制的关系…………………………………………… 193
　　（一）楚文化的源起与周文化的关系………………………………… 193
　　（二）墓葬出土文物中所见楚国法制与周代法制的关系…………… 195

（三）楚国法制中的周代法制痕迹 …………………………… 199
二、楚国法制与各诸侯国法制的关系 ……………………………… 200
（一）行政制度的沿袭与灵活变通 ………………………………… 201
（二）楚国法制与秦国法制的比较 ………………………………… 203

后　记 ……………………………………………………………… 207

绪 论

一、武汉地理位置与楚国的关系

楚国是中国先秦时期长江中游的一个诸侯国。它从周代兴起一直到战国时被秦灭亡,一共存在了八百年。对于楚国历史与文化的研究从20世纪30年代最初发现楚国考古资料开始,到70年代诸多考古墓葬的发掘、丰富的考古文物的出土,至今,已经有了相当的研究成果。经过对大量文献资料和考古资料的研究,展现在人们面前一个在诸多方面表现出独特且有深厚文化的楚国。同时,学者们对它发展壮大且具有璀璨文化背后的深层原因更为关注,这其中,很重要的一个原因就是20世纪诸多考古资料的出现,大量的考古资料展示了前所未见的楚文化。对这些考古资料的研究,不仅有不同于以往研究历史的方法,更重要的是考古资料展示出更加丰富和完整的有血肉的历史画面。它使我们对楚国的历史有了与以往不同的认识。对考古资料的发掘和研究,是研究楚文化不可或缺的方法。这也是此书有别于此前对楚国法律制度所做的研究的不同之处。

本书所写的楚国法律制度不同于一般对楚国法律制度的研究,而是立足于先秦时期武汉地区法律的状况而做的探索。历史上武汉的出现是比较晚近时期的事,先秦时期武汉地区是一种什么状况呢?这就有必要对当时武汉所处的地理位置、文化发展程度和行政所属状况作一个基本的界定,在这一基本界定框架内对当时的法律制度进行溯源与探究。为此,本书对这一既关乎先秦时期武汉大致位置的状况,又关乎楚国历史的一段上下左右相互交错的历史做一个尽可能的说明和界定,以便准确地分析和论述这段历史。

楚国从地域范围来讲,其范围最大时包括今天的湖北和湖南的全部,安徽和河南的大部,以及江苏、重庆、山东和浙江的部分地区。楚文化的主体部分应该在湖北，这不仅因为湖北的全部地域基本上自始至终都包括在楚国的范围内，因此湖北出土的楚墓最多，出土文物十分丰富，楚文化发展的鼎盛时期的墓葬都在湖北发现；还因为楚国的几个都城，大部分都在湖北的境内。因而湖北的楚文化分量尤其重，湖北的每一块土地上都深深地印上了楚人的足迹。楚国从起始到最强大的时候，中心都在湖北。武汉作为湖北的省会城市，早期就是楚文化发展的中心地带。武汉城市的历史和武汉地区古代人类的活动可以上溯到距今约六千年的新石器时代，有新石器时代长江流域的代表性文化屈家岭文化，它在江汉平原发现，湖北多地有出土，在武昌放鹰台亦有发掘。屈家岭文化之后的石家河文化，基本上遍布湖北境内，石家河文化晚期基本上进入夏代，此后商代的文化遗迹在湖北及武汉地区皆有发现。武汉市黄陂区境内发掘的盘龙城商代遗址是一处十分重要的考古发现。盘龙城可能是商时期中国南方的某个方国的都城，是现今长江流域发现且保存最完整的商代古城之一。与盘龙城时间相当的商代墓葬和遗址在湖北境内亦有较多的发现。传说到商末周初时，北方祝融部落的一支南下，来到荆楚之地，他们固守在一块经由周天子正式分封的五十里子男之地，在位于湖北江汉平原一带的荆山定居下来。而后他们本身所具有的北方文化与原居于此的江汉土著文化逐渐融合，并融合其他华夏民族的文化，产生了一种集多种文化于一体的文化，它就是被后世学者命名的楚文化。楚国最早建国在周天子所封的荆山之地，当时封地很小，土不过同。关于荆山所在地学界争论比较多，但经过几十年的探索，以及不断进行的考古墓葬的发掘，大致上可以断定是在湖北的襄阳地区，有说在保康，有说在南漳。这是因为楚人的主体部分是从北方南下的。沿着从北往南的路径，一直到了江汉平原之地，这应该就是大武汉的范围了。

  定居于江汉平原的这一支北方祝融后裔，并不安于五十里的子男之地，而是不断地向外扩充发展。周夷王时，楚人的先祖熊渠利用周朝的衰微，开始了最初的向外扩张。熊渠展开近交远攻的策略，极力交好于江汉之间的小国，从而首次出征就征服了庸、杨粤和鄂三国，并将自己的三个儿子封到那里，以求永久的统治。到周厉王时，熊渠终因羽翼未丰，畏其讨伐而去掉三个儿子的封号，撤出鄂东一带。但由此可以知道，在西周末年至春秋早期，楚人的足迹已经到达江汉之地，这里应该就是大武汉的概念。汉口古有夏汭、鄂渚之名。

从楚国的兴起到楚文化的扩展延及，可以看出它是一个逐步完善发展的过程。楚国的建立和楚文化的发展从最初的星星之火，到后来成燎原之势，其间经历了一个文化的扩展与融合的过程，尽管楚文化在延续发展的过程中，都有细微的区别，这是因为在延续的过程中，加进了当地的文化元素，但楚文化的主体风格却是其共同的特征，它是从楚文化整体发展中所体现出的独特风格。因为无论是哪一省哪一地出土的楚墓，考古工作者都可以凭借楚文化独特而又鲜明的风格判定墓葬的文化属性。它强势而又鲜明的特征提示着我们，在研究武汉地区的历史时，不可不关注整体的楚文化全貌。武汉地处当年楚文化区，在对其早期历史发展的过程进行梳理，并对其法律起源与发展的经历进行钩沉时，对早期文化以及楚文化的清理是必不可少一个过程。其根本目的就是要顾及楚文化的基本因素，进而观照这些文化的主体因素，从中提炼所需要的武汉早期的法制资料。由此，研究武汉的早期历史，理应包括先秦楚国这一阶段，而且有必要对这一段历史作一些细致的个案分析，对武汉的历史有一个全面而透彻的了解，这既是楚文化研究者的使命，也是研究武汉早期法制史的必经之路。

二、楚国法律的大致含义

楚国的法制发展史在整个先秦的法制史中占有很重要的地位。楚国从一个弱小的国家，在短短几百年内，发展成为傲立于强大中原诸侯国的泱泱大国，有很多值得人们总结的历史和经验。其中楚国的法律制度，在其形成和发展强大过程中，起到了重要的作用，它有许多独创的法律规定和法律形式，对当时和后世华夏民族的发展、中国法律制度的成形和完善，都具有奠定基础的作用。本书旨在对先秦时期楚国的法制历史作一个厘清，以期对武汉早期的法制状况有一个清晰的认识。

虽然本书不是对楚国整个法制发展的历史作研究探索，只对有关武汉城市法制发展的早期历史进行研讨，但是楚文化自两周逐渐形成之后，武汉地区就囊括在楚文化的范围内。而且楚文化的发展是一个从弱小到强大的过程，楚文化的范围也是从小到大，最强大时文化辐射基本上达到半天下的程度。而武汉地区法律的逐渐成形也是在这个时期。因此，在探究武汉地区两周的法制历史时，必然会以探究楚国的法制状况为主要对象。楚文化的特征之一是，它是一个吸收了多民族多地区文化的多元性文化，在其发展过程中，楚文化形成为一个特征明显、中心突出、内部紧密而又内容涵盖面相当广阔的有机文化整体。尤其是事关统治阶级意志与国家工具的法律，它的整体性是显而易见的。因此，在研究武汉地区早期的法制起源时，必然会对楚国的法律发展状况进行探讨和研究。但是，由于楚国地域广阔，楚文化吸收的各种文化成分多种多样，这种不断吸收不同文化因子的状况伴随着楚国历史进程的始终。楚文化发展鼎盛时，地理上已经包括了今天几个省份。其楚文化除主体部分外，已经加进了当地一些文化因子，形成了各地略有差别的楚文化。各个地区的法令法规和不成文法或有差别。因此对那些湖北以外地区的楚文化，本书不会过多关注。由此，本书对早期法制史中楚文化部分的基本界定是，即把楚国法制看作一个整体，不做过于细致的地理位置界定。与武汉有关的周边地区的法制文化内容基本上都不会排斥；不介意其内容的广泛与迁延，但只关注与武汉有关联的信息。这样，尽管本书界定在武汉先秦时期楚国的法律制度，但有可能其内容在地域上、时间上则会相对广泛一些。笔者认为，这并未有违对武汉城市法律制度研究的初衷。只要我们不忘研究的宗旨，本书就算达到目的了。

三、武汉地区早期法律的萌芽

　　一般认为，法律制度的起源是缘于国家的建立，并经由国家制度保障其执行。因而，通常认为应该起源于有国家建立的夏代。文字记载在夏代已经有了最早的法，即中国具有法律效力的"礼"，孔子的《论语·为政》中有"殷因于夏礼"，"周因于殷礼"[①]。这是讲礼从夏代产生一直到商、周时代的承续。然而，在经由国家制定的法律产生之前，必有其萌芽及其土壤。在中国，在有文字记载的历史之前，还有很长一段时间是通过考古资料而证实的历史，在这些资料中，透过考古遗址、墓葬及其出土文物等，可以挖掘出最早法律源起的蛛丝马迹，从而找到最早的法律起源的土壤。这就是很长时

---

① （清）阮元校刻：《十三经注疏·论语注疏》（清嘉庆刊本），中华书局2009年版，第5349页。

间的未见诸史载的历史遗迹,即考古资料。从这些墓葬、遗址及其出土的文物中可以找到法律萌芽的蛛丝马迹。

在武汉及周边的地区,发掘了从新石器时代开始的各种墓葬和大大小小的遗址,墓葬中出土了各种文物,遗址有房屋建筑的遗存,也有早期城市的遗址。这些大大小小的城邑上,应该有人类早期所建立的各种城市邦国。在这些邦国中,开始出现早期国家的萌芽。

离武汉很近的湖北的东部大冶,最近几十年不断地发掘出铜矿遗址,近几年还发现了与铜矿有紧密关系的墓葬。这种墓葬与前所发现的有所不同,它更多的是与矿工的生活紧密相关[1]。铜绿山遗址四方塘墓葬区的资料揭示了矿冶生产管理者的相关信息,是一处明显有别于两周时期家族墓地的公共墓地,同时墓葬出土较多春秋时期楚文化陶器,与具有本地扬越文化的陶刻槽足鬲形成组合,反映了楚文化与扬越文化融合的现象,为研究春秋时期楚国对铜绿山地区的扩张与经营管理提供了新资料。[2] 它对研究楚人对铜矿的管理、铜矿的发展有重要的意义,这也是笔者密切关注的内容。

夏朝时期,武汉及周边地区的历史尚不清楚,文献记录缺失,明确记载为夏代的考古材料尚未发现。不过,石家河文化晚期或者说后石家河文化已经进入夏文化的纪年中。

商代武汉及周边地区的历史除了有一个重大发现——盘龙城遗址的发掘外,还有一些商代的墓葬。据湖北省博物馆杨权喜研究员总结,"目前湖北发现的商代遗存,文化面貌比较清楚的大体可归为四种,即以黄陂盘龙城为代表的汉东商文化遗存、以宜昌为主的峡江地区夏商文化遗存、以江陵荆南寺遗址为主的江汉平原一带夏商时代文化类型、以鄂东考古调查资料为主的鄂东南商文化遗存。这四种文化遗存分布于江汉平原和山区的交接地带,主要在该地的长江、汉水及其支流两岸。而鄂西北的汉水中游和鄂西南的清江上游等地区还存在着商代遗存的空白"[3]。

---

[1] 参见湖北省文物考古研究所、湖北省博物馆、大冶市铜绿山古铜矿遗址保护管理委员会编,陈树祥、连红主编:《铜绿山考古印象》,文物出版社2018年版,第62页。
[2] 陈树祥:《大冶铜绿山古代矿冶生产者的故事》,《大众考古》2016年第11期。
[3] 杨权喜:《湖北商文化与商朝南土》,载湖北省文物考古研究所编:《奋发荆楚探索文明——湖北省文物考古研究论文集》,湖北科学技术出版社2000年版,第115页。

与武汉有密切关系的就是武汉市黄陂区商代盘龙城遗址。盘龙城遗址经过几次大的发掘，发现在大面积的遗址中，有大型的宫殿基址，出土了大量的文物。盘龙城的多次发掘与发掘成果之丰，引起了学者的广泛关注，对盘龙城文化的研究不断呈现新的成果。从盘龙城城墙结构、宫殿建筑模式和布局、埋葬风俗、青铜器工艺风格、玉器制作工艺、陶器基本特征等方面，学者都做了深入的探讨，从而对盘龙城的商文化特征，商文化与南方本土文化的关系，文化发展阶段及文化因素、城市形态和特征、盘龙城的性质和作用，盘龙城的兴衰等诸多问题都作出了多样性的解释[1]。然而，对盘龙城遗址所反映的政权形式、政权性质、盘龙城的管理模式如何，还没有人关注。这是本书希望通过盘龙城的考古资料对上述方面作出解释的重要问题。

楚武王在荆山（即今天的襄阳南漳一带）建国后，楚人以荆山为中心开始了大规模的向外扩张、进行了数代人的开疆拓土的战争。这种开疆拓土的战争，不仅扩大了楚国的疆域，巩固了楚国在当时政治舞台上的地位，提高了国家的经济实力，也使国家机器在扩张中不断得到完善和强化，各种规章制度和法律法规在这个过程中逐步地建立。同时楚国也在与各国的交流中，互相影响和融合，使楚国的政治制度、法律法规既吸收了各国的经验，又突出了自身的特点。因而楚文化在彰显个性的发展中，强势时期的特征独特而鲜明。

楚人在战争中所消灭的国与夺得的土地上，创立了最早的地方行政机构——县制，还将夺得的土地分封给子弟，成为他们的食邑，在这些食邑上建立中心聚落，楚国所建立的都城也随着疆域的扩大而不断地变更。在楚国不同时间建立的城邑中，有不少就是建立在武汉及其周边地带的，包括楚国鼎盛时期的郢都。

在不断的交流融合中，楚国又逐步地与中原各国融合，直到秦统一后，在制度与文化的同一过程中，最终使其融入华夏文化。

---

[1] 参见盘龙城遗址博物院、武汉大学青铜文明研究中心编：《盘龙城与长江文明国际学术研讨会论文集》，科学出版社2016年版。

四、楚地的大致法律形式

早期楚地的法律形式大致有四种。一是法律的土壤及萌芽，最早可以上溯到新石器时代，在有了群聚部落的形式并且在共同生产和生活以后，人类就开始了共有的原始法规。比如房屋的居住形式、埋葬方式、城邑的建立与分工的开端、财产所有的区别等。这些大致是早期人类开始的共同生活并有了剩余财产之后所自然形成的规则，而后逐渐形成为民俗。如果从严格的意义上讲，它们还不能算作是法律。在这里，我们把它看作是法律的萌芽。

二是民俗。民俗从某种意义上说，是不成文法的基础。在很多情况下，它既是俗，也是法。民俗虽然没有明确的法律条文，但它在楚国自始至终都存在，它为统治者所运用，并且为民众所遵守，而且很多时候它具有法律的作用，因而它也是一种法。这是由原始社会遗留下来的一种约定俗成的法规，它得以流传下来，一是传统的强大力量，二是当时法令条文的不完善，它可以起到补充法律不足的作用。当然现在很多地方也仍然存在着不成文法，但它与古代的不成文法还是有所区别，现在的不成文法大多属于民俗的内容，也可说它来自于民俗，因而不成文法在具体的形式与执行上与民俗难解难分。

三是刑。主要是肉刑，以损伤身体的肉刑为主，也包括对肉体的折磨，楚国以纯粹的肉刑作为刑罚，一直存在到春秋中期之后，逐渐出现肉刑之外的刑罚，比如囚禁之法、流放之法，还有一些经济惩罚、人身惩罚或者政治惩罚等，均可以用来代替肉刑。这些刑罚相对于肉刑来说，是刑法发展史上的一种进步。

四是成文法，即有明文规定的刑罚处置。这一类基本上与现代刑法相同，楚国历经八百年有不多的成文法。此外还有一些在后世已经不算作法律，但在当时被当作法看待的另一类法，比如诏令、礼制、临时的规定等。

楚国的法律到后期已经逐步与中原地区同步发展，有些方面表现得更为先进。但这个时候楚国还没有出现"律"，这与当时的各国情况大致相同。直到战国末期李悝和商鞅变法后，才有了比较完整的法律体系，才出现"律"。到秦汉时期，律就开始逐步地走向完备了。

除了比较单一的法令条文之外，楚国也出现了具有全面指导意义的基本大法，即"典"。它对治理国家具有普遍的指导意义。春秋时期，楚国还有设立了专门收藏法典的地方，叫作平府。

至战国时期，楚文化进入发展的鼎盛阶段。楚国的法律从各方面都在向前发展，已经有了专门制定法律的机构，并选派专门的官员来制定法律，等等。

楚国刑法中不分上下等级一律平等的规定，随着社会的向前发展也在发生着变化。从种种迹象来看，楚人渐渐接受周代那种刑法分等级、执法分贵贱的做法。犯同一种法，贵族与平民所受的处罚是不同的，这从楚庄王时期的茅门之法中可见一斑。

在楚国还有一项应该属于法的内容，就是楚王或者政府发布的诏令、命令和国家的某些制度等。如军事措施、宫廷制度、经济法令、政治改革措施，都可以纳入法的范围。

除了这些内容以外，古代的法还有一个重要方面，就是礼仪制度。在先秦时期，周王朝制定的礼是当时社会中无所不在的行为规范，但在很多时候，礼不仅仅是行为规范和道德规范，有时候也被当作法则来执行。当时的诸侯国往往会声称以礼来治理国家，虽然不可能完全做到，但把礼作为法律来看待的用意是十分清楚的。楚国在春秋初期是接受周礼比较少的国家，楚国当时崇尚的治国理念是信义、德行和刑法，还有先王之命，即祖先留下的遗训，而没有把礼算在内。后来在与中原诸国的交往中，受中原诸侯国的影响，以及文化上的不断融合，楚国开始更多地接受周朝的礼仪，并把它作为楚国法令的补充。楚国大夫申叔时就曾说过，要楚国的君王教给百姓以礼，使他们知道上下之间的规则，这里说的礼仪已经是一种规则，起的就是国家的法令或者法规的作用。只是礼在楚国的法中，仍然只占很少一部分，而且运用得比较晚。

虽然当时的成文法或不成文法很少，具体的执行模式也发现不多，但并不等于当时的法律就很少，或者可以忽视。早期缺少成文法的历史时期，我们更多的应该是从法律的具体实行来推测当时法律条规的存在和内容。通过楚人的言行，可以大致看到，楚国的法令条文已经普及深入到社会生活的各个方面，法治的观念也开始进入到官员和百姓的心中，这是一个很能说明法律的执行程度的现象。这应该是我们探索早期法律状况的一个重要路径。

五、楚史资料中所包含的法律

对楚国法律的研究从20世纪80年代楚文化研究的勃兴时就开始了，各种论文和专著从多方面对其进行了研究和探讨。

其一，对楚国从兴起时的不成文法到成文法形成的研究，主要是从历史的角度对楚国法律进行了梳理，这方面的研究资料支撑主要有典籍和竹简资料。其二，对楚国各项具体法律和制度的研究。其中包括中央行政机构，地方行政机构；形形色色的官制，政治官员、经济官员、军事官员、外交官员、司法官员、宫廷之官、其他官员，以及楚官的选拔与任用、官员的督责与处置；楚国的爵制与等级制度等。这一部分的研究论文相对比较多，还有专著和博士硕士论文对这些内容也有较多的涉及。资料的支撑主要是从典籍和竹简中进行搜寻分析整理。其三，楚国的兵制与军法。包括国家武装、贵族私卒、地方部队、兵种、军事指挥系统、士兵的训练、兵源的研究等。其四，经济制度。如土地制度、赋制、税制、役制、手工作坊与集市的管理，等等。其五，对楚国礼制和生活制度方面的研究。如祭祀之礼、朝聘之礼、燕飨之礼、丧葬制度、婚姻礼制等。这方面可用的资料除了典籍和竹简之外，还有利用楚墓中出土的文物进行研究。其六，对楚国法律思想与理念的研究。这方面的论文不多，但亦有涉及。其七，对楚国法律与其他诸侯国法律的对比研究也有论文涉及。其八，论述楚国法律的成因和在楚国发展中的作用以及对后世的影响的探讨研究，这方面专门的论文不多，有些在分析各项法规制度的文章中或有涉及。

对楚国制度研究的新的进展是从楚国竹简的大量发现以后开始的。尤其是湖北荆门包山楚墓中出土的大量法律文书，给研究楚国的法律法规制度提供了不可多得的重要材料。利用这些资料对楚国制度进行研究的文章和专著不断涌现，但仍然有可研究的空间。

所有这些研究除了传统的运用典籍之外，比较新的方法就是加上了出土竹简的资料。但对于考古墓葬和遗址的资料基本上没有多少涉及。楚文化研究兴起的一个重要因素，就是考古墓葬的大量发掘，使人们对原本只有文字记载的楚国历史与文化有了全新认识，从而使楚国历史文化呈现出璀璨的光芒。同样，楚法律制度的研究不可偏废大量的考古资料。因而本书除了沿用传统的和近些年采用的方法之外，就是充分和大胆地运用考古资料来说明楚国的法制状况。这其中，初民时期法律起始的土壤和萌芽，是必须从考古资料中找证据来证明的，到后期出现文字资料以后，从考古资料中仍然可以搜寻一些材料来弥补文字资料的不足，甚至可以有填补某些空白的可能。民俗资料的采纳，也是本书有别于其他研究内容的特点之一。

楚国法律制度的资料仅仅靠文字资料是远远不够的，因为真正付诸文字的法制资料是少之又少的，一则因为当时成文法很少，二则法律的执行从文字中寻找资料也颇为不易，因此研究早期楚国的法律制度的资料绝不可能只限于文字。由此，本书的资料来源主要有这样几个方面，即三重甚至四重的证据法。其一就是考古资料。首先本书的时间跨度是从新石器时代开始，那个时候用以说明历史的资料主要是考古资料，因此，考古的墓葬、文物、遗址、城址都是探索这段时间法律土壤与起源的重要资料，也包括一些史籍记载的古史传说等等。其二是文献资料，凡记载与楚国法律有关的资料都是研究的入口。其三是楚国的以及其他与楚国有关的竹简资料，只要记载有楚国法律的竹简都是研究的对象。比如湖北楚墓出土的包山楚简、郭店楚简，还有新发现的清华简、上博简等。与楚有关的云梦秦简、江陵汉简等。其四是民俗资料，这部分包括两种内容，一是有关典籍中的民俗资料，比如《山海经》《楚辞》《诗经》等书中记载的民间习俗内容，其中可以发掘楚国法制的有关记载。还有一类是楚地至今流传的民俗资料，有些是从古代一直流下来的，这类资料非常少，但有些仍然可以提供一些线索。

本书旨在以武汉地区先秦时期法制建设和城市法治发生、发展的历史为研究对象，揭示城市发展与法律治理的内在关系，为当今法治武汉建设提供借鉴。武汉的位置所在在2000多年前属于楚国，因此研究武汉城市法治必须要研究楚国的法律制度，这是研究武汉法制建设的基础性工作。为此，本书从这几个方面进行探索：对楚国法律法规制度的起源、形成和发展进行全面、深入地梳理。对楚国各项法律法规制度做进一步地挖掘和整理，力求全面准确。对楚国法律法规制度与周边诸侯国的制度进行简要对比，总结出楚国法律制度的特征、精神实质，在楚国的地位和实际作用影响。在前述基础上，考察楚国法律制度对当时及后世的影响。

随着国家对法治的日益重视和向前推进，对楚国法律制度的研究将会给今天的法治建设提供重要思路和借鉴，在今天国家大力提倡依法治国的大势下，从历史的角度来探索武汉地区从古至今城市发展与法律治理的关系，对楚国的法律进行更深一步地探索，究楚国之法，通往古之变，立一家之言，以古鉴今，是我们为新时期武汉城市法治建设应作的贡献，对楚国法律规范制度的研究亦具有不可低估的重要意义。

第一章　三苗时期江汉地区的法制土壤

新石器时代，武汉所在的江汉地区尚未见楚人的遗迹。据古史记载，这时候当地的土著居民是三苗。三苗是一个什么样的族群？他们是一直在这块土地上生活，还是从别的什么地方迁徙来？族群的分布范围如何？其社会发展到了何种程度？孕育法制的土壤又是如何？三苗与楚人又是何种关系？都有必要结合文献给予一定的说明。

一、三苗时期江汉地区的发展状况

（一）三苗的来源

在上古传说的新石器时代，在江汉之地曾经存在过三苗这一部落族群。徐旭生认为，楚人与三苗是同祖，同属南方苗蛮集团[①]。俞伟超认为，三苗与楚同源，是重黎的另一支重要后裔[②]。后来也有学者经过研究，提出了不同看法，如认为三苗应为江汉之地的土著居民，而后与北方过来的楚人先祖逐渐融合，形成了楚人。"在上古中原民族与南方三苗的冲突中，楚人的先民是站在中原民族一边的"[③]，"楚文化的主源绝非三苗文化，而是祝融部落集团崇火尊凤的原始农业文化"[④]。根据文献资料以及后来大量的考古资料分析证明，张正明的观点更加接近事实。

然而，更进一步的追踪发现，三苗最早并非居于江汉地区的土著，而另

[①] 徐旭生：《中国古史的传说时代》，文物出版社1985年版，第57—66页。
[②] 俞伟超：《先楚与三苗文化的考古学推测》，《文物》1980年第10期；俞伟超：《楚文化的渊源与三苗文化的考古学推测》，载《先秦两汉考古学论集》，文物出版社1985年版。
[③] 张正明：《论楚文化的渊源》，《张正明学术论文集》，湖北人民出版社2007年版，第366页。
[④] 张正明：《楚文化史》，湖北教育出版社2018年版，第11页。

有来源。关于三苗来源，古籍中的记载五花八门，各家莫衷一是。但追溯到最早，其始祖仍应是来自北方部落。《山海经·大荒北经》上记载，其曰："颛顼生欢头，欢头生苗民，苗民釐姓"[1]。颛顼是传说中的五帝之一，为黄帝之孙，昌意之子。因辅佐少昊有功，而封于高阳，即今河南开封高阳镇。这应是最早关于三苗始祖的记载。《左传·文公十八年》亦有一说法："舜臣尧，宾于四门，流四凶族混沌、穷奇、梼杌、饕餮，投诸四裔，以御魑魅"[2]。《史记·五帝本纪》中记述为：帝鸿氏之不才子"混沌"、少暤氏之不才子"穷奇"、颛顼氏之不才子"梼杌"，以上合称"三凶"，加上缙云氏之不才子"饕餮"合称"四凶"[3]。这里是亦把三苗看作四凶之一。也有说三苗乃缙云氏之子，《左传·文公十八年》孔颖达疏"黄帝以云名官，故知缙云黄帝时官名。字书缙，赤缯也。服虔云：夏官为缙云氏"。而高诱注《淮南子·原道训》云：三苗，尧时所放浑敦、穷奇、叨餤之等"[4]，《淮南子·修务训》注又云："三苗，盖谓帝鸿氏之裔子浑敦，少昊氏之裔子穷奇，缙云氏之裔子饕餮，三族之苗裔，故谓之三苗"[5]。闻一多、徐旭生、凌纯声、芮逸夫、马学良、马长寿等著名学者还认为伏羲、女娲是苗民的始祖。在苏北、皖北、鲁南交边之地的徐州铜山，有一地名曰"苗山"。苗山见有伏羲女娲人首蛇尾相交的画像石；鲁西南有伏羲女娲墓供人们祭祀。从千古相传的"民不祀非祖"的传统观念来看，以上种种情况说明，伏羲女娲不仅是苗蛮的始祖，同时亦是东夷的始祖[6]。闻一多等先生考证，苗蛮先民自称其祖为伏羲女娲。古书提及伏羲女娲每每言其"龙身人首"或"蛇身人头"，汉画像石刻中亦作蛇身人首交尾状蛇为南方苗蛮集团图腾之一，盖苗蛮早期历史固湮于神话之中，然其氏族部落当比神话更为古老[7]。可见三苗的最初始祖并非江汉地区土著，而是自北方迁徙而来。此间过程，因传说演化为神话的故事也有不少，不再赘述。

---

[1] （晋）郭璞注，（清）郝懿行笺疏，张鼎三、牟通点校，张鼎三通校：《山海经笺疏》，齐鲁书社2010年版，第5017页。
[2] （清）阮元校刻：《十三经注疏·春秋左传正义》（清嘉庆刊本），中华书局2009年版，第4044页。
[3] （汉）司马迁：《史记》，中华书局1982年版，第36页。
[4] （汉）刘安编，何宁撰：《淮南子集释》，中华书局1998年版，第47页。
[5] （汉）刘安编，何宁撰：《淮南子集释》，中华书局1998年版，第1312页。
[6] 石宗仁：《东夷、苗蛮和共同祖先与族称》，《中央民族大学学报》1999年第4期。
[7] 闻一多：《伏羲考》，上海古籍出版社2009年版，第10—13页。

总之三苗的始祖出现多种说法，似乎莫衷一是。尤其是出自何部落，更各执一词。从大的方面说，有南方说，北方说；从小的方面说，有出自北方哪一支部落之说。本书宏观上采用北方说；而关于具体出自哪一支部落，因古籍记载的传说成分很多，且族群迁徙过程十分复杂。本书暂且搁置。像三苗这样一支部落，在上古史上，不仅是经历了发展的巨大变迁，更经历了多次战乱，其始祖传说更是多门。因此，把三苗部落始祖确定在更大范围内，更有利于厘清其来源和发展过程。

把三苗看成古代多个部落的合称，即古史上有关三苗始祖多种叙述的记载，大体皆可以看作三苗的始祖。后世所述三苗的不同始祖，虽各有来源，但后世亦能找到传承轨迹，最终都能落到三苗之上。因而三苗的"三"，我们更倾向于将其理解为"多"的意思。典籍中三苗的"三"有不同的具体对象，比如欢头、颛顼、缙云等都被当成三苗的始祖。有学者试图解释过三者的关系，也有认为是同一个始祖的不同说法。无论怎么阐释，其实都只能说明一个问题，三苗的"三"不应仅仅局限于三个具体的部落或者族群。笔者对此不作详细演绎。只想说明的是，早期三苗已经是由多个部族联合到一起的大的部落群体，已进入父系社会发展阶段，并在动荡中努力向前发展，且势头强劲，已威胁到当时北方的主要部落尧、舜。《左传·文公十八年》载：缙云氏之不才子，"贪于饮食，冒于货贿，侵欲崇侈，不盈厌，聚敛积实，不知纪极"[1]。此处的"货贿"，郑玄注《周礼》解释为："金玉曰货，布帛曰贿"[2]。这是指三苗时期，各部落已发展到有一定的剩余财富，而强者会利用自身力量去掠夺其他部落的财产，据为己有。这里将三苗看作是缙云的后代，笔者将三苗看作是这一时代的发展到此种程度的一个部落。三苗处于这样一种状态中：具有了一定的实力，可以利用自身力量发动战争，掠夺财富。但当时还有比它更强的部落，因此它最后败下阵来。三苗在实力上虽然比不上某些部落，但在制度发展，或者说法律的起始方面，却有着自身特点，此点容后叙述。

苗蛮的先祖所处的社会发展阶段应该是由母系进入父系社会时期，更早曾历经了从血缘群婚制到母系氏族婚制。古史有记，伏羲与女娲原本为兄

---

[1] （清）阮元校刻：《十三经注疏·春秋左传正义》（清嘉庆刊本），中华书局2009年版，第4044页。

[2] （清）孙诒让著，汪少华整理：《周礼正义》，中华书局2015年版，第96页。

妹，后成为夫妻。进入父系社会的传说史书上有各种记载，特别值得注意的是，这个时期已经有了制定礼法的记载。《帝王世纪》载："燧人氏没，庖牺氏代之。继天而王，首德于木，为百王先……制嫁娶之礼"①。"庖牺"即伏牺（羲）。后世也有说尧舜禹时期制嫁娶之礼，但伏羲时已经可以仰观象于天，俯观法于地，观鸟兽之文与地之宜。表明他们在经济生活方面已达到相当水平，而且部落内部出现"王"的称呼，这种称呼至少可以说明已经进入父系制社会。

他们的发展，与当时的尧舜部落的发展产生了冲突。《左传·文公十八年》记载，舜继承尧之位后，流放了尧帝时的四凶。这个说法在典籍中有诸多记载，三苗后来的经历与结局在典籍中也都有种种记载。罗运环认为"今南方苗族为三苗后裔，经实地考察，在苗族等少数民族中，流行伏羲、女娲兄妹结婚，繁衍人类的故事……表明古苗民皆以伏羲、女娲为祖先神。这进一步证明苗民是江汉土著居民"②，"至于三苗祖源可追溯至颛顼，当是被流放的欢头与当地苗民融合后的反映"。"不过丹朱、欢兜与苗民确有密切的关系。""丹淅地区的丹朱、湘北大庸崇山一带的欢兜他们是从中原被流放来的，属华夏集团，而苗蛮之民则是江汉土著。丹朱、欢兜虽在一定的地区与土著苗民融合，但三者间的祖源不可混为一谈"③。三苗在江汉地区居住已久，当地考古文化可以印证三苗为此地的土著。三苗部族从新石器时代晚期到夏商时期成为居住于江汉地区的居民，商周以后北方来的祝融的后裔，即后来的楚人与其文化相融合，形成楚文化。而三苗所代表的就是当地的土著文化。前面所说的大溪文化、屈家岭文化、石家河文化所反映出的江汉地区土著文化的特征，学界基本上认定就是当地土著三苗族所创立的文化。从三苗族源的记载来看，此时三苗处于新石器时代末期，开始进入阶级社会，并且与周边部落进行战争。战争的胜负导致其四处迁徙，因而对其起源的记载亦呈现多种说法。

（二）三苗所处的地域

《舜典》云："流共工于幽州，放欢兜于崇山，窜三苗于三危，殛鲧于

---

① （晋）皇甫谧：《帝王世纪·世本·逸周书·古本竹书纪年》，齐鲁书社2010年版，第2页。
② 罗运环：《楚国八百年》，武汉大学出版社1992年版，第27页。
③ 罗运环：《楚国八百年》，武汉大学出版社1992年版，第25页。

羽山，四罪而天下咸服"①。这是说舜流放当时作乱的四凶。三苗被舜"窜三苗于三危"，表明三苗在被流放到三危之前并不在三危山地区。《史记·五帝本纪》载："欢兜进言共工，尧曰不可而试之工师，共工果淫辟。四岳举鲧治鸿水，尧以为不可，岳强请试之，试之而无功，故百姓不便。三苗在江淮、荆州数为乱，于是舜归而言于帝，请流共工于幽陵，以变北狄；放欢兜于崇山，以变南蛮；迁三苗于三危，以变西戎；殛鲧于羽山，以变东夷：四罪而天下咸服"②。依据《史记》中所记，三危应该在甘肃一带，那里也是古代西戎所在地。钱穆认为，"依据以上两则文献记载，三苗氏族是因为在江淮（今安徽）和荆州（今湖北）作乱危及了虞舜一朝的百姓，而被舜王强行迁往今甘肃西部敦煌以东的三危（山）地区的。西迁的三苗被分成数块居住地分而治之，目的是'别其部落，离其党类，以销其势也'，这就是远古历史上的"分北（背）三苗"，"然而这个当初'在江淮、荆州数为乱'的三苗，他们在黄河以南或者长江以北一定有一个聚居地。这个聚族而居的地域应是距离荆州和江淮不远的地方。以今天的地理分布看，三苗之居的疆域应不出湖北、湖南、江西、安徽和河南五省"③。这种说法与以后的记载及江汉地区考古发掘的状况有契合之处。《战国策·魏策一》上也记载楚国大将吴起说到三苗所居的地域："昔者三苗之居，左彭蠡之波，右洞庭之水，文山在其南，而衡山在其北"④。有学者考证，"三苗活动的区域大致在伏牛山、桐柏山及大别山以南、长江两岸一带地区，与石家河文化分布区大体相当"⑤。三苗所居地域从史籍所记来看，似乎先在南方，而后因战败而被迁至西北。如果联系前面所述三苗的始祖来看，最初应该是在北方。

　　《史记》中所记就是三苗先在南后迁于北，是因其数为乱，就是与尧舜等北方部落之间的战争。战争起因是尧让位于虞时，其子丹朱心怀不满，便与三苗联合以抗尧、舜。而后"尧战于丹水之浦，以服南蛮"⑥，这里"南

---

① 曾运乾撰，黄曙辉点校：《尚书正读》，华东师范大学出版社 2011 年版，第 23 页。
② （汉）司马迁：《史记》，中华书局 1982 年版，第 28 页。
③ 钱穆：《古三苗疆域考》，《燕京学报》1932 年第 12 期。
④ 何建章注释：《战国策注释》，中华书局 1990 年版，第 813 页。
⑤ 罗运环：《楚国八百年》，武汉大学出版社 1992 年版，第 23 页。
⑥ （秦）吕不韦编，许维遹集释，梁运华整理：《吕氏春秋集释》，中华书局 2009 年版，第 559 页。

蛮"应该指的就是三苗①。此事《帝王世纪》记载得更清楚："诸侯有苗处南蛮不服，尧征而克之于丹水之浦"②。尧之后，舜即位，为进一步平息丹朱三苗等部落的叛乱，将作乱的四凶流放至边远之地，于是三苗流窜于三危。"三危"据史籍记载应在西北方向，今甘肃一带。但三苗族群并未全部迁徙，其中一部分仍然留在江汉地区。③

概言之，三苗所居地域古史上有许多记载，后世学者也有诸多考证。但本书意不在此，因而不再作新的考证。仅想说明的是，三苗是自新石器时代开始直到夏商时期，长期居于江汉地区的一个部族。尽管其间有一部分族人被打败而败逃北方，但仍然留有一部分族人在南方。他们从原始部落一直到进入阶级社会，社会组织在这一过程中也在不断演进，由血缘婚到母系氏族社会，再到父系氏族社会，直到出现国家的雏形。他们在江汉地区这一块土地上，创造了富有自身特色的土著文化，并充分体现在屈家岭文化与石家河文化中。直到南下江汉地区的北方祝融部落的一支来到，汇聚并创新成一种新的文化——楚文化。

（三）三苗与尧舜的战争冲突

上古时期，华夏大地上存在着两大部落，炎帝和黄帝。他们最初为同族的两大部落，因为发展过程中发生战争，炎帝战败而徙至南方。《史记·五帝本纪》云："黄帝者，少典之子也。轩辕之时，神农氏世衰，诸侯相侵伐，暴虐百姓，而神农氏弗能征，于是轩辕乃习用干戈，以征不享。诸侯咸来宾从。而蚩尤最为暴，莫能伐。炎帝欲侵陵诸侯，诸侯咸归轩辕，轩辕乃修德振兵。治五气，艺五种，抚万民，度四方，教熊罴貔貅䝙虎，以与炎帝战于阪泉之野，三战然后得其志。蚩尤作乱，不用帝命。于是黄帝乃征师诸侯，与蚩尤战于涿鹿之野，遂禽杀蚩尤。而诸侯咸尊轩辕为天子，代神农氏"。此记载有传说的痕迹，但它和尧舜与丹朱三苗等部落的战争颇为相似。炎帝被黄帝打败之后，来到了南方，即长江流域。此当"神农氏世衰，诸侯相侵伐，暴虐百姓弗能征矣"④。《史记》记炎帝欲侵陵诸侯"三战然后得其志"。《史记》所记与《大戴礼记·五帝德》相类，但《五帝德》只

---

① 罗运环：《楚国八百年》，武汉大学出版社1992年版，第23页。
② （晋）皇甫谧：《帝王世纪·世本·逸周书·古本竹书纪年》，齐鲁书社2010年版，第13页。
③ 罗运环：《楚国八百年》，武汉大学出版社1992年版，第27—28页。
④ （汉）司马迁：《史记》，中华书局1982年版，第1—10页。

有黄帝与炎帝战于阪泉之文，而无与蚩尤战于涿鹿之事。《贾子·益壤》云："炎帝无道，黄帝伐之涿鹿之野"①。吕思勉认为，蚩尤、炎帝，殆即一人；涿鹿、阪泉，亦即一役②。《盐铁论·结和篇》曰："轩辕战涿鹿，杀两皞、蚩尤而为帝"③。这里引用炎帝与黄帝之间的战争，意在说明：一是当时大部落之间发生战争应是社会发展的一种必然走向；二是南北方大部族之间发生战争冲突，也并非不是某种常态。

三苗与北方早期华夏部落集团之间的战争，其起因据史书记载，是因继位之事。尧之子丹朱表现不好，其父未将王位传给他，引起丹朱不满，于是联合三苗等人反抗尧舜的统治。史籍将丹朱及其联合的其他三部落合称为"四凶"，尧起兵与丹朱等战于丹水之浦。三苗本无继承权问题，但当时它已是一个相对独立并且势力较大的部落。也许是对尧把王位让给舜同样不满，并且有实力与尧对抗，于是附和了丹朱的反抗之举，与尧发生了战争。尧将三苗当作一支独立的力量，分出兵力与三苗作战，《帝王世纪》有云："诸侯有苗处南蛮不服，尧征而克之于丹水之浦"④。《水经注·丹水注》中说"丹水之浦"在今河南淅川西南，在当时应为三苗所辖之地。有学者认为淅川属三苗地盘，也是丹朱被放逐的地方⑤。尧在此次战争中灭杀了丹朱及三苗的首领，但并未完全灭掉其部族，三苗中有一部分"有苗之民，叛入南海，为三苗国"⑥，三苗所遁的"南海"，应在今湖北、湖南和江西一带，即前面提到的三苗败北后在南方所居地的位置。从后面三苗仍然在江淮之地作乱，而遭到舜的打击可做印证。

尧晚年时，舜代尧管理部落事务，决定对仍然在江淮之地多次作乱的三苗给予从重打击。虞舜摄政时，"诸侯有苗氏处南蛮而不服"，三苗对尧舜颇有反抗到底的决心，已成尧、舜统治的心腹之患。于是虞舜多次亲临前方。《战国策·秦策》记"舜伐三苗"。战争的结果是，起初三苗占据优势，舜没能灭掉三苗，只好把他们迁居。《尚书·尧典》《史记·五帝本纪》说

---

① （西汉）贾谊撰，（明）何孟春订注，彭昊、赵勖点校：《贾谊集》，岳麓书社 2010 年版，第 18 页。
② 吕思勉：《先秦史》，上海古籍出版社 2009 年版，第 57 页。
③ （汉）桓宽撰集，王利器校注：《盐铁论校注》，中华书局 1992 年版，第 480 页。
④ （晋）皇甫谧：《帝王世纪·世本·逸周书·古本竹书纪年》，齐鲁书社 2010 年版，第 13 页。
⑤ 罗运环：《楚国八百年》，武汉大学出版社 1992 年版，第 27 页。
⑥ 郭世谦：《山海经考释》，天津古籍出版社 2011 年版，第 803 页。

舜守四方并至南岳，将他们的大部迁到北方，即"三苗在江淮、荆州数为乱。于是舜归而言于帝……迁三苗于三危"①，以防止他们再次作乱。虽然舜迁走了三苗大部，但仍未能将三苗部族全部迁往北边，其中有一部分人还生活在江汉地区，且直到舜、禹时期，继续与之抗争。

　　舜的晚年一直在与三苗进行战争，虽然没能灭掉三苗，但北方王朝未放弃对三苗的继续讨伐，一直到继舜之位的禹之时。《淮南子·修务训》有记载，舜晚年让禹代位，有苗氏叛，于是舜又亲自领兵征伐，最后"南征三苗，道死苍梧"②。《楚辞·离骚》也有"济沅、湘以南征兮，就重华而陈词"，表明舜确死于此地。舜是否一定是与三苗交战而后战死，史书上记载不一，有说确被三苗打败而亡，也有仅说亡于南方。毕竟年事已高，死于病痛也合情理。但无论何种说法，有一条是大致不误的，即舜在南方与征战三苗有关，后来死于南方也应是事实。至少可以肯定是，舜未打败三苗而亡是与三苗有关的。因此，此时的三苗实力是强大的，表明进入到阶级社会后的三苗部落已经发展到相当程度，军事实力相当强大，可与北方王朝的军事主力进行军事对抗，并一度占据上风。这应该是已进入邦国社会的特征，也可从考古资料中得到印证。

　　《墨子·非攻》对舜征三苗的战争有过详细描述，这是一场旷日持久，双方殊死搏斗的战争。从舜一直到禹，发动多支部族的兵力参与围剿三苗，其间互有胜负。北方部族在此期间，基本上处于逐步领先的地位，他们一直打到江、淮进而到沅、湘，最终三苗被击败。此次战争后，史书上再没见有三苗与北方王朝之间的战争，应是受到重创而无力再战，而接受夏王朝的统治，安居江汉地区了。

　　三苗集团与北方华夏部落的战争，表面上看是为争夺王位而战，实质上应该是双方社会发展到一定阶段后综合实力的较量。最终处于南方的三苗实力稍弱于北方的禹，即夏王朝，处于下风而战败。那么当时三苗社会的发展状况大致处于哪种程度呢？

（四）三苗的社会发展状况

　　关于三苗的社会发展状况，首先从文献方面作一些分析。

---

① （汉）司马迁：《史记》，中华书局1982年版，第28页。
② （汉）刘安编，何宁撰：《淮南子集释》，中华书局1998年版，第1313页。

三苗出现于史籍中是与尧舜禹联系在一起的。从已有研究成果来看，尧舜时期处于阶级社会阶段，到禹时已进入王朝阶段。史书上记载三苗出现的最早时间，即尧在位时，《山海经·大荒北经》《山海经·大荒南经》上均记有"欢头"之事，"欢头"亦称"欢兜"，是与尧之子丹朱同时之人，亦可看作是尧之时的一个部落。《尚书·尧典》记丹朱为尧之子，欢头为尧之臣。尧之时已经在进入国家建立的前夜，那时的部落有些正在走向邦国。他们有内部的组织，有强悍的军队，为了部落利益，相互之间会进行长期的殊死搏斗。

欢头在发展的过程中，与尧以及后来的舜、禹发生冲突，因力量不足而战败。关于欢头的祖源，既然是效力于尧，理应属于北方部落。为何后世很多学者以为欢头是三苗之祖呢？其中主要原因，一是三苗早期曾经是居于北方的部落；二是欢头的迁徙比较复杂。欢头因叛乱被尧打败后，放逐于崇山。《尚书·尧典》记："放欢头于崇山"①。《大戴礼记·五帝德》也有记载："放欢兜于崇山，以变南蛮"②。崇山在什么地方呢？《读史方舆纪要》卷七十七中载："崇山，（慈利）县三十里，相传即舜放欢兜处"③，慈利在今湖南张家界市。欢头与尧舜发生战争，被打败后被放逐于湖南境内，理应经过湖北，湖北境内或也有战事发生。因此，欢头会在此地留下足迹。其所部人马，有些应该留在湖北，与湖北的土著人群融合。《大戴礼记》一个"变"字，表明三苗在南方的时间不会短，且与当地有融合的可能，即"以变南蛮"。总的来说，欢头与三苗的始祖有千丝万缕的联系，早期或是一家，也未可知。有学者认为江汉地区的土著即三苗之祖，也有称其为苗蛮的④。而因为欢头在历史上更有名并有记载，在后世很多记载中，欢头与三苗被混在一起，而三苗后世确实定居于江汉地区。因而欢头也和三苗一起很容易就被后世视为江汉地区的土著居民。

欢头被舜放逐到南方时，虽处在阶级社会阶段，但尚未完全进入国家。尧与舜之间的王位更替仍实行禅让制，但此时的禅让制已非氏族社会温情脉脉的"礼让"，而是充满血腥味。尧之子丹朱本应继承尧的王位，但因在尧

---

① （清）阮元校刻：《十三经注疏·尚书正义》（清嘉庆刊本），中华书局2009年版，第270页。
② （清）王聘珍撰，王文锦点校：《大戴礼记解诂》，中华书局1983年版，第121页。
③ （清）顾祖禹撰，贺次君、施和金点校：《读史方舆纪要》，中华书局2005年版，第3643页。
④ 罗运环：《楚国八百年》，武汉大学出版社1992年版，第27页。

第一章 三苗时期江汉地区的法制土壤

的眼里，丹朱"不肖"不适合继承王位，尧便将王位传于舜。这种违反当时正常禅让制的传位，成为丹朱武装暴乱的原因。丹朱联合的三股力量中，欢头就是其中之一。

对丹朱来讲，王位的继承问题是正当的反叛理由，而对欢头而言，除了追随丹朱之外，应有其自身的原因。《尚书·吕刑》上有一段关于这次战争的记载："苗民弗用灵，制以刑。惟作五虐之刑曰法。杀戮无辜，爰始淫为劓、刵、椓、黥"。"伪孔传"载"三苗之君，习蚩尤之恶不用善化民，而制以重刑"[1]。"伪孔传"将三苗作乱的原因看作是他们只会用刑杀治民，而不能以善化治民，此为恶。这表明三苗社会此时已发生变化，过去在尧看来良好的社会秩序被打乱，而且社会出现变化以后，部落酋长用重刑治理社会。这些都表明三苗社会中阶级的出现、争斗的加剧。这是尧、舜部落首领对三苗发起战争的口实。但其实《尚书·吕刑》的这段话并不仅仅是因为三苗内部出现刑法而引发尧舜对他们的战争，因为在三苗之时，北方部落也已渐次出现刑法。尧舜禹部落对三苗用兵的重要原因在于"苗民弗用灵"。有学者对此的解释是，透露出宗教方面的战争诱因，不同民族之间原始宗教的差异引起摩擦甚至冲突，"非我族类，其心必异"这种情形存在于落后民族中也是屡见不鲜的[2]。在初民社会是否会因宗教信仰的不同而发生战争？从其后社会发展的过程中，人们对于祭祀与战争的重视程度可以反推，"国之大事，在祀与戎"，即把祭祀和战争看作是国之大事，可见初民对信仰也应是重视的，但这时还仅仅只是后世重视"祀与戎"的滥觞阶段。是否到了非重视不可的程度，还可以探究。但以重视祭祀与战争时代的后世之人看来，文化处于领先地位的北方部落，因宗教信仰与祭祀等原因，对另一部落发起战争，是名正言顺的。此时，尧舜部落首领以此为由对三苗发动战争。也可理解为三苗的社会发展虽已推动着其与大的部落进行战争，但经济实力的发展和军事力量的增强，并不能使社会文明的进步整齐划一地跟上。必须承认，此时的三苗与尧舜部落相比，还有差距。所以不重视祭祀可以被尧舜部落当作发动战争的原因。欢头追随丹朱而反叛，应该有现实的利益追求，或是土地的扩张，或是物产的掠夺。但发动战争的表面原因，即是欢头轻于

---

[1] （清）阮元校刻：《十三经注疏·尚书正义》（清嘉庆刊本），中华书局2009年版，第526页。
[2] 石兴邦、周兴：《试论尧舜禹对苗蛮的战争》，《史前研究》1988年第1期。

祭祀和信仰。

尧与丹朱、欢头等部落邦国的战争进行了不短的日子，一直延续到禹执政时，其中互有胜负，丹朱、欢头等小邦国自是胜少败多，直到最后被舜和禹赶到南方，对北方的夏政权很难再构成威胁。

当禹的夏部落联盟跨入奴隶社会时，虽然落后于夏部落的发展进程，但三苗也已有"君子""小人"之分，开始有阶级区分。同时，三苗也出现了最早的肉刑。《尚书·吕刑》记"苗民弗用灵，制以刑，惟作五虐之刑曰法"[①]，他们最早发明了刑罚。

早期法律法规极为式微，而政治制度显现得要明显一些，因此从政治制度的变迁中寻找法律制度的出现和变迁，是必由之路。可从尧舜禹的发展，其间政权的交替，与部落之间的战争，尤其是与三苗的战争，来检视江汉地区政治制度的出现与发展轨迹。

尧舜禹与三苗等部落的战争，从地域概念看，是南北之间的地缘战争；从性质上来看，是强盛部落与其他部落争夺土地和财产的战争，也是部落权力走向集中，即酋邦的贵族权力战争。

二、"三苗之战"与早期法律观念的出现

（一）战争与"刑始于兵"

《吕览·荡兵》曰："人曰蚩尤作兵，蚩尤非始作兵也，利其械矣。未有蚩尤之时，民固剥林木以战矣"[②]。弦木为弧，剡木为矢，亦剥林木以战之一端。《越绝书外传·记宝剑》载："轩辕、神农、赫胥之时，以石为兵⋯至黄帝之时，以玉为兵⋯禹穴之时，以铜为兵"[③]，人们在使用铜之后，还兼用木石作兵器。

《管子·地数》中证实了蚩尤作兵器的缘由："黄帝问于伯高曰：'吾欲陶天下而以为一家，为之有道乎？'伯高对曰：'请刈其莞而树之，吾谨逃其爪牙，则天下可陶而为一家'。黄帝曰：'此若言可得闻乎？'伯高对曰：

---

① （清）阮元校刻：《十三经注疏·尚书正义》（清嘉庆刊本），中华书局2009年版，第526页。
② （秦）吕不韦编，许维遹集释，梁运华整理：《吕氏春秋集释》，中华书局2009年版，第158页。
③ （东汉）袁康撰，李步嘉校释：《越绝书校释》，中华书局2013年版，第303页。

'上有丹砂者下有黄金,上有慈石者下有铜金,上有陵石者下有铅、锡、赤铜,上有赭者下有铁,此山之见荣者也。苟山之见其荣者,君谨封而祭之。距封十里而为一坛,是则使乘者下行,行者趋。若犯令者,罪死不赦。然则与折取之远矣'。修教十年,而葛卢之山发而出水,金从之。蚩尤受而制之,以为剑、铠、矛、戟,是岁相兼者诸侯九。雍狐之山发而出水,金从之。蚩尤受而制之,以雍狐之戟、芮戈,是岁相兼者诸侯十二。故天下之君顿戟一怒,伏尸满野,此见戈之本也"①。

其他史书也以大致相同的文字记载了蚩尤首先以金属制兵器这一行为。因而古代认为蚩尤始作五刑。这里的"刑"是指的兵器。

《管子·小匡》记"美金以铸戈、剑、矛、戟,试诸狗马;恶金以铸斤、斧、锄、夷、锯、攎,试诸木土"②。《左传·僖公十八年》记载,"郑伯朝于楚,楚子赐之金。既而悔之,与之盟,曰:无以铸兵"③。这里的"兵"皆为武器。在各个发展的不同阶段,会有不同材料的武器。最早以木为兵器,后以石或以玉为兵器,再以铜为兵器。以金属铜为兵器,属于发展的较高阶段。

那么,什么时候兵器与刑法或曰刑罚有了关系?《尚书·尧典》上记载舜曾敕令皋陶说:"蛮夷猾夏,寇贼奸宄,汝作士,五刑有服,五服三就"④。这段话的意思是,帝舜对皋陶说:外族侵扰我们中国,抢劫杀人,造成外患内乱。你作狱官之长吧,五刑各有使用的方法,五种用法分别在野外、市、朝三处执行。五种流放各有处所,分别住在三个远近不同的地方。要明察案情,能够公允!"五刑"即指墨、劓、剕、宫、大辟;"三就",后人注曰:"谓大罪陈诸原野,次罪于市朝,同族适甸师氏。既伏五刑,当就三处。"此种"陈诸原野"之大罪,说明战争即是一种刑罚,可以惩治"蛮夷猾夏",可见中国古代"兵刑不分"的史实。

《国语·鲁语上》记臧文仲之言也是解释五刑三就:"大刑用甲、兵,其次用斧、钺;中刑用刀、锯,其次用钻、笮;薄刑用鞭扑;以威民也。放

---

① 黎翔凤撰,梁运华整理:《管子校注》,中华书局2004年版,第1354—1355页。
② 黎翔凤撰,梁运华整理:《管子校注》,中华书局2004年版,第423页。
③ (清)阮元校刻:《十三经注疏·春秋左传正义》(清嘉庆刊本),中华书局2009年版,第3297页。
④ (清)阮元校刻:《十三经注疏·尚书正义》(清嘉庆刊本),中华书局2009年版,第274—275页。

大者陈之原野，小者致之市、朝，五刑三次"①。甲、兵、斧、钺，皆为战争之器，而非刑罚之具。而"陈之原野"中之原野，实即战场，此处指征伐为大刑，故"陈之原野"。《国语·晋语》记范文子之言曰："君人者刑其民，成而后振武于外，是以内和而外威……夫战，刑也，刑之过也"②。《史记》载"周公把大钺，召公把小钺"③。以上这些记载表明，刑与兵紧密相关，兵在此不仅指兵器，也指战争和其他的肉刑。最大的刑就是战争。《礼记·王制》载"诸侯赐弓矢，然后征；赐斧钺，然后杀"④。这种战争是用来对内维持秩序（即致和），对外征服他国（即振威）。所以战争即是刑罚。但是兵只是刑的一部分，并不包括刑的全部，刑还有其他的内容。

兵、刑完全分开，应该是秦以后的事。秦时掌兵之官称"尉"，掌刑之官称"尉"，但还不能代表古制。楚国有专门称掌刑之官的名称，即"司寇"，这些都可说明上古兵、刑不分的轨迹。而《尚书·吕刑》将蚩尤造兵与苗民制刑看成是相关之事而连述之。《诗·鲁颂·泮水》将皋陶看成是兵刑统掌之官而描述之。中国古代兵、刑不分，法之起源与军事活动密切相关当为事实。

兵器的发展与战争的加剧有必然联系，从新石器时代直至夏商时期，华夏大地上上演着各部落之间的战争，结合史籍记载、神话传说和考古发现，可见大致轨迹。而战争的增加会催生着政治的向前发展和制度的逐步完善。三苗在这一时期，与尧舜禹部落之间的冲突与战争不断，主要的应该有两次大的战争。据《史记·五帝本纪》记载综合来看，一次是在尧舜之际："三苗在江、淮、荆州数为乱，于是舜归而言于帝，请流共工于幽陵，以变北狄；放驩兜于崇山，以变南蛮；迁三苗于三危，以变西戎；殛鲧于羽山，以变东夷。四罪而天下咸服"⑤。也有说"尧天下让舜，三苗之君非之"⑥。于是爆发了战争。但这一次战争并未把三苗完全消灭，只是赶出了原地。有一

---

① （春秋）左丘明撰，徐元诰集解；王树民、沈长云点校：《国语集解》，中华书局2002年版，第152页。
② （春秋）左丘明撰，徐元诰集解；王树民、沈长云点校：《国语集解》，中华书局2002年版，第392页。
③ （汉）司马迁：《史记》，中华书局1982年版，第1515页。
④ （清）孙希旦撰，沈啸寰、王星贤点校：《礼记集解》，中华书局1989年版，第331页。
⑤ （汉）司马迁：《史记》，中华书局1982年版，第28页。
⑥ 郭世谦：《山海经考释》，天津古籍出版社2011年版，第803页。

部分"有苗之民,叛入南海,为三苗国"①。本来在这一次战争之前,舜本着怀柔政策,对三苗暂时不进行战争。《韩非子·五蠹》记载:"当舜之时,有苗不服,禹将伐之。舜曰'不可。上德不厚而行武,非道也'。乃修教三年,执干戚舞,有苗乃服"。但是舜的怀柔政策并不能解决他们之间的根本问题,即对土地的占有。于是三年之后,怀柔政策宣告破产,舜最终还是以武力方式解决了三苗。第一次的战争以三苗被赶出原居住地而告终,舜占领了原三苗所拥有的地盘。可能因为战争旷日持久,舜劳累经年而又年事渐高,终于在把三苗赶到南方之后,自己也葬身异乡。《国语·鲁语上》记"舜勤民事而野死"。《淮南子·修务训》对此有比较详细的阐释;舜"南征三苗道死苍梧"。《史记·五帝本纪》记载舜"践帝位三十九年,南巡狩,崩于苍梧之野"。《战国策·魏策一》上也记载吴起曾对魏武侯说起此事"昔者三苗之居,左彭蠡之波,右洞庭之水,文山在其南,而衡山在其北。恃此险也,为政不善,而禹放逐之"。吴起说三苗被舜打败以后居于南方,但内部管理不善,又被禹打败后永遭放逐之事。后世对此一战的记载有可能是传说,也可能是流传的史实,从另一侧面述及。《水经注·湘水》注曰:舜"二妃从征,溺于湘江"②。屈原的《离骚》中写道:"济沅、湘以南征兮,就重华以陈词"。屈原在这里借向虞舜诉说心事而陈述了舜曾经有在此处的经历,即与三苗大战,然后深入到南方,这里就是指的湖南的沅水与湘江。而舜南征三苗时,其妻也随其一道征战,后来不幸淹死在湘江。还有许多典籍都有舜征三苗的记载,表明这一次的战争在后世流传长久,影响深远。

这一次战争的性质,应是部落社会迈向阶级社会一次大的较量,战胜的部落是社会发展相对先进的一方,兵力和制度管理都处于更强程度。但是在发展过程中,落后的部落也不甘被击败,而努力作最后拼搏。这些,在随后的战争中显现了出来。

舜死后,禹继承了舜的遗志,继续征讨三苗。史籍上对禹与三苗之间的战争着墨较多,可见这一场战争的规模。战争的目的仍是不容三苗势力的重新崛起而威胁到自身统治,这其中很重要的原因是占有土地。禹此时发动战

---

① 郭世谦:《山海经考释》,天津古籍出版社2011年版,第803页。
② (北魏)郦道元,陈桥驿校证:《水经注校证》,中华书局2007年版,第896页。

争已经与其前辈有所区别，讲究师出有名，要名正言顺，表明政权合法性的重要。尤其是用天命来表达自己发动战争的合理性，显示了禹此时的地位应该在三苗之上，所以有一种凌驾的感觉。这一次的战争较前一次规模更大，禹发动了许多的方国部落，《墨子·非攻》对这一次战争有比较详细的记载："昔者三苗大乱，天命殛之，日妖宵出，雨血三朝，龙生于庙，犬哭乎市，夏冰，地坼及泉，五谷变化，民乃大振。高阳乃命玄宫，禹亲把天之瑞令，以征有苗。四电诱祗，有神人面鸟身，若瑾以侍，搤矢有苗之祥。苗师大乱，后乃遂几。禹既已克有三苗，焉磨为山川，别物上下，卿制大极，而神民不违，天下乃静，则此禹之所以征有苗也"①。这一次战争结果是三苗大败，遭到毁灭性打击，宗庙被毁、祭器被焚，子孙沦为奴仆。在此之后，史籍中未见三苗与夏王朝再有纠集，三苗应是被打败后分散流落于江湘地区。于是江汉平原就有了具有自己特色的土著文化，成为后来楚文化的一部分。

三苗与尧舜禹之间的多次战争，从部落时期发展到进入阶级社会，早期应该是部落之间的争夺土地的战争，进入阶级社会后，是争夺霸权的战争。三苗原本与尧舜禹的发展大致处于同一水平，内部应该有部落首领，闻一多先生考证，苗蛮先民自称其祖为伏羲、女娲，表明苗蛮的起源是很早的，而且与伏羲女娲同样历经母系氏族社会。到尧舜禹时期，三苗也随之进入父系社会②。

《墨子·尚同》曰："昔者圣王制为五刑以治天下，逮至有苗之制五刑，以乱天下，则此岂刑不善哉？用刑则不善也。是以先王之书〈吕刑〉之道曰：'苗民否用练，折则刑，唯作五杀之刑，曰法。则此言善用刑者以治民，不善用刑者以为五杀。则此岂刑不善哉？用刑则不善，故遂以为五杀。是以先王之书《术令》之道曰：'唯口出好兴戎'。则此言善用口者出好，不善用口者以为谗贼寇戎，则此岂口不善哉？用口则不善也，故遂以为谗贼寇戎"③。

（二）习惯法的出现

有学者认为，中国法律的起源，在时间上起源于原始部落时期，在内容

---

① （清）孙诒让撰，孙启治点校：《墨子间诂》，中华书局2001年版，第145—147页。
② 闻一多：《伏羲考》，上海古籍出版社2009年版，第1—9页。
③ （清）孙诒让撰，孙启治点校：《墨子间诂》，中华书局2001年版，第82—84页。

上则直接来源于原始习俗。原始习俗是原始社会规范的总和，包括原始时代人们的道德观念、风俗习惯、宗教教规、军事征伐时的惯例等。无阶级社会中的原始习俗与阶级社会中的法律有着密切的关系。最初的法律是直接由原始习俗演变而来的。随着阶级的出现和部落国家的形成，原始习俗也逐渐染上越来越浓重的阶级色彩，而终于成为仅仅代表统治阶级意志的习惯法。在这种变化过程中，原始习俗的保持与淘汰，受到统治阶级意志的直接影响，原始习俗一旦经过统治阶级的认可，就发生了本质上的变化，而成为体现统治阶级意志的法律[①]。

三苗在江汉地区的发展基本上从新石器时代一直延续到夏代，这与江汉地区的考古学文化发展序列相对应，是从大溪文化、屈家岭文化一直到石家河文化。这一时间段考古发现比较丰富，考察这一地区的习惯法除了搜寻历史典籍之外，还可以从考古发现中来分析归纳他们的习俗文化，从中提炼一些习惯法的雏形。

从史籍的记载中可以发现，三苗已经有了自己最初的信仰，但信仰的力量还不强烈，与北方地区民族的信仰相比，其未在生活中占据重要地位，即"弗用灵"，因而尧舜以三苗对信仰不重视作为讨伐的原因。

在田野考古中还可以找到他们在建筑居住、城市规划布局、生产、埋葬各方面的习俗，以及陪葬品中所显示的观念信仰等，都可以发现早期习惯法的轨迹。尤其是城市建设的规划布局和建筑的习俗中，可以从中总结一些早期制度的习惯法。后面将会一一分析。

[①] 王侃主编：《中国法律制度史》，吉林大学出版社1985年版，第3页。

第二章 武汉地区新石器至夏商时期文化与法制发展轨迹

一、大溪文化的社会奠基作用

我国人类平原地区活动的最早遗迹见于长江中游地区的江陵鸡公山遗址,该地区出现的城背溪文化是我国较早的新石器时代文化之一[1]。继城背溪文化之后的大溪文化,是早于屈家岭文化的长江中游地区的新石器时代文化,别具特色,其发达程度可与中原仰韶文化相媲美[2]。

大溪文化是我国长江中游地区的新石器时代文化,因位于重庆市巫山县大溪遗址而得名。其分布东起鄂中南,西至川东,南抵洞庭湖北岸,北达汉水中游沿岸,主要集中在长江中游西段的两岸地区。年代大约为公元前4400年至前3300年。大溪文化分布的地域较广,在不同地区文化面貌也有所不同。根据文化面貌的区别可将大溪文化分为三个区域:长江三峡区、三峡以东区、洞庭湖北岸区。长江三峡区和三峡以东区,文化面貌比较接近,而与洞庭湖北岸区别较大[3]。大溪文化与中原地区的仰韶文化,都是新石器时期不同类型的重要文化遗存,它们之间存在相互交流影响的文化因素。

目前,学术界一般认为大溪文化与屈家岭文化是同一文化类型的两个不同发展阶段。其中,屈家岭文化是在大溪文化的基础上发展起来的[4]。

---

[1] 湖北省文物考古研究所:《宜都城背溪》,文物出版社2001年版,序1页。
[2] 杨权喜:《湖北商文化与商朝南土》,载湖北省文物考古研究所编《奋发荆楚探索文明——湖北省文物考古研究论文集》,湖北科学技术出版社2000年版,第118页。
[3] 张之恒:《中国考古通论》,南京大学出版社2009年版,第199—201页。
[4] 朱乃诚:《屈家岭下层遗存的文化性质和屈家岭文化的来源》,《考古》1993年第8期;中国社会科学院考古研究所:《中国考古学·新石器时代卷》,中国社会科学出版社2010年版,第433页。

约在 20 世纪 70 年代初期，郭沫若将其称之为"大溪文化"。迄今发掘的主要遗址还有：湖北宜都红花套、江陵关庙山、江陵毛家山、松滋桂花树、公安王家岗、湖南澧县三元宫、丁家岗、安乡汤家岗和划城岗 9 处。其中长江中游很重要的一段与早期的武汉地域有关联。

大溪文化的陶器以红陶为主，外表普遍涂有红衣，有些因扣烧而外表为红色，器内为灰色和黑色。盛行圆形、长方形和新月形等戳印纹。一般成组印在圈足部位。其中有少量彩陶，多为红陶黑彩，常见的是绳索纹、横人字形纹、条带纹和漩涡纹。主要器形有釜、斜沿罐、小口直领罐、壶、盆、钵、豆、簋、圈足盘、圈足碗、筒形瓶、曲腹杯、器座、器盖等。

以白陶和薄胎彩陶最为突出，代表了较高的工艺水平。在白陶圈足盘上，通体饰有类似浅浮雕的印纹，图案复杂精细。薄胎细泥橙黄色的彩陶单耳杯和圈足碗，绘以棕红色的多种纹样，精美别致。

石器中两侧磨刃对称的圭形石凿颇具特色。少见穿孔石铲和斜双肩石锛。偶见巨型石斧。常见石锄和椭圆形石片切割器等打制石器。另有大量实心陶球和空心裹放泥粒的陶响球。

大溪文化居民以稻作农业为主。在房屋建筑遗迹的红烧土块中，常见稻草、稻壳印痕，红花套遗址的稻壳印痕经鉴定为粳稻。在宜都红花套和枝江关庙山遗址都发现了大溪文化的房屋遗存。大溪文化流行红烧土房屋并较多使用竹材建房。房屋有圆形半地穴式建筑，也有圆形、方形、长方形的地面建筑。

大溪文化居民除饲养猪、狗外，鸡、牛、羊可能也已成为家禽家畜。同时，渔猎、采集等辅助经济仍占一定比重。特别在大溪遗址有些地点的文化层内，夹杂较多的鱼骨渣和兽骨，包括鱼、龟、鳖、蚌、螺等水生动物以及野猪、鹿、虎、豹、犀、象等的遗骸。

大溪文化居民具备将稻谷去壳加工的能力，使用的工具主要是杵和臼。因为在不少遗址中发现了舂米用的陶臼和一些直接利用形体合适的河卵石做成的石杵。未发现成规模的收割农作物工具，只有为数甚少的石刀、蚌镰。还不能完全断定其是否作为收割稻谷的工具，因而尚不能确定大溪文化是否已经形成大片的稻谷的种植。

大溪文化的手工业主要是制陶业和石器制造业。长江中游氏族部落当时的制陶业有其自身发展的特色，大溪文化遗址的火膛上未见窑箅，在高出火膛处围绕窑壁一周有平台，构成窑室，待烧制的陶器就摆放在平台上。这种陶窑使用的材料和构筑形式，在中国新石器时代尚属少见。

大溪文化目前发现有300余座墓葬。其中大溪墓地最多，人骨保存较好。葬式复杂多样。大多头向南，除个别为成年女性和儿童的合葬墓外，大多数实行单人葬。葬式有仰身直肢葬、屈肢葬、俯身葬。屈肢葬分仰身屈肢、侧身屈肢和俯身屈肢葬三种。见跪屈式、蹲屈式的仰身屈肢葬，为该文化的特殊葬俗。有些随葬的日用陶器，其器底穿洞或将其打碎，一般置于人架上部或头两侧，大部分墓葬见随葬品。随葬的生产工具较多，其中石器常置于胸部或头骨之下。也见葬玉、石、骨、蚌、牙制的装饰品，种类有玦、环、珠、璜、镯、璧等，有的象牙手镯戴在手臂上，部分墓主颈部发现成串的几百颗小珍珠。其中，女性墓一般比男性墓随葬品多。在几座墓中还发现整条鱼骨和龟甲，将鱼摆放在死者身上，或置于口边，也有将两条大鱼分别垫压在两臂之下。以鱼随葬的现象，在我国新石器文化中尚属少见①。

大溪文化的延续时间约为距今6300年至5000年之间②。随着稻作农业在经济生活中所占比重不断增大，大溪文化聚落遗址的数量、规模和分布范围都远远超出城背溪文化。总体布局上，这些聚落的居住区都位于比较中心的部位，而墓葬区则被安排在居住区的附近。在朱家台、关庙山、红花套、屈家岭等遗址中都发现有较大面积的地面式红烧土房址，这种建筑方式突出对防水防潮的处理。关庙山遗址发现的房址可分为大、中、小3种类型，在使用功能上应有所不同。据推测，小型房屋大约是对偶家庭的居所。而拥有较大灶塘、面积达七八十平方米的大型房屋，显然是多人共同居住，并进行集体炊事活动的场所③。这种情况与仰韶文化前期的聚落形态大体相似。

大溪遗址所反映的社会性质，前后不同阶段存在较大的差异。早期为母系氏族公社的繁荣阶段，晚期为父系氏族公社的萌芽阶段。

综合以上考古资料，大致可以看出以下几点：

---

① 四川长江流域文物保护委员会文物考古队：《四川巫山大溪新石器时代遗址发掘记略》，《文物》1961年第11期；四川省博物馆：《巫山大溪遗址第三次发掘》，《考古学报》1981年第4期。

② 张绪球：《长江中游新石器时代文化概论》，湖北科技出版社1992年版，第132页。

③ 中国社会科学院考古研究所湖北工作队：《湖北枝江县关庙山新石器时代遗址发掘简报》，《考古》1981年第4期；中国社会科学院考古研究所湖北工作队：《湖北枝江关庙山遗址第二次发掘》，《考古》1983年第1期。

其一，大溪文化应属母系氏族社会到父系氏族社会阶段；

其二，这一阶段具有基本维持生活的生产水平，从种植业中分工出养殖业、手工业。其生产能力大致可以满足居民生活需要，且有节余，因而在墓葬见有食物和生活用具陪葬；

其三，人口逐步增加，住房的修建水平日益提高，有更多带炉灶的单间式住房，单间式住房有成片修建的状况，并且有些单独住房已经扩大为套房，表明生活水平差距在加大。居民的集中化表明氏族有了向内聚拢的要求，居民开始有共同生活，且逐步产生规范生产生活的需求，可见社会组织的萌芽已出现。陪葬品的多少也表明生活水平差距的加大，另一方面也表明其组织出现。

综上，大溪文化虽然还处在父系氏族的发展水平，但已处于文明国家起源的初始阶段。在墓葬埋藏过程中，出现内容、形式大致相同的陪葬品，可反映墓主生前的生活习俗，既为习惯法的基础，也是法制的基础。

二、江汉地区屈家岭文化的社会发展阶段

屈家岭文化是我国长江中游地区的新石器文化，因首先发现于湖北京山屈家岭遗址而得名。距今约5000年至4600年。主要在湖北，分布地区以江汉平原为中心，西起三峡，东至武汉一带，北达河南省西南部，南抵洞庭湖区并局部深入到湘西沅水中下游。屈家岭文化是一处以黑陶为主的文化遗存，文化面貌不同于新石器时代的仰韶文化，也与洞庭湖以南的几何印纹陶差别较大。因其独具江汉平原的区域特色，有别于仰韶文化和龙山文化，故将这种文化单独列出。

关于屈家岭文化的来源，1989年第三次发掘屈家岭遗址，发现了该遗址下层的屈家岭第一期遗存，称之为"前屈家岭文化"[1]，即是大溪文化晚期，相当于关庙山第四期遗存。证实了屈家岭文化直接来源于大溪文化[2]。而屈家岭文化遗址的分布范围比大溪文化更广，主要遗址有京山屈家岭遗址、荆州阴湘城遗址、石首走马岭遗址、钟祥六合遗址、天门邓家湾、谭家

---

[1] 屈家岭遗址考古队：《屈家岭遗址第三次发掘》，《考古学报》1992年第1期。
[2] 孟华平：《长江中游史前文化结构》，长江文艺出版社1997年版，第106页；张绪球：《屈家岭文化》，文物出版社2004年版，第25—29页。

岭和肖家屋脊遗址等。屈家岭文化时期，各聚落已出现了明显分化。聚落遗址规模间的差距显著增大，如湖北京山屈家岭遗址[①]，为屈家岭文化时期的区域中心型聚落，连同周边钟家岭、殷家岭、冢子坝等12个遗址点所组成的遗址群，面积不下于2.36万平方公里[②]。

屈家岭文化石器多为磨制，制作水平已相当高超，器形有斧、铲、锛、凿、镰、箭头等。屈家岭文化分为早、晚两大时期。早期石器磨制一般比较粗糙；晚期磨光石器增加。

稻作农业是屈家岭文化主要经济形式[③]，在建筑遗迹的红烧土中发现残存稻壳印痕，经鉴定为人工栽培的粳稻。家畜以猪和狗为主。

新石器时代晚期，江汉地区的经济发展比较快，大体上与黄河流域齐头并进。不过，由于周围分布有更为广泛的植被和水域，采集和渔猎经济比黄河流域更为普遍与持久。

屈家岭文化各处遗址发现的农业生产工具，主要是扁平穿孔石铲和石镰等，地处鄂西北地区的郧县（今十堰市郧阳区）一带、较多使用打制的凹腰或双肩石锄。亦见有少数磨制的穿孔石刀。当时收割工具极少，可能是因为南方水稻与中原地区粟穗的收割方法不同，是采取薅拔方式的表现。

屈家岭文化陶器以手制为主，少量加以陶轮修整，器型有高圈足杯、三足杯、圈足碗、长颈圈足壶、折盘豆、盂、扁凿形足鼎、甑、釜、缸等，其中蛋壳彩陶杯、碗最富代表性。陶器大部分素面，少量饰以弦纹、浅篮纹、刻划纹、镂孔等。有部分彩陶及彩绘陶，有黑、灰、色彩，纹样以点、线状几何纹为主。彩陶的绘制方法很有特点，作笔分浓淡，里外皆施彩，不讲究线条。屈家岭文化的陶器圈足器发达，三足器较多、平底器较少，不见圜底器。器形有罐形鼎、高领罐、高圈足杯、薄胎杯、壶形器等。

屈家岭文化出现了大型分间房屋建筑。这种建筑一般呈长方形，里面隔成几间，有的呈里外套间式，有的各间分别开门通向户外。地面用红烧土或黄沙土铺垫，以便隔潮，表面再涂上白灰面或细泥，并用火加以烘烤使之坚

---

① 中国科学院考古研究所编著：《京山屈家岭》，科学出版社1965年。
② 湖北省文物考古研究所、京山县博物馆：《湖北京山屈家岭遗址群2007年调查报告》，《江汉考古》2008年第2期。
③ 严文明：《中国稻作农业的起源》，《农业考古》1982年第1期；严文明：《再论中国稻作农业的起源》，《农业考古》1989年第2期。

硬。室内面积达 70 平方米。在房屋营建过程中，居民有时还将猪、狗整体埋在房基下，作为奠基牺牲。房屋多为长方形连间地面式，也有圆形单间地面式，有土坯墙或木骨泥墙，已经开始在居室的墙面涂抹白灰。湖北应城门板湾的连间式房屋，现存最高的有 2 米，前面连接回廊和院落，门窗均为推拉式，窗为落地窗，和良渚文化一样使用土坯筑墙。

墓葬形制以竖穴土坑墓为主。成人墓多集中于氏族公共墓地，多为单人仰身直肢葬，见拔上侧门齿的习俗。小孩墓多圆形土坑瓮棺葬，葬具通常是在一个陶碗上对扣一个陶盆，或用两个陶碗对扣。

屈家岭文化出现大量不同类型遗址，如宫殿遗址。亦见有湖北天门石家河与龙嘴城、公安陶家湖与鸡鸣城、孝感叶家庙、沙洋城河、荆门马家垸、江陵阴湘城、应城门板湾、石首走马岭以及湖南澧县鸡叫城和城头山 10 多处土筑城址，较大规模的遗址面积从 50 万到 100 万平方米不等。可见屈家岭文化时期社会复杂化程度加剧。王巍先生指出，"城址周围有宽达数十米的壕沟环绕，城外设置公共墓地，墓葬的规模和随葬品数量、种类相差悬殊"，表明"在长江中游地区的江汉平原，大约距今 5000 年前后的屈家岭文化晚期，社会分化也达到了一个新的阶段"[①]。

大片的城垣与城壕遗址。走马岭城址，位于湖北省石首市焦山河乡走马岭村的微高地上。平面呈不规则椭圆形、东西最长处 370 米、南北最宽处 300 米左右，总面积 7.8 万平方米。东城垣中部和西城垣南北两端分别设有一门，其中西墙南门似为水门。城垣周围有明显的环壕遗迹。城内发现有分布较广的红烧土建筑堆积，地势较高的东北部应是主要居住区。城垣夯土中包含屈家岭文化早期的陶片，城垣内侧又被属于屈家岭文化晚期的墓葬和灰坑打破，可知该城址的使用年代限于屈家岭文化时期。从城内文化堆积看，该遗址废弃的时间在石家河文化中期[②]。

从屈家岭遗址看屈家岭文化的特征。与大溪文化相比，社会发展的各方面都有大幅提高，如农业生产方面，存在明确的水稻种植，鄂北地区收割工具石镰出现，说明农作物收割方式出现重要改变。手工业方面，器物制作水平有了大的提高，彩绘陶器出现。生产种类更加扩大，存在原始的纺织业，

[①] 王巍：《中华 5000 多年文明的考古实证》，《求是》2020 年第 2 期。
[②] 张绪球：《屈家岭文化》，文物出版社 2004 年版，第 51 页。

出现了陶纺轮,陶纺轮的流行则是纺织手工业发达的表现。随葬猪下颌骨的葬俗的流行,反映养猪业较为发达。石镞、骨镞、骨矛、石球、石网坠等反映渔猎采集经济占有一定比重,表明其仍有地位。陪葬物更加丰富,更重要的是出现了原始信仰,或为原始巫术,比如拔牙习俗,可能是成年礼仪。建房时以家畜作为奠基物的习俗,都是原始巫术的表现。建筑方面,除了房屋建筑水平的提高,还有房屋结构的改变,可见家族内部的变化和家庭组织的重构,存在出现社会组织的可能。聚落方面,出现大型城垣和城壕。

从以上屈家岭文化的考古资料分析,可得出以下几点看法:

其一,生产力出现新的进步,农业生产出现剩余,可以有多余食物放进墓葬中随葬。从农作物中分化出养殖业,并有剩余动物作为随葬。陶器制品的种类、数量和质量都大大提高,似有出现专门手工作坊的趋势。

其二,此时出现分房建筑,分房的格局和大小都有不同。显示存在贫富差距的独立家庭已出现。

其三,墓葬已有氏族化趋势。出现成群墓葬区,应该是氏族内的成员埋葬之地。族葬是古已有之的习俗,《周礼·春官·典命职丧》载"掌凡邦墓之地域为之图,令国民族葬而掌其禁令,正其位,掌其度数,使皆有私地域。凡争墓地者,听其狱讼"[1],其中所说的"族葬"即居民按家族或者氏族分区埋葬。这种埋葬习俗在屈家岭墓葬中已经出现,此或为"族葬"的萌芽。随葬品的丰富程度出现分化,表明已开始出现贫富分化。

其四,出现大型城垣遗址,较大者可达120万平方米。城内存在大致的功能分区。其中的较大房址可能属宫殿区。城外设具有防卫功能的城壕。

其五,出现祭祀区。成片的祭祀区的出现显示,在屈家岭文化时期,人们已有信仰观念,出现最初的祭祀习俗。

这些都显示屈家岭文化在社会组织能力方面高于大溪文化,显然已出现中心型聚落。在李学勤主编的《中国古代文明与国家形成研究》一书中,对其进行了分期:具有中心的聚落群是原生形态文明起源和国家形成的第二阶段[2]。第一阶段是聚落时期,在江汉地区大致相当于大溪文化时期,相互之间为大致平等的农耕聚落。而具有中心的聚落群,是含有初步分化不平等

---

[1] (清)阮元校刻:《十三经注疏·周礼注疏》(清嘉庆刊本),中华书局2009年版,第1698—1699页。

[2] 李学勤主编:《中国古代文明与国家形成研究》,云南人民出版社1997年版,第14页。

性。这种划分,适用于区隔江汉地区的大溪文化与屈家岭文化的社会发展阶段。而屈家岭文化早期基本上就处于中心聚落阶段①。早期国家形成的过程中,虽然不可能有法律的直接产生,但早期聚落的组织结构、生产分配形式、人与人之间的关系、信仰习俗等,都是产生最早制度或不成文法的土壤。

三、石家河文化——迈向阶级社会

石家河文化是新石器时代末期铜石并用时代的文化,距今约4600年至4000年,因首次发现于湖北省天门市石河镇而得名,主要分布在我国湖北及豫西南和湘北一带。石家河文化分布地区较广,遍布湖北全境。延续时间也较长。主要遗址有湖北郧县青龙泉和大寺、房县七里河、天门石家河、当阳季家湖、松滋桂花树、均县乱石滩和花果园、孝感碧公台、涨水庙、枝江关庙山、江陵蔡家台、张泉山、蕲春易家山等。

石家河遗址是我国长江中游地区迄今发现分布面积最大、保存最为完整的新石器时代聚落遗址。该遗址群的文化遗存从相当于大溪文化阶段开始,经屈家岭文化至石家河文化,形成基本连续发展的过程。本小节有些地方可能会与屈家岭文化甚至大溪文化有时不易分别。因文化层相互叠压,它与大溪文化、屈家岭文化之间有些地方需要细致梳理,才能有所区别。但石家河文化与前两种文化又有较大不同,因而仍然把它们分开来论述。

石家河文化晚期已进入夏代统治的前期,曾一度称为"青龙泉三期文化",因湖北天门石家河遗址更具这种文化的代表性,故统称为"石家河文化"。迄今为止,此区发现的龙山时代夯土城址共有7处,较为集中地分布在江汉平原上,即湖北天门石家河、荆门马家垸、荆州阴湘城、石首走马岭、公安鸡鸣城,湖南澧县城头山、鸡叫城。

最早发现的石家河遗址群位于湖北省天门市石家河镇北的东西二河一带,由约40个遗址组成,遗址分布十分密集,总面积约8平方千米。城址坐落于遗址群中心部的东西二河之间,由城垣和环壕组成。城垣平面略呈长方形,南北长约1200米、东西宽约1100米,东南角有一长约400米的缺

---

① 李学勤主编:《中国古代文明与国家形成研究》,云南人民出版社1997年版,第12页。

口。城垣系堆筑而成，外侧有环壕一周，环壕外侧还有人工堆筑起的土台数道。环壕围起的面积达180万平方米，城垣内可使用的面积在120万平方米左右。城内多处地点的文化堆积连接成片，分别发现有应为建筑遗存的大面积红烧土堆积、墓地及集中出土陶塑、红陶杯的地点。城址中部的谭家岭一带居住区面积广大，房址分布密集，个别房址发现土坯，有的墙体厚达1米，可能是较为特殊的建筑。

据层位关系和出土遗物分析，该城筑建年代的上限不早于屈家岭文化中期，使用下限不晚于石家河文化中期[1]。

马家垸城址位于湖北省荆门市五里镇显灵村一较平坦的岗地上，总面积约24万平方米。其平面呈梯形，东西垣分别长约640米、740米，南垣长约400米，北垣长约250米。城垣内坡平缓，外坡陡直。其四面各有缺口一处，可能为城门。流经城内的一条古河道连接东西垣上的缺口，此二门或为水门。城外东北南三面有壕与西城垣外的古河道相通，形成周壕。城内高于城外，东北部为宽平的岗地，文化堆积丰厚[2]。城垣的建筑年代为屈家岭文化时期至石家河文化早期[3]。

阴湘城，位于湖北省荆州市荆州区马山镇阳城村的台地上。平面形状为圆角长方形，东西长约580米、南北残宽约350米，残存面积约20万平方米。城的北部已被湖水侵蚀、东、南、西垣及其外的环壕保存较好。南垣偏东处发现有城门和道路的迹象。城内文化堆积较厚，发现有屈家岭文化时期较大的分间房屋。城内东部地势较高，有较厚的红烧土堆积，应是当时的主要居住区。城址中部有一宽约50米的南北向低洼地，可能是一条古河道，其西也分布着大量红烧土遗迹。经试掘得知，城垣打破了大溪文化遗存常规，其自身的筑建年代约当屈家岭文化早、晚期之交，延续使用至石家河文化时期，在西周时期作过少量修补。另外，在东、西城垣之下内侧均发现有大溪文化时期的壕沟，说明该遗址在大溪文化时期是一处环壕聚落[4]。

---

[1] 北京大学考古系、湖北省文物考古研究所、湖北省荆州地区博物馆石家河考古队：《石家河遗址群调查报告》，《南方民族考古》第五辑1993年版；石家河考古队：《湖北天门市邓家湾遗址1992年发掘简报》，《文物》1994年第4期。
[2] 张绪球：《屈家岭文化古城的发现和初步研究》，《考古》1994年第7期。
[3] 湖北荆门市博物馆：《荆门马家垸屈家岭文化城址调查》，《文物》1997年第1期。
[4] 荆州博物馆等：《湖北荆州市阴湘城遗址东城墙发掘简报》，《考古》1997年第5期；严文明：《略论中国文明的起源》，《文物》1992年1期。

第二章 武汉地区新石器至夏商时期文化与法制发展轨迹

依严文明的观点①，中国新石器时代可大体划分为三个大的发展阶段。其中新石器时代早期的年代可能为距今 12000 年至 9000 年左右，属聚落遗址的发生阶段。多为洞穴遗址和贝丘遗址，规模较小；新石器时代中期的年代约当距今 9000 年至 7000 年之间。随着农业的普遍发展，定居性聚落遗址分布广泛，规模也不断扩大；至新石器时代晚期（年代在距今 7000 年至 5500 年之间），与农业成为占主导地位的经济成分相适应，聚落遗址规模进一步扩大，但聚落间的分化尚不甚明显。因此，可以认为整个中国新石器时代的聚落形态虽一直处于变化之中，但基本上仍同前述聚落形态发展的第一阶段——大体平等的聚落形态阶段②。这种分期法与李学勤先生的分期法有相似之处，只是李学勤界定得更为具体，定性也更清晰。

屈家岭文化和石家河文化一般聚落的布局结构还不甚清楚。其居址内的房址一般为两间或多间分隔式，也有单间，应反映了家庭形态多样化的趋势。从天门石家河肖家屋脊和邓家湾墓地的情况看，到屈家岭文化时期，各墓葬间在随葬品的数量和质量方面的差别还不很悬殊。肖家屋脊墓地中的 M7，年代为石家河文化早期，是整个石家河文化所见规格最高的墓葬。该墓的随葬品有 106 件，主要是陶器，但出土石钺一件。新石器时代晚期的玉石钺，其功能已与早期的生产工具相区分，是社会权力的重要象征③，同时也是三代时期王权象征的滥觞④。可见石家河文化时期，社会的贫富分化和阶层分化已经出现，但其程度还是较为有限的。

屈家岭文化至石家河文化早期的城址，目前已发现 5 处，绝对年代约距今 5000 年至 4500 年左右。这已经是新石器晚期至进入夏代前后了。如前所述，这些城址的面积从不足 10 万平方米到 120 万平方米不等，规模相差悬殊，而其周围又常分布若干无防御性设施的一般聚落遗址，形成若干遗址群。以石家河城址为中心的石家河遗址群就是由分布于 8 平方千米的约 40 个中、小型遗址组成的。这意味着社会的分化与集团间的冲突都在加剧进

---

① 严文明：《中国新石器时代聚落形态的考察》，载《庆祝苏秉琦考古五十五年论文集》，文物出版社 1989 年版，第 24—37 页。
② 许宏：《先秦城市考古学研究》，北京燕山出版社 2000 年版，第 43 页。
③ 隗元丽：《先秦时期玉石钺研究》，吉林大学硕士学位论文，2019 年。
④ 林沄：《说"王"》，《考古》1965 年第 6 期；谭琪：《新石器时代至西周时期玉石钺研究》，郑州大学硕士学位论文，2022 年。

行,同时防御设施也随之进步。石家河文化时期的遗址中,见有利用屈家岭时期的环壕,建筑土城的现象,面积最大者如石家河城址,达120万平方米。石家河古城城垣的构筑,充分利用自然地形,选址在东西两河之间,东、西城垣筑在土岗外侧,城垣外壁与土岗陡坡相接。在增加了外壁高度的同时,减少了用土量。城内对原始地貌基本保留,存在明确的岗地和凹沟。至石家河文化后期,这种环壕土城的结构流行于其他同文化的聚落。

屈家岭文化城址这种以壕为主、墙壕并重的结构,一方面是因地制宜的产物;另一方面,也可看作中国古代从壕到墙这一城防建设发展过程的中间环节,虽然在建筑技术上并不完善。

如果对这一区域城址的内涵作进一步分析,发现城壕的修筑仍然显示出较多的原始性,但规模巨大。城内似已有初步的功能分区,如居住区、宗教建筑、墓地区等,还有部分显现出一定规模的专门化手工业生产场所。成串套接的陶缸及数以千计的陶塑动物、数以百计的陶塑人像,西南部三房湾遗址更有数以万计的红陶杯堆积。也显示出原始的宗教信仰,有些还带有原始巫术的色彩。相较大体同期出现显著社会分化的良渚文化、陶寺墓地早期等所代表的族群,屈家岭—石家河文化的社会发展阶段并不突出。

有学者对这一阶段文化面貌的观点是就目前的发现看,屈家岭文化和石家河文化可划归"以村社为基础的部落社会的晚期"[1]。而尚未进入到国家产生的阶段。石家河等城址则应是处于史前社会晚期的、当时众多部族的中心聚落遗址。稍后的各区域社会经济发展之不平衡渐趋增大,在此期已略见端倪[2]。这是另一种观点,列陈在此,容后再作分析。

从聚落形态的发展演变上看,大溪文化和屈家岭文化早期,属仰韶时代前期较为发达的聚落形态,也是原始农业与定居生活方式发展的必然结果,具有凝聚性、内向性和封闭性的特点,就聚落间的关系而言,处于基本平等的状态。有学者对与大溪文化和屈家岭文化时间大致相当的仰韶后期和龙山文化作过分析,约当距今5500年至4600年之际,即仰韶时代后期到龙山时代前期阶段,生产力逐步向前发展,中国进入了一个发生深刻社会变革的时期。这一时期出现了许多前所未见的文化现象,聚落形态也开始发生根本性

---

[1] 童恩正:《中国古代北方与南方古代文明发展轨迹之异同》,《中国社会科学》1994年第5期。

[2] 许宏:《先秦城市考古学研究》,北京燕山出版社2000年版,第44页。

变化。如大型中心聚落及以其为中心形成的若干大遗址群，城壕、大型夯土台基和殿堂建筑、大型祭坛、大墓等耗工费时的工程，墓葬规模和随葬品数量质量上所反映出的巨大差别等，都十分令人瞩目。大量考古学材料表明，这一时期，生产的进一步发展导致社会的初步分裂，贫富的分化、氏族贵族和平民的分化及聚落之间的分化日益加剧，平等一体的原始共产制社会日益走向衰落①。

关于石家河文化的年代，可将公元前2500年至前2000年作为目前已知石家河文化的绝对年代②。另一方面，相对年代介于河南龙山文化（新砦期）与早商文化之间的二里头文化，其碳14的测年结果大致在公元前1900年至前1500年③。一般认为二里头即夏后期王都④，二里头遗址发现有宫城城垣、井字形道路网络、围垣作坊区、大型夯土建筑基址群、贵族墓葬、绿松石龙形器等遗存⑤，具备广域王权国家的特征⑥。

夏王朝时期物资的大大丰富，墓葬的大小和随葬品的多少，皆是阶级出现的重要标志，表明私有财产增多，保护私有财产的必要性增加。而石家河文化的绝对年代与夏王朝早中期年代大致相当。所以早期法制也将会伴随出现，其社会组织也应已出现。

基于以上对石家河文化的考古资料分析，可以得出几点基本看法。

其一，从屈家岭文化发展而来的较大型聚落，到石家河文化时期，不仅其规模更大，而且设施更多、功能更完备。不仅有中心聚落的出现，中心聚落外围更有明确为防御功能的设施和主动收聚周边人群的现象。这种聚集应有组织管理的需要。石家河文化时期，城址面积明显扩大，表明以农耕为基础的定居生活和居民数量的增长，生产力向前发展。这样的发展会导致围绕耕地等的领有权出现的集团间矛盾开始激化，环壕聚落应是这种矛盾激化的产物。环壕的作用是保护自身领地的完整和不受外部的侵犯。这种变化在屈

---

① 严文明：《略论中国文明的起源》，《文物》1992年第1期。
② 中国社会科学院考古研究所：《中国考古学·新石器时代卷》，中国社会科学院出版社2010年版，第662页。
③ 仇士华等：《有关所谓"夏文化"的碳十四年代测定的初步报告》，《考古》1983年第10期。
④ 张国硕：《试析"夏王朝否定说"形成的原因》，《华夏考古》2010年第4期；王震中：《论二里头乃夏朝后期王都及"夏"与"中国"》，《中国社会科学院大学学报》2022年第1期。
⑤ 赵海涛、许宏等：《二里头遗址发现60年的回顾、反思与展望》，《中原文物》2019年第4期。
⑥ 许宏：《二里头：中国早期国家形成中的一个关键点》，《中原文化研究》2015年第4期。

家岭文化时期已经出现，到石家河文化时期更为明显，并出现新的变化。

其二，石家河文化时期，除了挖掘城壕外，也利用挖壕出的土方修筑城墙。城墙的出现是防御功能更为加强的表现（屈家岭文化与石家河文化之间是有叠压关系的，因而有一些相近文化因素不可能分得太细）。环壕作为新石器时代聚落防御设施的主要形式，与当时社会发展水平及战争的性质、规模等相适应，也与新石器时代大体平等的聚落关系相一致。有学者认为，屈家岭文化的一系列城址以壕为主，墙壕并重。可看作是从环壕聚落向真正的城邑转变过程中的一种中间形态[①]。环壕在其防御设施中仍起主要作用，而城垣应只是挖壕时对排出的土作一定的处理所致，在建筑技术上并不完善。只有城壕配合使用才能起到较好的聚落防御作用。

城壕的配合，是构成中国早期聚落遗址的重要元素。张国硕指出，中国早期聚落遗址应具备居址、生活遗存、生产遗存、功能区等五项标准，至少在距今8000年前后的新石器时代中期已出现符合各项条件的聚落[②]。这一定义一定程度上可与戈登·柴尔德对新石器时代晚期发生"城市革命"的十项标准互为参照[③]，概言之：其一，城市规模更大，人口聚集；其二，城市人口中出现不从事农业、畜牧业、采集业的全职手工工匠、商人、官员等的"新阶级"；其三，具备神权或军权的统治者对初级生产者从土地获取的微薄剩余，以赋税或奉献的形式，实现了有效资本的集中；其四，真正纪念性的公共建筑出现，标志着城乡差异的出现，也是社会剩余的集中体现；其五，祭祀、公职人员、军事领袖等吸收了剩余产品的大部分份额，构成了"统治阶级"；其六，统治阶级被动发明精确而实用的科学及符号系统；其七，书写的发明；其八，由集中的社会剩余供养的其他专业人员，为艺术表现提供了新方向；其九，进一步集中的社会剩余用来支付手工业或宗教习俗使用的原材料；其十，原材料的集中，导致城市社会中的专业工匠流动性减弱，出现定居的情况。以城市为代表的大型聚落在新石器时代末期大规模出现，也是衡量中国文明诞生的重要指标。王巍提出，中国进入文明社会的"三要素"包括：其一，生产发展、人口增加，出现城市；其二，社会分工

---

① 严文明：《中国环壕聚落的演变》，《国学研究》第二卷，北京大学出版社1994年版，第483—486页。
② 张国硕：《聚落、城址与早期都邑研究的理论方法与实践》，《南方文物》2022年第2期。
③ V.Gordon Childe,"The Urban Revolution",*The Town Planning Review*,Vol.21,No.1,1950.

和社会分化，出现阶级；其三，权力不断强化，出现王权和国家①。从以上定义、标准和要素，更加有利于考察文明诞生前夜的石家河文化与聚落。

石家河遗址中发现大片红烧土内夹有丰富的稻壳和茎叶，表明当地的农业生产以种植水稻为主，且产量较高。

许多遗址出土的农业生产工具也反映了这一情况。长方形无孔石铲、打制双肩石锄、蚌镰、长方形带孔石刀都是实用农具。

在农业发展的基础上，家畜饲养业也有稳定发展。青龙泉遗址发现了猪、狗、羊和鹿的骨骸，各地普遍发现的动物骨骼中以猪骨最多，且在墓葬中大量出土。表明饲养动物成为家畜已经是他们熟悉的生产和生活方式，同时饲养的规模化也表示私有财产的产生。

邓家湾遗址的个别地点，还发现大批小型陶塑，有些坑中出土数千件之多。造型有鸟、鸡、猪、狗、羊、虎、象、猴、龟、鳖以及抱鱼跪坐的人物等。这些小塑像集中于窖穴之中，既代表饲养家畜已成为日常生活所需，把这些动物放进墓葬中，也意味着祭祀观念的出现。陶器大部分为黑色，也有不少红陶杯和陶塑，这是它的一大特色。

石家河文化有一个显著特征，即在陶器上刻画符号。这些刻画符号以象形符号为主，大多以简练的笔画勾勒出某一事物的外部形态。一件陶器上只有一个符号，而且绝大多数为单体符号，少数为合体符号。

刻画的基本笔画为弧线和直线，间或用少数未戳穿的圆形小戳孔。少到二划，多到十余划，主要是用某种材料制成的锐器在大口尊、缸的坯体上刻画而成。沟槽较深，有些残片往往沿沟槽断裂，沟槽内的颜色与器表一致，笔道深粗均匀，线条自然流畅②。

石家河文化发现的精致小型玉器数量较多，且独具特色。荆州地区发现最早的玉器，是在天门石家河新石器时代文化遗址出土的。1955 年，天门石河镇罗家柏岭遗址发现少量玉器，有人头像、蝉、龙形环、凤形环、璜和管等。这些玉器质地一般、造型粗糙；1981 年，钟祥六合遗址清理的 25 座石家河文化晚期瓮棺墓中，发现多数瓮棺中都随葬有数量不等的玉器及玉料

---

① 王巍：《中华文明探源工程——揭示中华文明起源、形成、发展的历史脉络》，《人民日报》2022 年 7 月 4 日第 9 版。

② 许宏：《先秦城市考古学研究》，北京燕山出版社 2000 年版，第 43 页。

残片，总数达 20 余件，器类有人头像、璋、璜、玦、管、笄、坠等，人头像呈黄色；同年，肖家屋脊遗址中发现一批密集的瓮棺葬。该遗址北部与罗家柏岭遗址相连。另在钟祥六合地区的石家河遗址中又清理了 25 座瓮棺葬，发现多数瓮棺葬中都有数量不等的玉器和玉的残片，总数达 20 余件。器类包括人头像、玉蝉、玉装饰品和玉的生活及生产用品，即管、笄、坠和纺轮等。这些玉器体积小、重量轻，纹饰简洁，做工都很精细，大多置于成人瓮棺中，显示石家河先民开始具有原始宗教信仰。

石家河文化中的玉人头基本都具有"头戴冠帽、菱形眼、宽鼻、戴耳环和表情庄重"的特征，但在造型上富于变化。这些玉制的人头形象可能代表着石家河先民尊奉的神或巫师的形象。

距今约 4600 年前，屈家岭文化已被石家河文化取代。早期石家河文化出土的红浴缸上有类似于文字的刻画符号，其中"牛角杯形"刻画陶符和描绘"稻草人形"的陶符，表明石家河人盛行"灌禘"、崇祀"帝"礼。而"帝"是人祖至上神。这种情况与双墩文化的祖先崇拜现象极为相似[①]。

就祭礼用人头骨来说，石家河遗址发现无身人头和缺头身体的埋葬，且一般无首墓主的随葬品较为丰富。由此可以认为，这些应该不是战争或者偶然出现的人骨处理方式，而是一种仪式性的埋葬方式，包含宗教信仰成分。

石家河文化晚期墓主规格差异悬殊。肖家屋脊一座大型土坑墓长 3 米多，随葬品百余件。另一座成人瓮棺中有小型玉器 56 件，数量极为丰富。钟祥六合大多数瓮棺内随葬玉石器及玉石料，这些表明人们以玉器为财富。一般认为，该文化已处于原始社会瓦解阶段。

总之，石家河文化的玉器代表了江汉平原史前玉雕的最高水平。如此数量巨大、工艺精湛且种类繁多的玉器随葬一座墓葬中，可见专门制作玉器的工匠群体已经出现。这些工匠制作的玉器为少数人所大量占有，也是贫富分化、阶级出现的重要标志。

石家河文化一个规模很大、数量达 50 余处的遗址群，发现有铜块、玉器和祭祀遗迹、类似于文字的刻画符号和城址，表明石家河文化已经进入文明时代。在邓家湾遗址中还有铜块和炼铜原料孔雀石，标志着冶铜业的出

---

① 安徽省文物考古研究所、蚌埠市博物馆：《蚌埠双墩——新石器时代遗址发掘报告》，科学出版社 2008 年版，第 418—469 页；许丹阳：《双墩文化研究》，安徽大学硕士学位论文，2019 年。

现。石家河古城内邓家湾社祀中心还发现了陶祖，说明石家河人有生殖崇拜现象①。

以上对考古资料进行了搜寻和分析，下面作一个简单的小结。

其一，石家河文化与屈家岭文化有叠压关系，为先后承袭的关系，也有各自特有的文化因素，是同属于江汉地区的新石器时代的文化。但石家河文化到晚期，已进入国家发展的初始阶段；

其二，石家河文化聚落相比此前扩大了许多，功能更加齐全，聚落内部分区开始出现，有一些大的土城聚落已经初步显示出宫殿区、手工作坊区和聚落内外居住区；

其三，农业生产更加发展，工具增加，农作物产量增加。与农业相关的事业有了新的发展，生产剩余更多，贫富分化明显；

其四，精致玉器的大量出现。一是表明装饰品在人类生活中占有更加重要的地位，更加高级的装饰品的出现也是贫富分化的标志；二是玉器是信仰相对固定的载体，表明其在人们生活中的地位；三是工匠群体出现专门化的趋势；四是玉器成为一种代表身份的礼器，陪葬墓中玉器所表现的墓主身份特征明显。无论从信仰、礼仪、身份、制度的体现等方面，中国早期的玉器都具有独特意义。从对石家河文化的考察中，已经可以看到不成文法以及早期国家制度的影子。

有学者认为，"作为我国文明标志的古城，主要是原始社会农业经济及其相伴随的宗教信仰发展到一定阶段的产物。江汉地区为我国古代文化发展的基本区系之一，也是我国古代文明起源的一个主要区域，为稻作农业的主要起源地。石家河古城也就是稻作农业不断发展的结果。江汉地区原始农业经济和原始宗教的发展，可集中表现在其早期聚落的扩展与演变方面。聚落不断扩展的结果便即早期古城的出现"②。笔者认可此说。从这一点上看，石家河文化也是武汉地区早期法律制度的起源必须重视的一个重要阶段。

而考古学所揭示的屈家岭文化与石家河文化，与前面所述文献记载江汉地区的土著民族三苗，二者之间是什么关系呢？学界基本认定江汉地区的土著居民就是三苗。而屈家岭、石家河文化与史籍记载或神话传说中的三苗在

---

① 许宏：《先秦城市考古学研究》，北京燕山出版社 2000 年版，第 43 页。
② 杨权喜：《石家河古城社会性质浅析》，《中原文物》1995 年第 4 期。

时空框架上相一致，社会发展阶段也相近。因氏族内部经济的发展而产生部族之间的冲突，进而为了掠夺财产和土地而进行战争。从北方打到南方，最后三苗定居于南方，与北方部族分地而治。而后，江汉地区从新石器时代一直到进入夏代，并且延续至楚民族的进入和楚文化的形成，都是以三苗为代表的土著人群作为江汉地区文明发展的基础。

四、夏时期武汉地区的文化遗迹与社会发展

在石家河文化之上，叠压着二里头文化。二里头文化最早于1952年在河南省登封县玉村遗址发现，当时发现遗物不多，遗存特征并不明显。1956年洛达庙遗址发掘时，显示出了文化面貌上的若干特色，当时被称"洛达庙类型"；1954年至1957年，在洛阳以东多次发现相近文化特征的墓葬与灰坑，并在晚期堆积中发现铜小刀、铜锥，器形和铸造工艺都很原始。从地层关系上判断，这批遗存的年代晚于河南龙山文化，早于商代；1959年，洛阳偃师二里头遗址进行科学发掘，发现遗存更多的典型特征，该批遗存被正式命名为"二里头文化"。

在湖北丹江下游的淅川县下王岗遗址中，发现在石家河文化层之上叠压有二里头文化遗存。这表明，此地在此时是属于中原夏文化地区。而根据最近的考古资料证实，这一支中原文化随着时间流逝，逐渐向湖北丹江—襄阳—随州地区南移。且文化面貌在逐步南移过程中出现变化，与中原地区夏商时期的文化并不完全相同，典型遗址如辽瓦店子遗址。

辽瓦店子遗址位于湖北省郧县柳陂镇辽瓦村4组。2005年至2007年，发掘面积6600平方米，发现了一批新石器时代晚期、夏、商、西周、东周、汉、唐、宋等时期的遗存。

该遗址中保存最完好、遗存最为丰富的是夏代文化遗存，发现大量房屋、灰坑、墓葬和窑址。房址平面分方形和圆形，方形房屋边长多为4米，平地建筑，墙基挖沟槽埋柱，屋中心见一圆形灶坑。圆形房屋为半地穴式，直径3米。部分房屋发现斜坡门道，地面有白灰面或较硬的踩踏面，其上置数件陶器。这是目前在长江中游地区夏代考古遗存中发现的最大一处。

此类圆形半地穴式房屋在遗址中分布密集且有规律，形制分单间和双间。共发现268座灰坑，有圆形、椭圆形、方形和长方形，坑壁多经修整，

坑内遗物丰富。墓葬有土坑竖穴的成人墓和婴儿瓮棺，前者葬式有仰身直肢、侧身屈肢和仰身屈肢。随葬品多置于头部或腰下。组合有釜、罐、圈足盘、鼎、双把、单把罐等。婴儿瓮棺墓为2个釜口对接或下釜上面用圈足盘作盖，瓮棺内都发现有婴儿骨架。同新石器时代相比，陶窑有较大改进，个体增大，窑壁厚度增加，上有多个圆形火孔。重要的是，在2件盉把的同一部位上发现大小和图形完全一致的刻画的鸟首人身图案。考古研究者们认为，辽瓦店子遗址的夏时期遗迹丰富，保存了较好的聚落形态，具备了进一步开展聚落考古研究的条件[①]。

辽瓦店子遗址发现的从新石器时代、夏商周一直延续至明清时期的遗存，基本各个时期都有连续关系，尤其是早期文化层的叠压，存在内在联系。从辽瓦店子到汉江流域的鄂西北，在南水北调的考古发掘中，发现大量先秦时期的墓葬和遗址。考古工作者根据发掘物进行分析，基本上可以认定其中一部分考古遗迹中所反映的文化性质，既有北方也有当地的文化因素，更是包含有一种新的文化因素。有的考古学者认为[②]，辽瓦店子遗址地处楚文化起源核心地带，包含夏、商、两周时期丰富的文化内涵，彼此之间的演变关系明显。而东周时期的遗存属典型的楚文化，这类遗址在所有的楚文化遗址中十分罕见。遗址中清晰的商、两周时期文化的演变关系将为探讨楚文化的起源和发展等提供了重要线索[③]。

辽瓦店子夏代遗址中可见南北地区文化交汇的一些迹象，南北文化因素融合交汇，然后逐渐汇聚成一种新的文化。尽管只是一种萌芽，甚至是微弱的萌芽，但这条发展的线索由此开端，却并未中断。夏代之后的商代，武汉地区就有了特征鲜明的商代文化遗址，其中最重要的就是盘龙城遗址。辽瓦店子遗址对盘龙城商代遗址的意义有待进一步分析。

有学者认为目前湖北发现的商代遗存，文化面貌比较清楚的大体可归为四类：1. 黄陂盘龙城为代表的汉东商文化遗存；2. 以沙市周梁玉桥为代表

---

① 辽瓦店子考古队：《湖北郧县辽瓦店子遗址考古获重要发现》，《中国文物报》2008年1月9日。

② 宋克顺、方周圆、兰昌林：《郧县辽瓦店子遗址为楚文化源头》，《湖北日报》2009年11月21日；黄凤春：《郧县辽瓦店子与楚句亶王—楚熊渠分封三王地理的检讨之一》，《江汉考古》2010年第2期。

③ 武汉大学考古与博物馆学系、湖北省文物局南水北调办公室：《湖北郧县辽瓦店子遗址东周遗存的发掘》，《考古》2008年第4期。

的汉西先楚文化遗存；3. 以宜昌三斗坪为代表的峡江早期巴文化遗存；4. 以阳新和尚垴为代表的鄂东南扬越文化遗存。这四种文化遗存多见于江汉平原和山区交界地带，主要分布于长江、汉水及其支流两岸。而鄂西北的汉水中游和鄂西南的清江上游等地区还存在着商代遗存的空白[①]。

在这四类遗存所获取的信息中，以黄陂盘龙城为代表的商代遗存文化面貌较为明确[②]。尤其是 21 世纪所发掘的盘龙城资料，对商文化在长江中游地区的具体面貌展示得更为清晰。

五、商代武汉地区的时代背景与政治特征

（一）时代背景

商代时，武汉地区开始出现典型商文化面貌的文化遗迹。同时，又夹杂有长江中游地区的本土文化特征。在这其中，位于武汉市黄陂区的盘龙城遗址，是此时武汉地区最繁荣的古代城址。

盘龙城遗址是长江中游地区首次发现的商代早期城址，距今约 3500 年，是我国同时期保存最为完好的城址之一，位于武汉市黄陂区盘龙湖畔，府河之边，南距中心市区 5 千米。遗址保护区面积约 4 平方千米。1954 年被发现，其间曾进行多次发掘。直到 21 世纪，还有发掘出新的墓葬和遗址，为相关研究增添了重要的新资料。

以盘龙城为中心的早商文化分布范围包括湖北偏东部长江一带，西达江陵地区，东到鄂皖界的英山。英山南的蕲春易家山和黄石市东方乡，也都发现有早商文化遗址。其中以黄陂盘龙城早商遗址和墓葬为代表。属商代二里岗期的文化，其下叠压着二里头文化特征的遗存。

过去一般认为，商朝的统治基本上局限在黄河流域，其重要的原因，一是史料记载缺失；二是商代考古的发现大量集中在豫北冀南地区。20 世纪 50 年代中期盘龙城遗址的发现，使考古工作者惊喜地发现这一遗址与郑州商代同期遗址十分相似，因而激发起学者对这一大遗址的深入探讨。

[①] 杨权喜：《湖北商文化与商朝南土》，载湖北省文物考古研究所编：《奋发荆楚探索文明——湖北省文物考古研究论文集》，湖北科学技术出版社 2000 年版，第 115 页。

[②] 杨权喜：《湖北商文化与商朝南土》，载湖北省文物考古研究所编：《奋发荆楚探索文明——湖北省文物考古研究论文集》，湖北科学技术出版社 2000 年版，第 116 页。

商朝是在中原地区兴起的一支部落民族建立的王朝，这一朝代在发展过程中经历过许多动荡，其中最大的动荡莫过于商代中期的都城的迁移，史称"盘庚迁殷"。与此同时，商王朝在这一过程中不断发展壮大。商王朝除统辖自身直属领地外，也分封其余土地给亲属和臣下，大致按照等级和亲疏，分给不同大小的土地，有学者称其为方国①。这种分封是否后来扩展至长江流域？学界有各种不同的看法。

（二）盘龙城遗址基本的文化内涵与特征

湖北黄陂盘龙城与江陵荆南寺遗址为夏商时期的主要聚落。地处涢水下游的盘龙城遗址，在城邑修建之前的二里头时期（盘龙城一至三期），便有聚落存在②。商代修建的盘龙城城垣与宫殿建筑，叠压于既有聚落之上，因此在城垣之下发现了大量二里头时期的陶器，而东北部宫殿建筑区，也发现有更早期的土台建筑遗迹。二里头时期盘龙城一带的聚落范围可能与商代相仿，当时已出现李家嘴、杨家湾和杨家嘴三处聚落，王家嘴也发现制陶遗迹。在盘龙城以北，涢水流域的大悟土城与墩子畈也发现了同期遗存。

就整体文化面貌而言，盘龙城早期文化因素与河南偃师、郑州等地的二里头文化面貌接近。盘龙城分宫城和外城两部分，中心部分为宫城，三面环水，城垣为夯土筑成，城址平面呈方形。四面各有一座城门，城门基部的地面铺有一层石头作为门道。宫城外250—500米处，发现有带状夯土痕迹的断续分布，可能是盘龙城的外城城郭③。

城内东北部地势较高，建有大型宫殿，已发现三座宫殿建筑基址，建筑在高出周围地面约0.2米的台基上，前后并列，坐北朝南地排列在一条中轴线上。其中1号宫殿基址东西长39.8米，南北宽12.3米。中央有东西并列的四室，四壁木骨泥墙，中间两室较宽，前后各有两门；两侧的两室较窄，各仅南面一门，台基周围还有一圈檐柱。依据这些遗迹，可复原成一座"茅茨土阶"式的房屋，有回廊。中央为四室的四阿重屋高台寝殿建筑：2号宫殿基址在1号宫殿南13米，其东西长27.5米，南北宽10.5米，四周有柱洞，可能是一座两侧开门的厅堂式建筑。这两座建筑与文献记载中的前

---

① 李学勤：《盘龙城与商代南土》，《文物》1976年第2期。
② 张昌平、孙卓：《盘龙城聚落布局研究》，《考古学报》2017年第4期。
③ 湖北省文物考古研究所：《盘龙城：1963—1994年考古发掘报告》，文物出版社2001年版，第15—16页。

堂后寝的建筑布局极为相似，应是当时盘龙城的统治者作为朝会、宴享和寝居的场所。而围绕这组建筑之外的城址，是宫殿群的防御设施。城垣外有壕沟环绕。

盘龙城宫殿建筑的特点：盘龙城内东北部的一组宫殿建筑群，坐落在一片大面积的填土整平加高的高地上，海拔约42—43米。宫殿基址则是建筑在高出周围地面约0.2米的大型台基上，当是高台建筑的雏形①。

观察当地铸造的青铜器的发展与使用模式，可知盘龙城经营者并未有在中原政权之外另创礼制的举措。但于物质文化范畴内多作改造，对于现行礼俗也有选择偏好的空间。此现象或许可反映出商代政权在武力征服以外，经营南方领域的统治模式。

盘龙城的宫城是贵族活动中心，城外则分布有居民区、手工业区和墓葬区。其平面布局为，北面的杨家湾和杨家嘴为平民区，并有作坊遗址，南面的王家嘴为作坊遗址，西面的楼子湾是平民区，也有作坊遗址。城外的手工业作坊区虽然未见完整的遗址，但通过遗址和墓葬内出土的大量陶器、青铜器、玉器等，可以看出当时的发达程度并不低。在盘龙商城南端的王家嘴，早期陶窑已不存，取而代之的是居住聚落。城址东面的李家嘴，则由原先的居住区转变为贵族墓地。盘龙商城周边的商代聚落，普遍发现有墓葬与制铜遗迹，在城址北部杨家湾，是与城址同步营建的聚落，发现用于制铜的坑沟与陶缸，还有等级不一的墓葬散落分布。杨家湾以东为杨家嘴遗址，见平民墓葬以及炼铜使用的灰沟。位居杨家湾西南处的楼子湾，聚落的格局功能亦是相仿。但是这些作坊遗址规模并不大，并且保留得也不完整。整体而言，盘龙商城随着居民人口的增多，城外用址与墓地不断扩增，形成以盘龙城为中心的聚落群。

至21世纪第一个十年为止，盘龙城遗址虽有不少作坊遗址被发现，但一直未见较为完整和规模较大的青铜冶炼铸造的作坊。过去比较占主导地位的关于盘龙城的说法，如它是商王朝安插在南土的冶炼基地的观点，还难以得到考古资料的印证。

近年黄陂鲁台山郭元咀遗址发现的商代晚期铸铜遗址中，仅用于铸铜的

---

① 湖北省文物考古研究所：《盘龙城：1963—1994年考古发掘报告》，文物出版社2001年版，第69—70页。

人工台地面积就达千余平方米，系迄今所见长江流域规模最大、保存完好的商代铸铜遗址，堪称3200年前的"重工业基地"。鲁台山遗址面积约125万平方米，其中郭元咀遗址点面积约3万平方米，现存铸铜遗址面积约3000平方米，目前已揭露的人工台地面积约1120平方米[1]。这处铸铜遗址不仅规模大，且延续时间较长。发现有大量与铸铜有关的遗迹和遗物，是长江中游地区近年来规模最大、保存最完好的商代铸铜遗址。发现的各类铜渣、陶范、坩埚壁碎块及炉基表明，该遗址中至少包含精炼粗铜、熔炼合金与陶范浇铸三类冶金生产活动，初步确定了与熔炼、浇铸环节有关的几个手工业操作链，即就地制范、制沙淘选、筑造炉址、精炼粗铜、熔炼合金与陶范浇铸等。发掘表明，郭元咀遗址包含屈家岭时期、商代、西周、东周以及唐、宋、清代等各个时期的文化遗存，其中商代遗存最为丰富、发现最为重要。鲁台山郭元咀遗址是近年来湖北地区最为重要的商代考古发现之一，其年代上能与更早的盘龙城遗址相衔接，真实再现了公元前1226年前后商王朝统治和经略长江流域的真实图景，也为探讨长子国遗存以及周王朝对鄂东地区的分封情况提供了重要的新材料。

盘龙城的城墙在南北城垣外有宽约34米、深约4米的城壕，在城南壕沟底部曾发现桥桩的柱穴，可能是当时架桥通过的遗迹[2]。城壕可能不仅具有防御功能，也有水路交通的功能。从南城壕剖面来看，内坡为两级缓坡，在两岸一级土坡上有木桩设施，可能是船舶依靠两岸的设施，并发现有一片横缓排列的木板结构遗迹，外坡为一陡坡，稍低于内坡，推测应与活动桥有关。南城壕两岸，多有木构设施，显示出南面有府河，为水路运输而设置。

盘龙城地处长江中游北岸，水陆交通便利，向北可以经汉水沟通中原地区的商政权，向南可沿长江与南方诸部族交往，进行物质文化交流。宫城周围设有多处手工业作坊，表明它是当地的一个手工业中心。考古发掘资料表明，盘龙城可能是商王朝经略南方的一个重要军事据点。盘龙城所出玉器，充分证明其研磨工艺已十分成熟、精湛，玉器表少见磨制痕迹。制玉工匠既

---

[1] 湖北省文物考古研究所等：《武汉市黄陂区鲁台山郭元咀遗址商代遗存》，《考古》2021年第7期。

[2] 湖北省文物考古研究所：《盘龙城：1963—1994年考古发掘报告》，文物出版社2001年版，第15—16页；武汉市文物考古研究所、盘龙城遗址博物馆：《盘龙城遗址宫城区2014至2016年考古勘探简报》，《江汉考古》2017年第3期。

能制造大而薄的大型玉戈和刀等，又能制作璋和璜等，立体圆雕尤其生动、精致。可以说，盘龙城的玉器，种类不算太多太全，但以技术成熟的程度来说，是值得肯定的①。

如赵丛苍、程正荣认为②，盘龙城就是商王朝的一个军事据点。盘龙城遗址的地理位置极其重要。盘龙城地理位置优越，地处江汉平原，当时为古云梦泽的一隅，自然条件优越，土地肥沃，雨量适中，资源种类丰富。盘龙城就处于长江与府河的交汇处。当时汉口是一片低洼地带，每逢汛期，河水泛滥，这里便会成为长江河床的内湾。而坐落在44.8米高地的盘龙城宫城，正是汉口一带的制高点，在此修建如此庞大的城防并非易事。而且从形制上来看，盘龙城就是缩小版的商都——郑州商城。

其次，盘龙城遗址发现的兵器也很具代表性。盘龙城李家嘴M2的墓室面积达到了12平方米，有棺、椁及3具殉人，随葬物品也多达77件，且多为铜、玉礼器和兵器，尤其是随葬的一件大型铜钺，引人注目。关于铜钺的功能，林沄根据文献记载认为钺与战争统帅的地位密切相关。高规格钺的发现为分析墓主身份和盘龙城的作用指明了方向。由此可以看出盘龙城应是军事城堡。笔者还认为，长时间的资源掠取，必然引起南土的反叛。因此要做到如《诗经·商颂·殷武》载"莫敢不来享，莫敢不来王，曰商是常"③"挞彼殷武，奋伐荆楚"④，商王朝进行一定的军事布防必不可少。江汉平原的盘龙城遗址以及洞庭湖水系铜鼓山遗址和鄱阳湖水系的吴城等具有军事功能的遗址发现，也体现出了商王朝对南土的控制。战略层面上，商王朝对南土的统治主要是通过控制长江中游的黄金水道以达到目的。

此说有一定道理，但进一步从发掘资料方面综合分析来看，盘龙城的作用还不仅仅只是军事据点。比如宫殿修筑的规模，城内城外的完整布局，尤其是后来大量周边商代遗存的发现，都可证明盘龙城不应只是军事上的一个据点，应是按商代都城规模修建的一座城，具有据守一方的城邦性质。

---

① 湖北省文物考古研究所：《盘龙城：1963—1994年考古发掘报告》，文物出版社2001年版，第628页。
② 赵丛苍、程正荣：《试论商王朝对南土的经略》，《重庆文理学院学报》2018年第4期。
③ 程俊英、蒋见元：《诗经注析》，中华书局1991年版，第1041页。
④ 程俊英、蒋见元：《诗经注析》，中华书局1991年版，第1040页。

（三）盘龙城与中原商城的关系

《世本·卫篇》里讲："鲧筑城以卫君，造郭以守民，此城郭之始也。"[1] 偃师商城有大城、小城和宫城三重城垣。但实际上，应该是两重城垣。因为偃师商城的大城和小城是在不同时期修筑的。郑州商城分为内城和郭城……城郭双重城墙制在商朝并没有完全实现。垣曲商城和盘龙城都只有一重城墙，但都有护城壕[2]。安阳殷墟是商朝晚期都城，无论建筑的技术还是规模，都是目前商朝城邑中最高的。而安阳殷墟至今未有见城垣[3]。

在商朝的城邑建设中，其建筑方式及规模，基本都设有城墙、护城坡和壕沟等防御设施。城墙也一般采用夯筑的技术建造，并尽可能地增加厚度和高度，以增强防御功能。这种壕沟和护城坡一般是为防护城的安全所建。

此外，在偃师商城中，城内有大型建筑基址三座，南部正中一座面积最大，长宽各200余米，四周夯土厚约3米，墙内是一座长宽各数十米的宫殿基址。基址前有一条大路通往城南，大路两侧有几座稍小的建筑基址东西对峙。现存的三面城墙上已探明了七座城门，东西墙各三座，北墙一座。城内还有若干条纵横交错的大道。可以看出偃师商城在初建时就已经显露出中轴线布局的特点。

偃师商城是商灭夏后营建的第一个国都。城址中首先营建了小城和宫城，宫城位于小城中轴线上，坐落在小城中央偏南高地上。武库和铸铜作坊分别位于城的西南和城外东北靠近河流的地方。随着经济、文化的发展，统治者扩建偃师商城，在小城外又夯筑一重城墙，是为大城，面积约200万平方米……所以偃师商城有大城、小城、宫城三重城垣。城内有密集的宫殿建筑群，可分为东、西两组。宫城内有多座水井，还有较为完善的供水和排水系统。城内各宫殿中，城门遗址的路土下，都发现有埋在地下的供水和排水管道，形成暗渠，经过城门，通往城外的护城河[4]。

郑州商城分为内城、外城郭两部分，内城位于遗址中部略偏东，略呈南北纵长方形。内城最主要的遗址宫殿区位于内城中部偏北和东北部较高地带，面积约为35万平方米，约占城内面积八分之一，是奴隶主和贵族的聚

---

[1] （汉）宋衷注，（清）秦嘉谟等辑：《世本八种·世本》，中华书局2008年版，第22—23页。
[2] 孙炜：《商朝城邑规划布局的文化学探析》，《河南科技大学学报》2013年第4期。
[3] 张国硕：《殷墟城墙商榷》，《中原文物》1989年第2期。
[4] 中国社会科学院考古研究所：《偃师商城》第1卷，科学出版社2013年版，第724—725页。

居地区和祭祀场所……内城外四周分布有手工业作坊区和墓葬区，其中制骨作坊和铸铜作坊位于内城外之北，制陶作坊位于内城之西，墓葬区则在内城之西、北、东都有发现①。

武汉的盘龙城，与中原商城形制基本相同，该城平面略呈方形，南北长约290米、东西宽约260米。城墙为夯筑，四面各有一个缺口，可能是城门。城外有壕沟。

按照古代城邑修建的大致观念，《易·坎卦》曰："王公设险以守其国。"②"险"，即指城墙及其防御设施。城垣壕沟具有防御作用，大部分学者认为，汉水古国城址反映其战争频率极高③。冈村秀典先生提出的新石器末期战争标志，包括祭礼用的人头骨、以石镞取代骨镞、以石城作权力的标志物、城墙与壕沟四个现象④。

从年代学上严格来说，盘龙城一期的时间相当于石家河晚期，比偃师二里头一期（公元前1750）约早百年。不过最早被发掘的盘龙城的城垣，建成时间比一期文化约晚200年左右，在黄河南岸相当于二里头晚期、二里岗早期的时段。城内面积只达7.54万平方米。但是城外遗址相当丰富，包含童家嘴、小王家嘴、艾家嘴、小嘴、王家嘴、李家嘴、江家湾、楼子湾、杨家嘴和杨家湾区，总面积可能到达300万平方米（因部分遗址可能位于水下，不易准确判断）⑤。其是具有南方特色的从二里岗型直接演化而来的一个早商文化类型⑥。

盘龙城的使用时间持续到殷商晚期。但它与中原的商文化接轨应该是在商代或者商代以前。据考古学者分析，石家河罗家柏岭遗址聚落面积5万平方米，发现有玉器作坊，宫殿建筑周围的部分城沟深度超过10米。发掘者认为其建筑结构与包括殷墟小屯在内的商代宫殿有很多相似之处⑦。同时有

---

① 河南省文物考古研究所：《郑州商城：1953—1985年考古发掘报告》，文物出版社2001年版，第1018—1023页。
② （清）阮元校刻：《十三经注疏·周易正义》（清嘉庆刊本），中华书局2009年版，第85页。
③ 张国硕、张婷、缪小荣：《中国早期城址城墙结构研究》，《考古学报》2021年第1期。
④ ［日］冈村秀典著，张玉石译：《中国新石器时代的战争》，《华夏考古》1997年第3期。
⑤ 湖北省文物考古研究所：《盘龙城：1963—1994年考古发掘报告》，文物出版社2001年版，第2—22、449—450页。
⑥ 殷涤非编著：《商周考古简编》，黄山书社1986年版，第15页。
⑦ 湖北省文物考古研究所、中国社科院文物考古研究所：《湖北石家河罗家柏岭新石器时代遗址》，《考古学报》1994年第2期。

第二章 武汉地区新石器至夏商时期文化与法制发展轨迹

学者认为，盘龙城外城的护城河、王家嘴等地区也发现了屈家岭、石家河文化的遗物①，文化地层下层的测试约在公元前5700年至前5500年间②，相当于大溪文化中期。盘龙城遗址应该可以代表汉水大文明早中期到末期阶段，盘龙城的宫城年代则偏晚。

从盘龙城遗址考古发掘出土的陶器来看，盘龙城与郑州商城关系密切。盘龙城遗址中陶器器形大致分为两种情况：一种是有些陶器的形制特殊，具有本地区的特色，如覆杯形器盖、壶形器等在郑州二里岗未见；另一种是很多器物与郑州二里岗的同类器物的形制大体相似，如盘龙城的侈口斜腹缸，与郑州二里岗的文物相似，如盘龙城的短颈有肩大口尊与郑州二里岗的文物相似，等等。

可见两者的共同点是主要的，为研究盘龙城与郑州商城的关系提供了依据③。有学者认为，中原商文化对盘龙城的影响是一个由弱到强、由少到多的过程，从盘龙城陶器的文化因素看，最初以本地土著文化占上风，盘龙城居民沿袭自身原有的文化为主，到最后变成以商文化因素为主导，有些陶器与中原郑州二里岗几乎完全雷同，商文化程度很高④。即盘龙城的商文化显非中原商文明的简单移植，而是中原与本土两者文明的融合。若一定要说它属于商文化系统，也只能是在一定阶段即盘龙城墓葬第四期处于二里岗上层偏晚阶段才可以如此说。

就文明融合的规律而言，一个相对强势的政权进入一个相对弱势的地区，不可能一开始就完全取代本土的文明，它们之间的融合一定是经历了一个过程。一是文明是建立在物质的基础上，它需要有相应的物质作为替代，二是还需要有人力来对原有文明进行改造，以达到融合。对此，李伯谦曾提出"文化的植入和置换"理论来解释商文化在各地的植入与更替⑤，商文明进入湖北的盘龙城地区，不论从物力和人力来看，都应该是一个逐渐加大的

---

① 邹秋实、张昌平：《武汉市盘龙城遗址各地点历年考古工作综述》，《江汉考古》2020年第6期。

② 陈贤一：《论盘龙城城址的年代》，载《武汉城市之根——商代盘龙城与武汉城市发展研讨会论文集》，武汉出版社2002年版，第110—144页。

③ 湖北省文物考古研究所：《盘龙城：1963—1994年考古发掘报告》，文物出版社2001年版，第623页。

④ 刘彬徽：《早期文明与楚文化研究》，岳麓书社2001年版，第9—10页。

⑤ 李伯谦：《夏文化与商文化关系探讨》，《中原文物》1991年第1期；李伯谦：《关于早期夏文化——从夏商周王朝更迭与考古学文化变迁的关系谈起》，《中原文物》2000年第1期。

过程。刘彬徽则对具体的出土器物进行了对比分析，如陶鬲的演变，从材质到形制、花纹等方面看，都是一个渐变的过程。

目前学术界公认的早商时期的两个政治中心是偃师商城和郑州商城。这两个政治中心在规划方面有许多共同点，宗庙或宫殿及各种手工业制造作坊，构成中心城市的主要组成部分。结合当时的历史状况和考古发现，可以推断这两座早商城市显是该地区的政治、宗教、礼仪和经济中心，并包括大量从事各种手工业生产的人口。

综上，为保障自然资源的供给，早商政权的统治者可能会将其政治军事力量扩展到长江中游地区。参照世界古代文明发展进程的法则看，在资源丰富的地区建城，是早商政权为控制和获得资源而建立的供给网络，也是保障其政权正常运转的重要组成部分。这一推断可从对盘龙城商城及其周围商代聚落形态的分析及其发展过程中得到验证①。

六、汉西商文化遗存与文化特征

湖北省江陵县古称荆州，荆南寺遗址位于湖北省江陵县城西 1.5 千米处。遗址地处长江中游的江汉平原西南部，自然资源丰富、土壤肥沃。本地的考古工作部门在盘龙城发掘之后，开始了对江汉平原的考古探索。1964年，还发掘了同现在荆南寺遗址相毗邻的张家山遗址。发掘者认为，此遗址与盘龙城文化面貌类似②。

江陵的荆南寺遗址，文化内涵复杂。遗址中见土著文化遗存，还有来自中原地区的陶鬲、大口尊与深腹罐，亦可见四川与湘赣文化的影响。聚落使用陶器形制庞杂，共可分为五种器类组合，显示出荆南寺遗址是一处各方族群交汇的聚落。汉水中下游也是中原族群向南发展的通道，从南阳盆地至汉水沿岸，目前已发掘有淅川下王岗、襄阳法龙王树岗、钟祥乱葬岗以及枣阳墓子岗等二里头时期遗址。依据几处遗址出土的大口尊与深腹罐等陶器器形判断，应是中原文化南下的反映。不过钟祥与枣阳的遗址规模甚小，只是零星散布江汉平原的居住点，尚未形成足以撼动荆南寺等传统聚落的势力。

① 陈朝云：《盘龙城与早商政权在长江流域的势力扩张》，《史学月刊》2003 年第 11 期。
② 陈贤一：《江陵张家山遗址的发掘与探索》，《江汉考古》1980 年第 2 期。

有学者认为，以荆南寺为代表的遗存，在总体上既不同于二里头夏文化和先商文化的南关外类型，又与二里岗早商文化相区别；既不属于四川古蜀文化，又与长江峡区同期遗存迥异；既难纳入湖北黄陂盘龙城类型，也不能划归湖南澧水上游早商文化遗存。历史地、客观地分析这支独具风格的考古文化遗存，有理由将其命名为荆南寺类型①。

但从荆南寺和盘龙城的文化看，二者之间也有共同之处，盘龙城是从早商阶段开始携中原商文化进入湖北地区。尽管那时中原文化的因素还很薄弱，但毕竟是进入了长江中游地区，并逐渐呈发展壮大之势。而荆南寺文化中也出现了中原的商文化，尽管后者相较土著文化为弱势，但值得注意的是，这种具有中原文化因素的商文化与盘龙城地区发现的早商文化是有共同之处的。何驽指出，"如果说盘龙城A群作风酷似二里岗同类器，C群是二里岗同类器的变体，那么荆南寺B群则是二里岗同类器的原型复制，且器类也多于盘龙城"②。

七、铜绿山古铜矿遗存及与盘龙城的关系

铜绿山古铜矿遗址自1973年发现以来，经几十年间田野调查、勘探和发掘，逐步探明了该遗址当时开采、冶炼的基本过程，及矿业遗址的布局和年代。尤其是铜绿山古铜矿遗址发掘报告的正式出版，给学术界的研究提供了难得的资料。

铜绿山古铜矿遗址南北长约2千米，东西宽有1千米，面积约2平方千米。1974年1月至1985年7月，考古人员先后对其进行了多次发掘，清理面积达4900多平方米，发现古代采矿竖（盲）井231个，平（斜）巷100条，炼炉12座，可谓中国矿冶考古领域前所未有的发现和十分重要的成果③。正如夏鼐、殷玮璋先生所言："铜绿山古铜矿的发现和发掘，对了解我国古代的社会生产，尤其是青铜器的生产，具有重要意义"④。有学者通

---

① 何驽：《荆南寺夏商时期遗存分析》，载《荆州博物馆建馆五十周年纪念论文集》，文物出版社2008年版。
② 何驽：《荆南寺夏商时期遗存分析》，载《荆州博物馆建馆五十周年纪念论文集》，文物出版社2008年版。
③ 黄石市博物馆：《铜绿山古矿冶遗址》，文物出版社1999年版。
④ 夏鼐、殷玮璋：《湖北铜绿山古铜矿》，《考古学报》1982年第1期。

过对遗物、遗迹的分析鉴定，认为该遗址铜矿开采、冶炼的时间，始于商代晚期，兴盛于东周时期，终于西汉，前后延续长达1000多年[1]。

另有学者认为，大冶铜绿山已经发现了商代的零星采矿遗址和冶炼遗址。而发展到西周时期，此地出现了比较大的城邑，这应该与铜矿的生产管理有关。经考古工作者考察分析，这些城邑均具有管理、仓储和运输铜料的功能。虽然这是直到西周时才出现的状况，但与商代此地逐渐成为铜矿的丰富产地有关。例如，在铜绿山东南15千米的阳新大路铺遗址商代中晚期地层中出土了残陶范两块，其中一块是素面工具范，另一块为内壁有回形纹的工具范[2]。该遗址殷周之际的地层中出土了石质铸范一块，为"风"字形斧范[3]，与这种斧范相似的小型铜斧在本地区多有出土。在铜绿山之北8千米的蟹子地遗址西周时期堆积中，出土了铸造镞的陶范和石范各一块，并伴出有铜镞小铸件、铅锡合金丝、粗铜块，构成一个较完整的青铜铸造链[4]。

大冶铜绿山矿冶遗址是一个逐渐被发现、开发的过程，在发展的过程中，其作用日益显现，并为统治者所重视，逐渐形成相对有序的管理。有学者认为，文化的混合特征及盘龙城商城的修建、遗址规模的突然增大，也说明当时商人曾大批涌入当地，并对当地的文化特征产生了巨大的影响。这个时间大概同二里岗上层时期和大冶等地发现的大量开采和冶炼铜矿石的证据吻合……对12件殷墟墓所出土的铜器进行铅同位素测试，结果表明金属的来源地主要是铜绿山地区[5]。

根据前面所引资料，铜绿山与本章所叙述的盘龙城的关系有必要阐述清楚。主要是在时间上，铜绿山与盘龙城的对接并不是那么严密。盘龙城的出现大致是从夏代末期开始，比如二里头文化、石家河文化时期，此地开始有了商文化的踪迹，到商代早期和中期发展到高峰。到商代后期，盘龙城已经基本衰落，此地商文化的踪迹几乎难寻。而对铜绿山的大规模开

---

[1] 徐少华：《铜绿山与盘龙城及中国早期青铜文明之关系》，《湖北理工学院学报》（人文社会科学版）2014年第1期。

[2] 陈树祥：《关于早期铜矿业探索如何深化的思考——以鄂东南及铜绿山古铜矿遗址考古为例》，《南方文物》2016年第1期。

[3] 湖北省考古研究所：《阳新大路铺》，文物出版社2013年版，第295—297页。

[4] 湖北省考古研究所等：《大冶蟹子地遗址2009年发掘简报》，《江汉考古》2010年第4期。

[5] 陈朝云：《盘龙城早商政权在长江流域的势力扩张》，《史学月刊》2003年第11期。

采和冶炼应该是出现在商代中后期和西周时期，而盘龙城到商代中后期，尤其是到西周时期已经逐渐衰落，以至于基本退出湖北地区了。尽管在殷墟的墓中出土的铜器来源于铜绿山，但不能证明它与盘龙城的关系。所以严格说来，盘龙城与大冶铜绿山应该没有直属的统辖关系。张昌平指出①，盘龙城废弃后中原文化势力并未完全消退。阜南台家寺、黄陂郭元咀等晚商时期遗址具备铸造铜礼器的生产能力，遗址中出土的铜器也显现出一些南方地区特征，陶器具有较多的地方文化因素。结合聚落选址来看，可见盘龙城废弃后，商王朝对南土的经略方式出现了重大转向，似乎给予了地方更多的自主权。

八、盘龙城商文化与中原商文化的异同

江陵荆南寺遗址与湖北黄陂盘龙城，同为夏商时期的主要聚落。地处涢水下游的盘龙城遗址，在城邑修建之前的二里头时期（盘龙城一至三期），便有聚落存在。商代修建的盘龙城城垣与宫殿建筑，叠压于既有聚落之上，因此在城垣之下发现有大量的二里头时期陶器。而东北部宫殿建筑区，也发现有更早的土台建筑遗迹。二里头时期盘龙城一带的聚落范围可能与商代相仿。当时已出现李家嘴、杨家湾和杨家嘴三处聚落，王家嘴也发现有制陶遗迹。在盘龙城以北，澴水流域的大悟土城与墩子畈也发现有同期遗存。就整体文化面貌而言，盘龙城早期文化因素与河南偃师、郑州等地的二里头文化面貌接近，大口尊与深腹罐等中原特色浓郁的陶器，流通于今鄂东地区的聚落，在汉水以西也有相类器物出土，但是聚落发展水平总体不及汉东。

盘龙城遗址发掘所见的遗迹和遗物，不管是城墙、宫殿等建筑物的修筑方式，墓葬形制、棺椁结构与埋葬方式，还是主要器类和器物的形制特征与纹饰，与中原地区商文化有很多共同特征而略具差别。如盘龙城四周城垣，皆由主墙体和内外护坡构成，主墙体用土层层平夯，内外护坡采用斜夯，靠主墙体的护坡土层较厚，内外两边则土层较薄，断面为一不等腰（内缓外陡）的梯形，这与郑州商城城垣的构筑方法大致相同。20 世纪 70 年代对盘

① 张昌平：《关于盘龙城的性质》，《江汉考古》2020 年第 6 期。

龙城遗址的发掘中，于城内东北部发现大型建筑基址3处，均位于一片较高的夯筑台基上，并对其中两处（F1、F2）进行了全面揭露，资料表明：F1和F2为一组坐北朝南、前朝后寝、四阿重屋式的宫殿建筑，这种建筑布局和风格与偃师二里头遗址和郑州商城所发掘的宫殿建筑情况基本一致。盘龙城遗址目前所发掘的各类墓葬，均为土坑竖穴，贵族墓葬有棺有椁，椁外筑有熟土二层台，墓主人腰部下挖有腰坑，坑内一般放置一狗，这与郑州白家庄等地所发掘的商人墓葬的习俗和埋葬方式相近[1]。

根据文献记载夏商周断代工程的结果[2]，可以盘庚迁殷为界将商代分为前后期，商代前期约从公元前1600至前1300年；商代后期约从公元前1300至前1046年。若盘龙城城址始建于二里岗上下层之间，废弃于二里岗上层二期晚段，则其始建年代约为商王中丁在位或稍早的公元前1450年左右，废弃于盘庚迁殷的公元前1300年之前，即在盘庚迁殷以前几十年，盘龙城城址即已遭毁废。此后一段时间内（即盘龙城遗址第七期至殷墟一期），这一带虽还有部分遗民仍在活动，但晚期墓葬对城垣形成打破关系，可见盘龙城城址已基本分期，此时本地区的政治、经济、军事、文化中心已转移至他处[3]。

孙卓从历时性视角考察，基于城市聚落、宫殿居址、青铜器和陶器材料，将中原文化势力在南土的消退过程分为一至四期。早期通过设置盘龙城等远距离据点的经略模式，无法持续性保证中央对地方的控制。随着上层控制的失势，中原文化逐渐从南方撤出。至第三期，盘龙城废弃后，中原文化在溳水上游和沿淮地区形成新一轮影响，此地区人群的文化背景或直接源于中原地区，但上层贵族保持了一定的独立性。而第三期以后，中原王朝开始从南方地区主动撤出，经略中心开始向北、向东转移。同时对南方地区的资源，可能通过贸易或间接控制地方族群集团的方式，使其能汇聚于殷墟。即晚商时期，形成了经略南方地区的新模式[4]。

过去许多学者将盘龙城遗址纳入早期楚文化的考虑范围，讨论楚、商关系，多聚焦于盘龙城遗址。但从遗迹与遗物看，盘龙城与郑州商代城址类

---

[1] 徐少华：《从盘龙城遗址看商文化在长江中游地区的发展》，《江汉考古》2003年第1期。
[2] 夏商周断代工程专家组：《夏商周断代工程报告》，科学出版社2022年版，第517页。
[3] 徐少华：《从盘龙城遗址看商文化在长江中游地区的发展》，《江汉考古》2003年第1期。
[4] 孙卓：《论商时期中原文化势力从南方的衰退》，武汉大学博士学位论文，2017年。

同，所含楚文化因素较少。从当时楚人分布范围看，盘龙城遗址当与楚人无关，实际是商人势力南渐的反映①。但考古学所见楚文化与商文化显然是有区别的，而且盘龙城所发现的商文化与当地土著文化的差异也显而易见。商文化在盘龙城存在的时间大约是从商代早期开始，或者更早些推到二里头和石家河文化时期，但它到商代中期基本不复存在。其后楚文化因素才逐渐在此地出现，在考古学上的时空框架与盘龙城的商文化并不构成联系。

湖北盘龙城遗址所出土的文化现象与殷墟有很大的一致性，尤其是城垣与宫殿的风格与营造方式，占卜甲骨与钻凿形态、青铜器的器类、器形、花纹及礼器组合与殷墟极为相似②。盘龙城既不是诸侯国，也不是方国，而只能是隶属于商王朝，履行商王统领南土众多诸侯国和方国统治职能的行都。

考古揭示的盘龙城为商王南土行都。从考古资料分析，盘龙城地区的商文化应该是有一个发展过程的。早期应该是商人从中原带来的商文化。抵江汉平原后，商人在与当地居民交融的过程中，除了保留其自身所具有的商文化因素，也吸收了当地的土著文化。因此，盘龙城文化面貌在不同时期存在差异。这种不同文化因素在共居以后，会产生相互影响、融合，也符合文明发展的一般规律。

九、商朝的法律状况与盘龙城文化中所见法律痕迹

（一）商朝的法律思想及法律形式

商朝的法律思想大致是神权法思想一直占据着统治地位。商朝统治者把商王神化为天帝之子，《诗·商颂·玄鸟》亦称："天命玄鸟，降而生商"。把商王对人世间的统治神化为"秉承天意"，从而保证商王统治的合法性和权威性。《礼记·表记》载"殷人尊神，率民以事神"③。商朝规定，举凡国家大事，都要通过占卜向天帝请示。随着商王权力的不断加强，"王权神

---

① 钟之顺：《由清华简〈楚居〉再论楚文化与商文化的关系——兼及对楚人始居地的思考》，《邯郸学院学报》2012年第2期。
② 《盘龙城1974年度田野考古纪要》，《文物》1976年第2期。
③ （清）阮元校刻：《十三经注疏·礼记正义》（清嘉庆刊本），中华书局2009年版，第3563页。

授"的思想不断深化,"天讨、天罚"的思想也发展到了高峰。商朝已由单纯宣扬"天罚",进而发展到将其与占卜巫术相结合的"神判"。将定罪量刑、实施刑罚说成是天帝的意旨,是代天"讨""罚"。《礼记·曲礼》记载:"敬鬼神,畏法令也。"① "敬鬼神"的目的是使民畏惧法令,从而提升了法律的威慑力。

  商朝的主要法律有:其一,《汤刑》。《左传·昭公六年》载:"商有乱政,而作汤刑。"② 从狭义上讲,《汤刑》是商朝制定的一部刑书;从广义上讲,《汤刑》是商朝各种奴隶制法律,泛称《汤刑》,是商朝的基本法,适用于整个商朝。自商汤制定《汤刑》起,后代统治者对《汤刑》不断进行补充、修改。《竹书纪年》载"祖甲二十四年,重作汤刑"③。即祖甲在位时期,对《汤刑》作了大的调整与修订,使其内容更加完善,从而适应社会发展变化的需要。

  其二,《汤之官刑》。除了《汤刑》外,商朝还制定了惩治官吏犯罪的单行刑事法规《汤之官刑》。伪《古文尚书·伊训》载,商汤"制官刑,儆于有位"④。《墨子·非乐上》记载:"先王之书,《汤之官刑》有之,曰:其恒舞于宫。是谓巫风。其刑,君子出丝二卫,小人否。"⑤ 即"巫风"罪只针对官吏,官吏若有"巫风"行为,则罚其"出丝二卫",庶人犯该罪,则不予处罚。

  商朝的法律形式有:刑、誓、王命和单行法规。刑,即《汤刑》,是商朝的刑事法律规范。誓,是商朝君主在战时发布的紧急军事命令。如《尚书·汤誓》记载了商汤在讨伐夏桀时所发布的誓词。王命,即商王发布的命令,具有最高的法律效力。如《尚书·盘庚》记载了商王盘庚发布的迁都命令。单行法规,指针对某一具体事物或人所发布的专门法律,如《汤之官刑》⑥。

---

  ① (清)阮元校刻:《十三经注疏·礼记正义》(清嘉庆刊本),中华书局2009年版,第2711页。
  ② (清)阮元校刻:《十三经注疏·春秋左传正义》(清嘉庆刊本),中华书局2009年版,第4438页。
  ③ (清)郝懿行著:《竹书纪年校证》,李念孔点校,齐鲁书社2010年版,第3865页。
  ④ (清)阮元校刻:《十三经注疏·尚书正义》(清嘉庆刊本),中华书局2009年版,第345页。
  ⑤ (清)孙诒让撰:《墨子间诂》,孙启治点校,中华书局2001年版,第258页。
  ⑥ 刘双舟:《中国法制史》,对外经济贸易出版社2014年版,第5页。

(二) 盘龙城中的商朝法律痕迹

盘龙城作为商朝建立的南方驻点,有"方国说""南方军事重镇说""南方据点说""商王行宫说"等。不论何种说法,盘龙城兴废的几百年间,是隶属于商王朝的,接受商王朝领导,并保证向商王朝提供物资。因此,其法律的主要成分与商王朝应是一致的。但要仅从盘龙城中找到独特的法律踪迹,不仅不现实,也是不可能的。探讨此地的法律踪迹,应从行政组织和执法过程着手,来看它的法律踪迹是否与商王朝相同,或者有无自己的特殊之处。

首先,盘龙城具有与商王朝大致相同的宫殿形式,宫殿的形式往往能部分反映宫室的性质;

其次,盘龙城具有与商王朝相同的城防格局,有城墙、壕沟,墓葬中还发现有不少兵器。宫殿修筑的规模,城内城外的完整布局,尤其是后来周边商代遗存的大量发现,都可以证明盘龙城不应只是一个军事上的据点,而具有据守一方的城邦性质;

再次,城内相对完整的手工业作坊,数量众多且规格较高,都显示出它早期具有官营的作坊性质,为当地统治阶级或商王提供手工业产品;

最后,综合城墙和宫殿的规制、丧葬习俗以及随葬青铜器的形制、纹饰等看,其都与同时期的中原商文化保持着高度的统一性,很可能为这一时期臣服于商王的某一方国之都[①]。因此,更能说明盘龙城的行政中心与商王朝基本上是相一致的。

[①] 曲英杰:《古代城市》,文物出版社 2003 年版,第 57 页。

第三章 楚国的兴起与早期国家行政机构

此处将楚国的兴起与早期的国家行政机构辟为一专章,主要是考虑到早期楚国法律一是出现得晚,二是不健全,三是早期的执法许多也包含在行政执法的过程之中。

楚武王为楚国奠定了一个国家的初步模式以后,倒在了开拓进军的征途上。武王虽然死了,但是他以及他的前辈们所表现出来的一往无前、奋发进取的精神却继承了下来,成为后世的楚人建功立国的一种宝贵的精神财富。在他之后,楚国的各项建设都在大力开拓完善中,以赶超的速度向前发展着,楚国的中央行政机构逐步地健全完善起来。在讲到楚国的中央行政机构时,不可不讲到楚国的王权,因为这是整个中央行政机构的核心部分。

一、国家的出现

作为由部落联盟制进入到奴隶制王国的国家,楚君的权力在当时是不可小视的,楚国的国家机构中,首先就是王权。楚国的王权从国家一开始建立就相当强大,并且在某些方面具有中央集权的性质。从一定意义上来说,它就是国家的象征,权威的象征。我们可以从几件事情上看出当时楚国王权强大的背景和强大的程度。

(一) 楚国的王权与行政组织

楚国的建立是在周王朝由强大开始走向衰弱的时期。周王朝的制度是在自己的封建领域内实行"普天之下,莫非王土,率土之滨,莫非王臣"的宗法分封制,并且周王还占据着当时政治舞台上天子的地位,所有的小国要么是他分封的诸侯,要么是臣服于他的附属之国。楚国如果仍然沿着以前各小国的发展道路按部就班地发展,就只能走其他国家的老路:或者成为周天子的附属国，对它顶礼膜拜；或者被周天子吞并，这就是结局。而同时，周天子这时又时时显露出外强中干的境况。因此楚人要从一个弱小的邦国走上当时周天子为霸主，而且群雄荟萃的政治舞台，虽然有风险，但也有机会。它需要的不仅仅是政治经济的强大，更需要有一个有强大的权力、具有很大凝聚力的权威人物来把楚国的力量集中起来，以不同凡响的姿态抓住机会，以图发展。楚武王在称王时，可能头脑中下意识地就存在这一因素。此后，在大力扩张领土、吞并小国的战争中，楚人进一步意识到具有高度权威的王权的重要性，于是在自觉或不自觉的过程中，楚人维护并强化了王权。文王时期，楚国的王权在对内的统治中，基本上处于一种比较稳定的状态，王权与贵族之间的关系比较协调。文王主要致力于对外的征战，并且颇有收获，设立了更多的县，并且迫使更多的小国前来对其称臣。楚王的权力在这一系列的成功中得到了进一步的强化。

　　楚文王之后的楚成王，使楚国在前辈的基础上更快地向前发展了。楚成王初即位，就把各方面的关系处理得顺顺当当：他对周围的小国布德施惠，与老牌的诸侯国搞好关系，并且主动向周天子进献贡品。周天子一高兴，就赐给楚王一块祭肉，并且带去一句话："镇尔南方夷越之乱，无侵中国。"①就是说决定让楚王去镇抚南方夷越之地的各小国，使它们不要到中原来捣乱。这实际上是把南方的大片土地交给楚国，并赋予它管辖的权力。楚国的领地一下子扩大了好多，史书上说"于是楚地千里"②。这些国家一下子就成了楚国的管辖地，楚成王真是不费吹灰之力就达到了梦寐以求的目的。但是这些成果的取得并不能只归功于楚成王一人，这是楚国几代君王靠自己的实力迫使周王承认他们请求的结果。楚国强大的国力得益于他们强大的王权，楚国内部团结一致，使周王也不敢小看他们。在几代楚国的君王付出了艰辛努力的基础上，到楚庄王时，他又对自己提出了新的要求，楚庄王时强大的王权在接受了一次考验后，达到了一个新的高度。

　　这件事还得从楚庄王上台之前发生的事情说起。楚成王在位时，本来是立商臣为太子，但后来楚成王得知了商臣的一些劣迹后，又改变主意，想另立储君。于是太子商臣就起而反叛，逼迫楚成王自缢。楚成王死的时候想吃

---

① （汉）司马迁：《史记》，中华书局1982年版，第1697页。
② （汉）司马迁：《史记》，中华书局1982年版，第1697页。

一点熊掌，他的亲生儿子商臣都不让，他怕楚成王拖延了时间，坏了他自己的好事。楚成王在儿子的逼迫下，只好用一根绳子结束了自己年迈的生命，商臣即位为穆王。虽然商臣逼死了自己的亲生父亲，然而这一事件并没有导致楚国从此就走上贵族或王族损害王权的道路，楚穆王之子楚庄王即位后的情景很能够说明这个问题。楚庄王即位时还很年幼，他一上台就碰上了公子燮和公子仪的叛乱，他被这两位叛乱者挟持到楚国的庐邑。不想这两个不得人心的政变者却被忠于王权的庐邑大夫诱杀，叛乱很快被平息下去。但这件事对当时年轻而又涉世不深的楚庄王来说，却是一次不小的考验。面对着当时楚国内部这种混乱的局面，以及两大派系争权夺利的斗争，楚庄王虽然年幼，却并不糊涂。他开始什么也不说，什么也不做，只是一味地沉湎在声色犬马之中，在一般官员的眼里，他只是一个贪玩的大孩子。所有的人都没有把他放在眼里，这些人想怎么做就怎么做，没有谁有觊觎王位、冒犯王权的打算。楚庄王就利用这样一种局面韬光养晦，静观动向，辨别忠奸。在经过了三年的静心观察以后，楚庄王一改沉湎无为的形象，确定了应该依靠的忠于王权的力量，成功地摈退了那些怀有异心而又奸狡的官员，使楚国的王权很快得到加强。在贵族的力量与王权的力量较量时，王权这一方始终是强大的。然后，楚庄王开始在楚国大展宏图，进一步地做好他的先辈所留下来的那些事情。

楚庄王是楚国历史上一位很有作为的君王，是他把楚国的国力推向一个新的高峰，楚庄王确实不愧为一个杰出的人才，他在稳定了王权以后，把楚国的发展带入一个新的阶段。在楚庄王即位八年后，楚国终于北进中原，陈兵周疆，问象征周天子权力的九鼎之轻重。这在当时可以说是一种向最高权力挑战的行为，还从来没有谁敢这么做，楚国可谓初生牛犊不畏虎！楚庄王的"问鼎中原"标志着楚国公开向当时的最高权威进行挑战。在这之后不久，楚国与当时的霸主——晋国进行了一次战场上的决战，即邲之战。楚国大败晋国，在春秋时期的政治舞台上确立了自己的霸主地位，楚国君王的权力也在战争中经受住了考验，并得到了进一步的加强。从此王权成为楚国的国家机器中不可轻易撼动的权力。在此后的楚国权力斗争中还出现过几次贵族与王权进行的交锋，但是楚国的王权最终没有被削弱，这与当时的中原国家是颇有不同的，这一区别也证明了楚国国家机器的稳固和强大，在后来各个诸侯国家的国君权力纷纷被削弱时，只有楚国的君位依然能够屹立不倒，这与楚国王权基础稳固是很有关系的。

在强有力的楚国王权的支持下，楚国的中央行政机构逐步建立完善，自楚武王以后，发展为初具规模的国家机构，并且在某些方面具有了中央集权的性质，这在当时是具有先进意义的。自楚武王以后，我们可以逐步地看清楚国家机器的全貌了。当时楚国的中央行政机构已有了掌管政治、军事、经济、外交、司法等事务的部门，官员也基本齐备。从楚王到各级官吏，形成了一个类似于宝塔形的机构，在强大的王权统领下，下设的各级各类机构都层层制约，井然有序。当时的各种机构的名称如何，现在无法得知，我们只能从官员所负责的职责来了解当时各种机构的管辖范围。

（二）基本的国家机构与司法部门

楚国中央行政机构中最高领导权是由令尹掌握的，大概令尹所掌握的权力范围就是国家的各项事务。令尹相当于当时周王朝的卿大夫一职，和中原诸侯国的丞相或后世的宰相大致相同。当楚国的中央行政机构完备时，在他属下有数十位官员。他是楚国一切国家事务的统领，包括政治、军事、经济、外交、司法等。他属下的人员就是楚国国家机构内的各类官员。要了解楚国国家机构的功能，有必要首先了解一下最高行政长官令尹的职责和工作范围。

1. 中央机构

令尹是楚王的得力辅佐。楚庄王时期有一个在楚国历史上很有名的令尹，名叫孙叔敖。他在任令尹期间，不负楚王重托，精心管理国家大事，他经常与楚庄王一起议论国政，给楚庄王提出很多建设性的治国方略，并提出有益的忠告。有一次楚庄王与孙叔敖一起讨论治理国家的正确方法，孙叔敖对楚庄王说："治理国家是要按一定的道理来办的，但我恐怕您不能把它确定下来。"楚庄王听了觉得很有意思，于是便进一步问道："不能确定下来的原因是在君还是在臣呢？"孙叔敖回答说："君和臣都有责任。楚国的君和臣之间互相都看不起对方，君对士往往表现傲慢，说：你们没有我，哪里能得到富贵？而士则会反唇相讥，说：国家如果没有士的功劳，哪里会得到安定富强？在这样的情况下，国君往往会发展到丧失国家还执迷不悟，自以为是；而士则会在家守到饥寒交迫的地步，也不愿出来为国家效力。像君臣之间这样互相不理解、不配合，国家的正确方针哪里能确定得下来呢？"楚庄王听了孙叔敖的一番话，大彻大悟。他从孙叔敖那里得到了极为宝贵的治国理论，这实在是他政治生涯中的一件大事。令尹辅佐楚王治理国家的过程，可以说就是协调君臣关系的一个过程。而楚庄王也意识到这个问题的重要性，所以楚庄王在位的几十年间，君臣之间始终上下和合，一致对外，这不仅在楚国历史上，而且在当时的各诸侯国的历史上也是不多见的。这也是治理国家的一个宝贵经验，这与孙叔敖的治国理论有着直接的关系。在具体事务的执行方面，令尹所管的事也很多，大到国家的大政方针，小到具体的日常事务，而且很多时候令尹还要亲自领兵参战，主持司法审理等。

战国时期，令尹在楚国所起的全面治国的作用进一步地显现出来。楚悼王时期的吴起就是这样一位德才兼备的令尹。他在楚国逐步显现出危机的时刻，大胆地运用手中的权力，对楚国进行了一次全面的改革，在政治、经济、法制等方面都提出了适应形势发展的一系列新主张。为了求得楚王的支持，在变法前他与楚悼王进行了一次深入的长谈。楚悼王向他询问治国的方略，他便趁此机会向楚王详细阐述了他的改革思路，他说："楚国的大臣权力太重，封的君又太多，这样下去，就会导致他们对上威胁到君王的权力，对下压迫百姓，这实在是贫国弱兵的路啊！"楚悼王接受了他的思想，同意由他在楚国实行变法，以图重振楚国的雄风。于是吴起就为楚国制定出一系列自上而下全面制改革的具体政策。在政治上，他收回了封君和远系的王族、公族过大过重的权力和封地，作为国家所有，以抚养战斗之士，意在强兵；在管理官吏和用人问题上，吴起整饬吏治，提拔和奖励那些廉洁正直和不畏强暴的好官，打击并清除那些奸狡、自私、谄媚又欺上压下的坏官，做到罢黜无能、废除无用、去除不急之官，使楚国的官吏制度为之一新；在司法改革上，吴起严明法制，他的做法就是"明法而审令"，对旧有的法律条文以及政策法令进行了改革，制定出适应新形势、能使楚国走向强盛的法律条令，并严格执行，目的在于加强军队，即"要在强兵"。这些有关国家重大政策和战略的大事，是经过楚王批准、令尹制定并一手在楚国贯彻实行的。这就是当时国家机构所起的作用。在楚国历史上这样的改制还有几次，只是规模都没有这么大，比如前面讲到的令尹孙叔敖在楚国进行的小的改革，楚昭王时期的令尹子西主张迁郢都于鄀，而后又在楚国新迁的都城内进行的改制等，都是令尹在国内为履行职责而进行的治理工作。

令尹的另一项重要职责是，为战争出谋划策或者亲自领兵出征。楚成王时期的令尹子文也是楚国历史上一位有名的令尹，他不论是在政治上还是军事上对楚国都作出过很大的贡献。楚成王时期是楚国向外开拓发展的重要时期，令尹子文就在楚成王时当政，当时楚国与齐国还未形成抗衡的力量，子文建议楚成王不要与齐国硬拼，而是采取量力而行、见机而动的策略，避开与齐国的正面冲突，甚至不惜与齐国签订屈辱的盟约，以使国家免遭打击，为日后的反攻蓄积力量。并不失时机地寻找齐国的不利时机，攻打它的盟友或者直接打击齐国的力量，这一方针的制定为楚国赢得了有利的环境。对宋国，子文则采取争取它的属国，使他们分化瓦解的策略，最后一举打败它们。子文在楚成王时期的这一系列方针战略，使楚成王取得了很大的成功。令尹为楚国领兵出征之事，在楚国历史上就更是屡见不鲜了，此处从略。

令尹的权力有这么大，那么在令尹属下都有哪些部门和官员，他们都管些什么呢？政治管理部门是每一个国家机构中必不可少的一个重要部门，楚国在当时有专门掌管官吏的机构，相当于现在的组织部，它由郎尹负责；掌管外交的部门，由大宰主持这一部门的工作，大宰的副手为少宰，此外，针尹也是楚国的外交使节。

2. 中央机构中的军事部门

军事，这应该是当时的一个重要部门，虽然当时各类官员都有权领兵打仗，但还是有主管军事的官员，这一职务在当时由司马担当，司马直接由令尹管辖。在司马之前，楚国有一段时间军事的主要负责人是莫敖，但是莫敖主管军事的时间比较短暂，后来一直都由司马掌管。司马的副手有右司马和左司马，因此司马也称大司马。司马在领兵打仗时，往往担任主要将领。楚国的军队一般分为左、中、右三军，中军一般情况下由王族担任，其次是右军，最后才是左军。在有令尹出征时，中军由令尹统领，司马领右军。在没有令尹出征时，中军在很多时候就由司马统领。在司马之下还有各级军中将领，如右领、左领、左右广之御、御戎、左右广之右、戎右、元右等。军事方面的详细内容，留待军制部分再细说。

司马除了管理军事以外，与军事有关的军赋也在其管辖范围之内。楚国进行的一次比较大的赋制改革，就是司马在任内进行的。楚国的赋制包括比较多的内容，除了管理纳赋的土地登记以外，还要管理具体的纳赋内容。

3. 经济部门

经济方面，楚国也设置了许多重要部门。管理土地的部门：周代的惯制是土地和人民都由司徒掌握，春秋时期的各诸侯国大体上也是按照周制设官，楚国也基本上按照周制行事，但有一些自己的新的设置。管理赋、税、役的部门：楚庄王时期，令尹蒍艾猎在沂地筑城时，就是派司徒去负责这一项事务，安排好以后，再分派给封人去具体掌管。此外楚国有主管农业的部门，由莠尹掌管；主管百工的部门，由工尹去掌管。管理集市的部门：楚国一向对商业比较重视，没有后世封建王朝统治者所有的重农抑商的观念。因此，楚国的集市比较发达。有掌管集市的部门，官员有市令、市长、市人等；还有具体管理为宫廷制玉的部门，官员称玉尹。[①]

4. 司法部门

这也是一个比较有楚国特色的部门。史书上记载，楚国掌管司法部门的官员称司败，这与中原诸侯国称司寇是不同的。1992年湖北荆门包山楚墓中发掘出一些关于楚国的竹简，上面记载着有关楚国司法方面的内容，提供了一些新的信息，楚国国家部门分管司法的官员是左尹，司败则是具体负责的官员。地方县一级政府也设有司败一职，掌管司法。按史书上的记载则是司败也掌握中央一级的司法事务。楚共王时期的将领子重，在伐吴的战争中损失了不少的兵力，在返回国都后，受到国中有识之士的指责，说他得到的还不如失掉的多。楚国的人因此对子重多有不满。子重为此事天天心里不高兴，并且战战兢兢，成天担心受到法律的制裁。最终忧虑成疾而亡，这也可以看作是当时楚国法制的威慑力而致。

二、地方行政机构及执法组织

（一）地方县制及下属的执法组织

1. 楚国设县的原因

在中央政权之下，是与中原诸侯国有比较大的区别的楚国地方行政机构。周王朝时期实行的是分封制，天子把周王朝下辖的土地分给他的子弟和有功之臣，然后由他们对所封地区进行统治。这一块封地无论从经济上，还是政治上，都大致属于所封者，诸侯们俨然就是所封土地上的一个小天子。周天子对他们的控制只能依靠一种权威，而没有一种强有力的制度上的约

[①] 参见郭仁成：《楚国经济史新论》，湖南教育出版社1990年版，第83—98页；刘玉堂：《楚国经济史》，湖北教育出版社1996年版，第172—195页。

束。他们在封地上有政治、经济、军事方面的大权，如果周天子的权威有一天衰弱下去，那他们就可以成为与周天子相抗衡的力量，这样一种情况在楚国立国之时就已经发生过，所以楚国对周王朝的这一套管理下属机构的制度是看得比较清楚的。楚国在立国之时就已经对周王朝的制度有所了解，他们不要中原的号谥原因之一就是对周朝的制度有看法。而到了楚武王之时，他直接在楚国采用与周王朝不同的地方制度，就是对周朝制度的一种公开的不信任。同时楚国在自身的发展中，也感到过去楚人的先辈们采用的封自己的子弟到所灭的土地上去作王的做法，不会有什么好处。而且这个时候楚国大量对外征战，扩张土地，扩大疆域，又使楚国对原有的统治感到鞭长莫及，他们需要有一种新的管理模式。因此采用一种合适的新的形式来管理征服的地区就成为必然。在这种情况下，他们对自己曾经在汉东之地分封失败的经验进行总结和反复的考虑比较后，采用了一种完全不同于周朝的，也不同于自己历史上的制度，那就是县制。

设县的最早记载其实不在楚国，而是在周朝。但周朝过去所设的县在性质上不同于楚国。周代最早出现的县，只是一种边鄙之地的邑，那时它们的主要职责是管理田地和贡赋，它建立于鄙之上而又属于遂管辖。也就是说当时的县是与当时的国相对的，国是周王居住的地方，县就是郊外的庶人居住之处。这种县不是一种独特的行政区域的专称，而只是边鄙之邑的称呼。或许其内部带有某些行政机构的性质，但不占主要成分。同时周代常常县鄙连称，就是表明它们在地域上大体是一致的。通观当时设县的各诸侯国的大致状况，可以看出，各国设县的途径大相径庭。当时晋国没有多少扩张的土地，因而他们的县大多是内部灭族分邑的产物，只有少数是在扩张的土地上建立的；齐国的县则是行政区域体制改革的产物；到后来各诸侯国的设县，则是顺应时代潮流而为的结果。只有楚国和秦国是在被灭国的土地上设立县，而楚国又是用这种方法设县的最早国家。楚国的县制是他们扩张争霸的结果。楚国最早采取设县的途径来处理被灭国，表明楚国有一种大胆创新，并打破陈规旧矩的精神，这也是楚国对当时政治体制的一种新的突破，而这则是由楚国当时的军事和经济的实力状况所决定的。

2. 楚县设立的时间

春秋时期，县的性质发生了变化，主要就是由邑转变为独特的行政区域，这一特性在楚县中表现得最为突出。楚国是最早设立行政区域性质的县的国家，时间是前面讲到的楚武王时期，也就是在楚武王带领斗缗去征讨权国之时。在史书记载灭掉权国的文字中虽然没有说明灭掉权国是改为县，但是楚武王设置尹的官，和以后的县尹一样，都是县内的行政官员，这就是他建县的证明。这是春秋时期的第一个县，而且面积很大，从此以后，就开了楚国设县的先河。楚国在大力扩张以后，把被灭掉的国改为县，成为他们控制扩张土地的一种主要手段。楚国在它强大之时，灭国设县的过程其实比较简单，所找的理由区区一般，如楚国灭息国就是一个例子。

当时地处楚国北部的小国陈国，其国君有两个女儿，大女儿嫁到蔡国，小女儿名妫，后来许给息侯为妻。息妫在出嫁途中，经过蔡国，蔡哀侯曾听人说过息妫美貌过人，便以其姐的名义，设宴招待息妫，以便一睹芳容。一见之下，息妫的美貌使蔡哀侯大为惊叹，情不自禁言语挑逗。左右的随从看在眼里，回国后便把这一切向息侯作了汇报。息侯闻听此言自然大怒，但权衡自己的力量，又难以打败蔡国，只好请求楚国出兵去攻打蔡国。而蔡国的国君为了本国的利益，更是大动脑筋，想出了一条更狠毒的计谋去报复息侯。蔡哀侯在被俘到楚国之际，利用楚文王好色的本性，当面在楚文王面前大肆宣扬息侯的夫人长得如何如何美貌动人，这一招于私于公都正合楚文王的心意，楚国要去讨伐别国正愁找不到合适的理由，这可是送上门来的好事。楚文王顾不得讲究信誉礼仪，马上就放弃了对蔡国的讨伐，跑到息国去。楚文王到了息国，不顾大国的身份和礼仪，设享礼招待息侯，趁席间酣畅饮酒之际，杀掉了息侯，获得了息夫人，并且马上把她带回楚国，娶她为妻。又趁机灭掉了息国。楚国在这一事件中不费吹灰之力，诸事遂心如意，而蔡国也没有受什么损失，最惨的要算息国了，它不仅赔了夫人，还赔上了国君性命，并惨遭灭国的灾难。不过对楚国来说，灭掉息国也只是迟早的事。楚国在灭掉息国后，随即就把它改为县，派县公去管理了。与息国相距很近的申国也是在这一段时间被楚国灭掉的。

这样一些小国被楚国灭掉以后设县，对楚国来说具有很重要的意义：一方面，小国成为楚王直接管辖下的地方机构，小国不能再轻易地脱离楚国的控制；另一方面，它们成为楚北部的边境之地，可以抵御外来的侵略和战乱，在遇到外部侵略之时，则"北门不启"，就是说北边的县可以作为楚国的门户而关闭起来；还有就是，同时把这么两大块地改成县，并且在经济上对它进行控制，可以为楚国增加很大一部分赋税收入。县可以成为楚国军赋的重要来源,这一点从楚庄王时期的一件事中可以很清楚地看出来。当时楚国与宋国交战,战争结束后楚军回国,楚国的令尹子重便请求楚庄王把申、吕两县的部分土地作为赏邑,赏给那些作战有功的官兵,楚庄王答应了子重的请求。但是这时申县的县公申公巫臣却站出来坚决反对,他说:"不行。申县和吕县的土地是这两个县得以成为城邑的根本所在,楚国是靠着申、吕两县土地上的人民出军赋,才能用申、吕两地的军队抵御北方。现在你们如果把这两块土地分了,那么申、吕两地的军赋就归私人掌握了,楚国失去了抵御北方各国的力量,晋国、郑国还不马上打过汉水吗?"楚庄王听了申公巫臣的话,就决定不把申、吕两地的土地改为贵族的私邑了。申公巫臣以一个小小的县公当面反驳令尹的话,使令尹的目的落了空,因此子重深记在心,为此与申公巫臣结下了私仇,这是后话。

3. 县的管理

将被灭国改为县以后,楚王派县公或县尹去管理,这个县官是由楚王亲自任命的。虽然他们的身份大多数是王族子弟,也有少部分其他人,但是他们往往不世袭,而是根据具体情况来任免。楚文王时期有一个担任楚国申、息两县县公的人,名叫彭仲爽,是楚俘获的申国的战俘,楚王让他担任楚国的令尹,并且兼职担任申、息两县的县公。但是到楚庄王时期,申县的县公就不是彭氏家族的后人,而是由申氏家族的申公巫臣担任了。后来还有一些其他的人担任申县县公,他们并不都是同一个家族的。由此看来,楚县的县公是不世袭的职务。县公的职责主要是管理县内的行政事务,而边境上的县,最重要的作用则是管理县内军赋的征收和听从楚王的调遣出征打仗。

4. 县内官员的权限与地位

楚国的某些重要大县的县公在国内的地位是比较高的,他们除了管好县内的事务外,在很多时候还要参与楚国大政方针的决策和制定。如沈县的县公沈尹戌和叶县的县公沈诸梁,都曾参与楚王大政方针的讨论。尤其是叶县县公沈诸梁,在楚国遭遇危难的关键时刻,表现出非同寻常的胆识和力量。

事情还得从楚平王时期说起。楚平王信任奸臣费无忌,费无忌怂恿楚平王抢了太子建即将娶进门的媳妇,又要追杀太子建,太子建不得已,只好逃亡他国。太子建死后,他的儿子胜发誓要报这一深仇大恨。这时胜已经被楚国的令尹从吴国召回,结束了流亡的生涯,在白县做了县公,称为白公胜。但他对于先辈之间留下的恩怨,始终念念不忘,终于在楚惠王时期开始发难了。他运用县内的有利条件，调集白县的军队进军郢都，一路上都遭到人民的强烈反对。白公胜入郢后，杀掉了令尹子西，并劫持了楚惠王。楚国的老百姓急切地盼望着有人能出来平息叛乱，恢复正常的秩序。这时叶县的县公沈诸梁得知了这一消息，便马上率领叶县的军队向郢都进发，一路上老百姓像迎接救星一样欢迎叶公的到来。沿途有的老百姓看到他没有戴头盔，便关切地对他说："您为什么不戴上头盔呢？国内的人们盼望您，就像盼望慈爱的父母一样。盗贼的箭如果射伤了您，那就是断了老百姓的希望啊！您还是戴上您的头盔吧。"叶公赶紧把头盔戴上进入郢都。在路上叶公又碰到一些人，他们对他说："您为什么要戴上头盔呢？老百姓盼望您就像盼望一年的收成一样啊，天天盼，时时盼。如果在您进城时，老百姓能够见到您的面，就能够安心了。他们还打算把您的名字写在旗帜上在都城里巡行呢！您如果头上戴着一顶头盔，把脸遮起来，老百姓就看不到了，这不等于是绝了老百姓的希望吗？这太让人难以接受了。"叶公听了这话，只好又把头盔摘下来，进入都城。一路上叶公还阻止了打算参与白公胜一起叛乱的人，把他们拉到平息叛乱的一边，使白公胜孤立无援，在强大的叶县和其他平叛的楚军打击下，这场叛乱很快就以失败告终，白公胜本人也上吊自杀。叛乱平息了之后，叶公又担负起安定楚国的全部职责，他一人身兼令尹和司马二项最高职务，努力把叛乱造成的损失尽快地挽回。他把楚国全部的事情都安排妥当以后，开始主动为楚国选拔新的令尹和司马，很快他就决定了新的令尹和司马的人选，然后，叶公悄无声息地退下来，回到叶县养老去了。楚县县公在这一场危及楚国王权统治的斗争中，坚定地站在王权的一边，在关键时刻，运用了自己在非常时刻调动指挥县师的权力，以一县的军队为主力，维持了楚国的安定局面，维护了王权的稳固。同时这一场斗争也显现出楚县强大的军事实力，他们是楚国一支不可缺少的强大武装力量。

（二）县之下的基层行政组织及所属诉讼官员

县之下的基层行政组织及所属诉讼官员有别于周代的基层行政机构。在当时的楚县之下还有一些地方行政组织，这些组织维持着楚国最基层地区的管理，大致有乡、州、里、社等。这些名称在以后的中国基层行政机构中，都还在沿用着。

在楚国，"里"是最低一级的行政组织。设置"里"这一级组织，并不是楚国的首创，"里"最早出现在商周时期，当时的史书上就出现了"里"，而那时的"里"据学者考证是"里君"的意思,就是当时的一里之长,也就是里的负责人①。但那个时候"里"这种组织的具体内涵还不太清楚。到春秋时期,"里"的名称出现就比较多了。有不少诸侯国都沿用了里的称呼。楚国的"里"到底是一种什么样的组织呢?从一些记载中可以发现,里是楚国最小的一级行政组织,里中的官员有几种称呼,或者称为"里长",或者称为"里公",这与楚国县公的称谓属同一种类型。里所管辖的人口只有大约二十五家或者五十家,大多数时候都是二十五家,只有到后来的某些时候里的人数才会偶然增多。这有点像现在街道居委员会的一个小组一样,但它的性质却不仅仅是居民组织,它还有行政组织的作用。在行政方面,里公的第一个作用是负责里内的行政事务,汉代的《鹖冠子》一书中说:"里中如有人不尊敬老人,不爱护小孩,行为出格,或者不听父兄的劝告等,就要报告里中的官员,由他们来教育或管束。"里公的第二个行政作用是在里内行使司法权力,在必要时接受里中人士的司法诉讼请求,处理司法方面的事务。20世纪90年代出土的湖北包山楚墓中的竹简上,记载了一些里中的官员处理司法方面事务的事例,比较能说明问题。

楚国的里还有一个比较特殊的特点,就是它往往与"社"相提并论,即"里社",同时又把社称为"书社",它们之间是一种什么样的关系呢?先来看看"社"是怎么一回事。"社"这一个名词与里一样,起源很早。《说文解字》上的解释是:社,地主也。也就是说土地的主人称为社,而《史记·封禅书》上说:"民里社各自财以祠。②"即人们设立一个"社",是为了把自己的祖先安置起来,以便祭祀。按照这种记载,"地主"的意思就不是指的土地所有者,而是指里中的人共同供奉的祖先,也就是祠堂所在地。《说文解字》中的解释大概是最初的意思,而《史记》中则是后来的意思。也就是说最初土地的主人是同一个祖先的人,他们后来在这块土地上共同祭祀自己的先人。那么"书"又是什么意思呢?《史记·楚世家》这一篇中对"书"作了这样的解释:书就是籍,就是将所封的土地登记入册。联系《史记索隐》中的解释:古代二十五家设一里,在里中各立一个社。那么"书社"的意思就是把住在一定范围内同一个祖先的人名登记在册,放

---

① 俞伟超:《中国古代公社组织的考察——论先秦两汉的"单—僤—弹"》,文物出版社1988年版,第52—57页。

② (汉)司马迁:《史记》,中华书局1982年版,第1380页。

在供奉祖先的祠堂中,然后大家再在一起祭祀自己的祖先。估计"社"与"里"的范围大致相当,同一个祖先的人在古代一般都是住得比较近的,社与里的范围大致重合,所以人们也就把里与社放在一起称呼。可以这么说,里与社就像一班人马两套机构,但它们又不是完全相同的,里是地域行政范围,社是家族范围。所以有时候里与社是分称,比如包山楚简中有时就将里与社分开来说,简中有时说"同里",有时说"同社",大概就是这个原因。

  里之上的一级组织叫"州"。这个州在先秦时期大致有两重含义,一是指一种比较大的区域,如在夏商周时期将天下分为荆州、扬州或者称大的地区为九州等。第二种意思就是地方行政组织。用州这个名称来称呼地方行政组织的时间比较早,大致在周朝时就有了。我们所知道的楚国最早的州是在春秋时期,州的大小大约是一千家左右,因为行政区域的划分有时会受到地理条件或疆界等各种因素的限制,所以不可能整齐划一。州内的长官称"(加)公",即"州加公",其职责是负责州内的行政事务。现在所知道的主要是他们与里公一道接受所管辖的区域内的人民的司法事务,州加公在他们所管辖的区域内要负责审案子,他们的职责比里公要高一个层次。

  在州之上县之下还有一级地方行政机构,那就是"乡",这是地方基层机构中承上启下的一级组织。乡这一级组织的出现也应该是比较早的。史书说,道家学派的主要创始人老子,就是出生在楚国苦县厉乡曲仁里的人,早在春秋时期,楚国的人就把州与乡连在一起称呼,那时的人们认为州乡之间的关系,就像兄弟亲戚之间的关系一样,由此也可以看出来,州和乡之间具有很紧密的联系。乡是比较高的一级行政区域,如果按照周制的规模,五州为一乡,那么一个乡应该有五千乃至上万户,而如果按楚国的规定,则是一县分为五乡。楚国的县有大有小,那么乡的规模就应该是不等的,但可以肯定的是,楚国的乡也比较大。乡内的行政官员是乡师,他们的行政职责有如古书《鹖冠子》上所说的:"循行教诲,受闻以告。"[①] 我们在包山楚简中的一些记载中也发现,受理诉讼案件不是乡师的日常事务,这些日常事务大多数都在州和里中进行,这样看来,乡所具有的职责中,已不是以每日处理日常事务为主,而是把发布行政命令和与民教化作为主要任务。

---

  ① 黄怀信:《鹖冠子校注》,中华书局 2014 年版,第 178 页。

在楚国还有一个与地方行政组织有关的地域"邑",有必要分清的是邑与地方行政组织有什么不同。邑在楚国是属于楚王分封给贵族的一种私人赏田性质的土地,它虽然不是世袭,但是贵族可以一直享用到老,或者直到两三代之后再交出去。贵族是所封邑内的主人,他们可以享用封邑内的绝大部分收入,可以在封邑内组建私人军队,也有权处理邑内一般的行政事务。与周朝的封邑所不同的是,贵族在封邑内不能世袭,有的贵族在犯了错误以后,甚至于在中途就会被楚王取消封邑主人的资格。而且这些贵族的封邑中有一部分也被划为楚国的行政区域,归行政官员管辖,所以他们不可能占山为王,发展成有实力的诸侯。

(三) 战国时期特殊的基层组织

在战国时期,楚国还出现了一种封君,他们受封的土地一般都很大,但是封地是由楚王委派的官员来管理。如楚国历史上有名的封君——春申君,在楚国担任令尹时,就被楚考烈王在淮北一带封了十二个县,这种封地的意义就是封君可以把这块田作为私田,他们对这块私田享有经济上的特权,但在政治上他们必须接受楚王的命令。这在当时也分为两种情况,一种是有的封君也在封地内行使行政权力,有的则由楚王委派其他官员来进行管理。这种封君应该是适应当时的发展形势而产生的一种地方行政长官与旧的封邑主的混合体。

战国时期楚国还出现了一种新的行政区域,这就是郡。楚国这个时期的郡与秦王朝时设立的郡是不同的,秦朝的郡是设在县之上的一级行政机构,郡可以统辖县。而楚国这时的郡则只是适应战争而产生的一种具有边境防御性质的行政区域,没有发现它与楚县有统属关系。在春申君所封的淮北这个地方,由于靠近齐国,后来成为前线。身为令尹的春申君,从国家的利益考虑,就主动把这块地还给楚王,把它由县改为郡,以对付齐国的进攻。于是楚考烈王就把这十二个县改为一个郡,春申君也就不再享用这块封地,而到楚王另外给他的江东的一块封地上去享受俸禄了。从这里,可以一目了然地看出,郡与县之间是没有统属关系的,如果县在郡之下,楚王就不必将淮北的十二县改为郡,只需要在县上设郡就可以了,春申君也不必把邑迁到另外的地方。同样在战国时期还有一处改县为郡的例子。楚国的新城因为靠近日益强大的秦国,一旦有战事,救援将是个大问题。于是一位名叫城浑的人就去劝新城县公,要从新城县的安全出发,有必要去向楚王建议将新城县改为主郡。用城浑的话来说，这样做的结果将会使"边邑甚利之"①。新城公听了城浑的主张，非常高兴，于是为城浑备一辆车，又给了他五百两黄金作为酬劳，派他到楚王面前去陈说。楚王是个从善如流的人，他听了城浑的陈说后，立即采纳了这一建议，于是新城就由县改为郡了。从这样一些实际例子，可以看到战国时的楚郡有这么几个特点：一是它比楚县大，大的原因是为了更好地与外敌对抗；由此引出它的第二个特点，就是郡具有很重要的边境重镇的作用，它基本上可以取代春秋时期楚县的这种作用；第三个特点就是，郡与县不相统属，郡可以改为县，而不是在县之上再设一个郡；第四个特点最重要，那就是楚郡仍然有行政机构的性质，它由县改为郡，县内原有的行政机构就转化成郡内的行政机构，只不过地域更广阔，机构更庞大罢了。

三、楚国的官员制度

（一）官名的来源及特征

在楚国的制度中，官制是一种既保留有楚国的传统习惯，又吸收了各国的官名的一种制度。楚人在立国之后，对自己过去的一些传统的东西不是一概地抛弃，对别的国家有用的东西也不是一概排斥，而是有保留地继承，有选择地吸收。所以在楚国的官制这一部分，可以看到楚国官员有形形色色的称呼和独具一格的官名。由于官制是一个比较复杂的制度，仅从它的分类来看，就有多种分法，比如说从官员的职责上分，可以分为政治、经济、军事等；从官员所管辖的范围上分，可以分为中央官、地方官等；而从官员的名称上来分，可以分为楚国自己历史上保留下来的官名、沿袭周朝的官名、借用各诸侯国的官名等。如果把它们放在一起说，难免会搞混，这里我们采用比较简单的第一种分法，大致上按政治、经济、军事、外交等方面的分类来叙述一下。

（二）官员的法定身份

1. 政治官员

前面曾经讲到过，楚国中央行政机关的最高官员是令尹，这是楚国独有

---

① 何建章注释：《战国策注释》，中华书局1990年版，第500页。

的一种官名。令是什么意思呢？按孔子的解释，"令"就是善，"尹"就是正，意思是任用善良的人以正这一官位，这是一种比较流行的解释。也有把"尹"的意思理解为"长"，与"令"是善这一意思连起来，意思就是好的长官。其实古代"令"还有一重意思，那就是号令、命令，按照这种意思来解释，令尹就是发号施令的长官[①]。事实上，从令尹的权位来看，这一种意思似乎更加确切一些。同时楚国还有不少的官名都是以"尹"来命名的，这些官都是楚国各部门的首长。楚国的令尹作为中央最高官，他负有号令一切、指挥一切的职责，包括当时的政治、经济、军事、司法等。因此，楚王对于令尹的人选是非常重视的，而一般在比较明智的楚王统治时期，所选的令尹往往不仅能胜任这一职务，而且具有比较好的素质和品德，我们所知道的楚国早期的几个令尹，他们不仅能做好令尹职内的工作，而且能为后世的令尹及百官做出表率。比如楚成王时期的令尹子文，就是楚国历史上享有较高声誉的一位好官。

　　说到令尹子文，还有一段关于他身世的有趣故事。据说因为他是其父斗伯比与䢵国的女子非婚生的子女，所以䢵女的母亲就把他丢到一个沼泽地里，然而被老虎喂养。后来䢵女的父亲发现了这个孩子，就把这件事当作一个新闻告诉了妻子。妻子一听，就知道这正是被她丢到沼泽地里的小外孙，一下子感觉到于心不忍，便又去把这个孩子抱回家来。后来子文的父母终于被䢵国的国君承认而结成夫妻。子文长大后在楚国做官，一直做到令尹这一级，成为楚国历史上非常有作为的一位令尹。屈原在《天问》中曾经发问：为什么子文父母会恋爱？又为什么生下了子文？屈原的发问说明了这件事的真实性。子文做令尹后，兢兢业业，尽职尽责，即使这样，子文还时时刻刻担心国人对自己不满意。他在任令尹期间，把为国恤民放在为官的首位。子文的前任令尹子元是一个不思治国而又好色的昏官，他把楚国带向一个灾难的深渊。子文接任后，第一个行动就是："自毁其家，以纾楚国之难。"就是把自己的家产拿出来，缓和楚国的危难。他做了令尹之后，作风清廉，生活也非常节俭。在平常人看来，怎么也不像一个大国的最高官，他的脸色蜡黄，个子本来就长得又矮又小，再加上瘦，一阵风都好像可以把他吹起来似的，谁也不会想到这是因为他经常没有吃饱饭。他的妻子本该是锦衣玉食，

[①] 宋公文：《楚史新探》，河南大学出版社1988年版，第8页。

结果却是穿不暖吃不饱，连日常的开销也朝不保夕，家里更不用说有什么积蓄了。楚成王听说子文节俭到这种程度，便派人每天给他送一条肉和一筐干饭，让他补充一下营养。而子文每次看到楚成王的使者拿东西来，都早早地逃跑。别人都感到很奇怪，就问他为什么要"逃富"，子文回答说："我这不是在逃富，而是在逃死。百姓中有这么多的人生活在穷困中，而我还要去获取财富，这是在用百姓的东西富自己啊！我如果只为自己着想，过好日子，这岂不是适得其反，让自己死亡的日子来临得更早吗？"子文这么做虽然有明哲保身的因素在里面，但作为统治者来说，能够关心百姓的死活，与他们一起共患难，这就是那个时候体恤民众的最高道德的体现。

楚国另一位名叫孙叔敖的令尹，也是一个很有能力而且体恤民情的贤相。民间传说孙叔敖很小的时候，就具有良好的品德。有一次，他在路上碰到一条有两个头的蛇，楚国人认为，如果谁要是在路上碰到双头蛇的话，就会死去，因此谁都是避之唯恐不及。而这时候孙叔敖想的却不是自己怎么去避难，他担心的是，如果后面的人再看到这条蛇将会怎么办。于是他毫不犹豫地把这条蛇打死了，回到家中后他还是有一些后怕。这个小小的传说，说明孙叔敖在民众的心目中，是那种为别人利益而不惜牺牲自己利益的人。孙叔敖虽然出身于贵族之家，但在他年轻的时候，却只是地方上一个没有任何官职的处士。当他看到当地的人民年年遭受自然灾害之苦时，他就带领人民兴修水利，引水灌田，造福于人民。后来他受到楚庄王的重视，被破格提拔为令尹。孙叔敖任楚国的令尹后，首先劝导楚王与国家的各级官员搞好团结，做到君不骄士，士不骄君，君臣上下团结合作，不互相猜忌。他还认识到依法治国的重要，因此他上台后能比较严格地执法，遇到有官员做了违法乱纪的事情，他必定依法给予惩治。在经济上他注重民众的利益，主张实事求是，为民众办实事，不搞虚假的一套。军事上继续向外扩张推进，并且采用楚国最好的兵法，使部队在战争中能够发挥出最好的作战能力。在孙叔敖担任令尹以后，楚国的综合国力大大加强，在楚庄王时期，楚国一个最值得让后人骄傲的业绩就是，楚庄王登上了楚人世代梦寐以求的中原霸主的地位，让周天子对楚国刮目相看，诸侯国对楚国顶礼膜拜，后人都以孙叔敖为善于辅佐楚王的官员楷模。

令尹之下是他的左膀右臂——左尹和右尹，他们的职责是辅佐令尹，为楚王出谋划策，作战时，他们常配合令尹领兵出征，安定国家。左尹在战国时期还担任楚国主管司法的官员。

在令尹之下,有一种比较古老的氏族制度遗留下来的官员叫莫敖,这一官职最早是楚国贵族族长的称呼,为楚国某些大贵族所世袭,如楚国有名的屈氏家族就曾世袭这一职位。它的地位是日益呈下降趋势的,最早它在令尹之下,掌管楚国的军国大事,领兵出征,随着楚国氏族制的衰落,它的权力日益缩小,后来位居司马之后。虽然莫敖一职一直延续到战国时期,但到后来它的作用已经很有限,偶尔莫敖也受楚王的派遣出使国外,从事外交活动。

在令尹之下还有一种重要的官员叫作左徒,这是战国时期出现的一种官职,屈原曾经担任过这一职务。左徒的权力仅在令尹之下,对内他可以直接参与国事,与楚王一起商讨楚国的大政方针,向全国发出各项指示。对外他可以接待各国的宾客使节,并且代表国家与其他诸侯国打交道。这完全是一个国家高级官员所担当的职责。

在楚国,体恤民众、爱惜民力是统治者追求的一贯作风,所以在选拔官员和考核官员时,都把这一条放在比较重要的位置上。

在令尹之下的中央官员是司马,楚国的司马一职与周代的司马职责大体相似,司马与令尹一道,被称为楚国的二卿。楚康王时期的大夫申无宇还把司马比作楚王的手足,那是在楚国短命的郏敖统治年间,楚国的王子围杀了大司马蒍掩,并夺了他的家财,楚申县的县公无宇对王子围的行为非常气愤,他狠狠地教训了王子围一顿。他说:"品行良好的人对于楚国是栋梁,王子您辅佐楚国的政事,应该为楚国培养这种品行优秀的人,怎么现在您反而去加害于他们呢?这对于国家来说,真是一场灾难啊!尤其是像司马这样的官员,他们对于楚王,就像手足一样,而且是令尹的辅佐,怎么可以随便就去杀害了呢?你这样做是断绝了百姓的栋梁,去掉了令尹的辅佐,斩掉了国君的手足,你这样做绝逃不脱一场祸难。"申公无宇的话形象准确地表明了司马在楚国的重要地位。司马在经济上的作用主要是负责军赋的征收。在楚康王十二年,楚国的大司马由一个叫蒍掩的贵族担任,当时楚国刚刚经历过与吴国和舒鸠国的战争,楚国在这一场战争中取得了胜利,也许是这一场战争给楚国人带来了一些新的启示,楚国的令尹决定对军赋进行一些改革,于是负责经济的蒍掩便接受令尹的指派,对楚国的军赋进行整顿。蒍掩对楚国军赋进行的改革主要是从土地的分类入手,把土地的种类划分整齐以后,进行登记，然后再根据土地的情况来征收军赋，这是从根本上对军赋进行整顿的一种方法。在做了一些调查之后，蒍掩针对楚国的实际情况，把楚国的土地分为九种：一是对山林之地的出产进行度量，以便能够征收到可以作为军赋的物资；二是把水泽之地的物产规定下来，使人不敢随便焚烧毁坏；三是区别各种高地的不同情况，以备征赋之用；四是标出属于盐碱地的地方，以减轻征赋数量；五是计算属于水淹地的地方的收入，根据数量来减轻军赋；六是规度土地在受水时的程度，然后确定军赋；七是把堤防间的土地划为小块土地，计量征收，而不是像大片的土地一样征收；八是在沼泽地上按放牧牲畜的标准来确定军赋；九是把一般的土地按井田的方法划分，再按这种井田的统一大小来征收军赋。这九种土地划分以后，都把它们登记下来，作为今后楚国征收军赋的标准。土地的统计一旦固定下来，就可以按土地应负担多少军赋的固定比例，来确定军赋的数字，一方面可以使楚国的每一块土地都尽到纳赋的责任，另一方面也可以使国家对军赋的数量做到心中有底，这在经济上、军事上、政治上都具有很重要的意义。而这一重要的工作就是由大司马蒍掩完成的。

司马原来是楚国的中央官员，后来楚国的某些地方重镇中也出现司马一职，这可能是出于军事上的考虑。司马之下还有左司马和右司马，他们主要担当大司马的辅佐。

2. 军事官员

在楚国立国之初的中央官员中，军事方面的官员基本上还没有独立地分出来，仅有很少量的专职军事官员。那个时候，军事可以说是第一位的事情，所有的一切都得服从军事行动。因此，只要有战事，基本上所有的官员都必须根据情况，上战场领兵打仗，只有在军中分量的大小多少之分。因此那个时候的楚官大多数都能带兵打仗。而到了国家机器逐步完备的时候，军事官员就逐渐从行政官员中独立出来，成为专门的职务，这也是楚国的国家制度向前发展的结果。在春秋时期以至以后的专职军事官员主要有：右领、右尹和左广、右广。右尹是令尹手下的副手，大概是协助令尹分管楚国的军事。在楚国的官职中用得比较多的有尹这一称呼，还有就是将官职分为"左"和"右"，这种官职一般都是处在副职的地位，但在左和右之间，左又往往排在前面，这是因为楚人习俗中尚左的原因。也有的官职只见左或右，如左史、右领等，按道理应该还有另一半的位置，但在史书中未见到。

战国时期出现将军的称呼,有大将军、上将军、裨将军等。大将军是带兵的高级将领,上将军的权力也很大,他有率领五万兵力的权力,处在高级将领的地位。裨将军应该是领兵的副将。

在这个时候,将军还不是楚国军事上的最高官,最高级的军事指挥官是上柱国,在其之上的只有令尹了。战国时期楚国对在战争中立功者的奖赏规定是"覆军杀将者,官为上柱国,爵为上执珪"。这是最高的奖励规格,如果还有更大的功劳,赏赐也不过如此。由此也可以知道上柱国就是楚国军事上的最高官职。

此外还有专门在军中负责发号令的官员,叫作"典令",它的位置按照军中的序列是排在上柱国、令尹、司马之后。

3. 经济官员

楚国经济方面的官员主要有工尹、玉尹、司徒、市令、新造尹等等。因为当时的经济主要是农业和手工业方面的,这样在中央就有掌管百工的官员,楚国叫工尹,或者称工正。工尹的具体职责是管理手工业方面的事务。公元前530年,楚灵王在州来这个地方狩猎阅兵,看着楚国现在强大的军事武装,回想当初楚国的先人在周天子那里受到的屈辱,就想趁此机会向周王朝和周边的国家炫耀武力,楚灵王的属下认为单是楚国的四个大县就足以使诸侯害怕,更不用说还有全国的强大兵力。在楚灵王跃跃欲试、想去检验一下楚国的力量之时,在一旁的工尹不失时机地向楚灵王请示:"君王您现在就可以发布命令,我马上就破开珪玉以装饰斧柄。"在这里可以看出来工尹的作用之一是负责战争中军事器械的准备和修缮。在史书中经常能看到工尹跟随统帅一起出征打仗,大概他的主要职责除了掌管日常的百工之外,就是在战争中负责武器和器械的准备与修理,同时在战事紧急的情况下,也可以临时出任带兵出征打仗的军事指挥。

玉尹,这是楚国专门掌管玉器的官员。在古代,玉器的生产是一个比较大的手工业项目,而且在很大程度上是为王室宫廷内的需要而生产。历史上有一个有名的成语叫作"完璧归赵",即秦国和赵国之间为一块美玉而发生的故事。而最初这块玉是在楚国被发现的,春秋时期楚国的一个名叫卞和的石匠在荆山脚下发现了它,便把它献给楚王。楚王拿着这块像石头一样的东西,心里不免有些疑惑,于是便把这块未经雕琢的璞玉拿给宫廷中掌管玉器生产的官员玉尹鉴别,结果被不识宝玉的玉尹认为是刁民拿石头来欺骗君王，结果卞和被砍掉了双脚。直到后来碰到了爱宝识宝的楚文王，才认定卞和所献是真正的宝玉，收下了卞和献上的这块美玉，并以卞和的名字将它命名为和氏璧。卞和被无辜砍掉了一双脚，就是当时昏庸无能的玉尹不识宝玉而造成的。这里的玉尹是为楚国宫廷掌管玉器的收集和加工的官员。在楚国官府设立的手工作坊中管事的官员是新造尹，它出现在战国时期的楚国。20世纪70年代在湖北随州出土的曾侯乙墓中，铜器上就有新造尹的铭文，这就是监督制造这种铜器的官员的印记。

司徒是楚国掌管劳役事务的官员。司徒这一职务在周王朝时就有，当时的各诸侯国也都采用这一官名。春秋时期，楚国司徒之官的职责主要只是掌管劳役的征发。楚庄王时期，楚国的令尹蒍艾猎打算在沂这个地方修城，于是便把任务交给了封人。封人筑城需要征发力役，这就涉及司徒掌管的事务，于是封人就要把有关的具体执行情况报告给司徒。

楚国还有专门掌管集市的官员叫作市令，与这一名称相类的还有市人、市长，或者只称一个字为"市"，都是管理集市的官员。楚国的集市在春秋时期比较发达，特别是在楚都，离王宫不远的地方就有比较大的集市，集市上进行交易的物资很丰富，而且集市非常繁华，比如在楚国的郢都城内，道路两旁摆摊列肆，人来车往，非常拥挤，人们在形容集市的繁华程度时曾这样说，"朝衣新而暮衣弊"，就是说早上穿的衣服到晚上就破旧了。这当然是一种夸张的说法，但集市的人山人海、生意兴隆也由此可见。对这样繁华的集市，楚国当然要设官员去管理。这些官员的职责就是了解市场的交易情况，及时反馈给楚国的最高官僚机构；对集市进行税收征收；维持集市的日常秩序，不许有人欺行霸市等。

掌管农业方面的官员有芊尹、蓝尹、陵尹等。

芊尹是楚国掌管农业中牲畜的捕杀、生产和屠宰事务的官员，可能大部分是为楚王宫供给野味肉食。他可以在楚国各地走动，并可以趁机为楚王提供一些信息和各地官员的情况。身为芊尹的官员必须随时跟随各类中央官员或者楚王出巡打猎。在楚康王时期，有一次芊尹无宇与当时还在担任令尹的楚灵王一起出去狩猎，楚国各等级的官员都有各种不同的旗帜，而令尹狩猎时却打着国君的旗帜。掌管猎物捕杀的芊尹无宇出于维护王权的考虑，把悬挂着国君旗帜的绳子砍断，以反对令尹的越权行为。芊尹可以在楚国的各地走动，因此对各地的官员情况也有一些了解，因此他也成为楚王掌握各方面情况的耳目，为楚王提供各种信息。有一次，楚灵王对他放在外面做县公的儿子弃疾不大放心，便专门向芋尹无宇打听他儿子在蔡县的情况。这大概就是基于他的工作性质的另一种作用。当楚灵王受到国内人民的抛弃、一个人走到鄢地时，也是芋尹无宇的儿子、后来接任芋尹一职的申亥找到了灵王。这一系列事实可以看清楚芋尹的职责范围。

蓝尹和陵尹的职责是掌管山泽之地，陵尹的职责更侧重于掌管王室的陵墓。这看起来有点类似于地方官的角色，但其实不然，他们的地位是楚国的中央官员。

4. 外交官员

春秋时期楚国也出现了外交方面的专职官员，有太宰、候人、谒者等等。

太宰是主持外交的官员。楚共王时期，楚国的太宰公子辰为报答晋国人对楚国乐师钟仪的礼遇，奉楚王之命出使晋国。这件事的始末是这样的，晋国的国君视察军用仓库，发现了一个穿着南方衣服、戴着南方帽子的人被囚禁在那里，于是便问这人是干什么的。听说他是郑国人献的楚国俘虏，名叫钟仪后，晋君便召见他，并且慰问他。钟仪这时表现出良好的风度和品质，他对晋侯再三地拜谢、叩头。当晋侯了解到他是一个乐官时，便请他奏乐，又向他打听楚王的情况。钟仪一再地回答："这不是我们这些人所能知道的。"后来在晋侯的再三催促下，钟仪才说："楚君做太子时，是由保侍奉着他，每天早上到婴齐那里去请教，每天晚上则到侧那里去请教。除此之外，别的什么就不知道了。"晋侯把钟仪说的话告诉了范文子，范文子说："这个楚国的囚犯可是个了不得的人物啊，他是个真正的君子。他说话时举出先人的职官，不怕别人瞧不起，这是不背弃自己的根本；演奏的乐曲也是自己家乡的曲调，这是不忘记故旧；谈话时举出楚君做太子时候的事情，这是没有私心；对楚王身边的官员称名，而不怕别人说长道短，这是尊崇君王。不背弃自己的根本，这是仁义的表现；不忘记故旧，这是守信的表现；没有私心，这是忠诚的表现；尊崇君王，这是聪敏的表现。能够用仁心来办理事情，用信义来保住它，用忠诚来成就它，用敏捷来推行它，那么不管有多大的事情，都是能够成功的。像这样的人，君王何不放他回国去，让他为晋楚两国结交友好关系出力呢？"晋国国君听了范文子的这一番话，便对钟仪优礼有加，并放他回国去为晋国向楚王求和。于是就有了前面的楚国派太宰公子辰出使晋国之事的发生。太宰在楚国的具体职责就是当时人所说的"奉珪璧，使诸侯，解忿争之难，交两国之欢"，接受国君的命令，出使诸侯各国，解决国家之间的各种难解的矛盾和问题，使国与国之间能够友好相处，这与现代外交官的职责基本相似。

太宰手下直接领导的官员是少宰，他是太宰的副手，所以，他的职责与太宰的应该是相同的。

侯人这一种外交性质的官员，与太宰相比，级别要低一些。他们是负责在边境上送往迎来的官吏，楚国把他们叫作"边侯"。

谒者则是一种处于外交和内交之间的官员，具体而言他是掌管为国君接待宾客、传达指令等任务的官员。战国时期，大纵横家苏秦到楚国去见楚王，等了多少天都见不到，后来在见到楚王时他说："我想见楚国的谒者，就像想见鬼一样难，想见楚王就更像要见天帝一样难了。"苏秦在这里发牢骚的意思是：见谒者都这样难，见楚国国君就更难了。说明楚国的谒者是专管楚王与外界联系的官员。

5. 司法官员

楚国的司法制度也比较发达，在春秋初年，楚国就出现了法律，随之而来的是司法官员的出现。

在楚国的中央机构中，掌管司法的最高官叫作司败，这与当时的周王朝的称呼是不同的，当时的诸侯国中也没有发现用这种称呼的。司败的职责与周王朝的司寇职责类似，主管刑狱之类的事务。楚国的司败一职最早出现在楚成王时期，在楚晋城濮之战中，令尹子西因战败而被手下的将士逼迫自杀，恰好这时楚王的使者赶到，阻止了他的自杀。后来在见到楚王时，子西害怕成王的处罚，便假惺惺地说："下臣幸而免于一死，但又受到别人的诬陷之辞，说下臣打算逃走，下臣现在回来向君王请求死在司败那里。"令尹子西的意思就是他的事情由主管刑法的官员来决定。司败不光是楚国的中央国家机构中的官职，在楚国的地方行政机构中也设有这种主管司法的官员。在湖北荆门发现的战国时期的楚墓中，出土了一些关于楚司法文书方面的竹简，其中就记载着楚国的地方行政机构州这一级中，就有司败的官员，他也是主管司法事务。

在包山楚简中，还发现左尹也是中央管理司法的官员。但他应该不是专管司法的官员，而是协助令尹分管司法的官员。湖北荆门包山楚墓的墓主就是一位左尹，在他的墓中出土了大量的司法文书竹简，这很清楚地表明左尹的职务性质。

中央管理司法的官员还有一种叫作廷理，这一官职大概是专管王宫内的法律事务的，有一件发生在楚国贵族之间的事很能说明廷理职权范围。那是在楚成王时期，有一个令尹名叫子文，前面讲过他是一个奉公守法、严于律己的人。有一次他有一个族人触犯了法律，廷理便把他抓起来准备依法处理，后来听人说这个人是令尹家的族人，于是便把他放了。子文知道了这件事后，不仅不感激，还把他召来批评了一顿，要他按法律规定办事，廷理只好又去把那位族人抓来，按法律处置了。后来楚成王知道这件事后，觉得身为廷理不能严格执法，不宜再任此职，便把那位廷理的官给罢免了，同时对令尹子文也越发尊重。

楚国还设有专门执行刑法的人，有一种专门执行宫刑的官员，楚人把他们叫作司宫，这一职务相当于中原诸侯国的阉官之长。

6. 宫廷之官

楚人的国家有一个比较重要的特点，那就是楚国的王权比较强大，同时楚王对中央的官员控制又比较紧，因此，楚国设立的一些官员中，管理中央官员和王室内部事务的官员占了比较大的部分。这一部分官员不仅掌管王宫内的一应事务，而且还要掌管中央和地方官员的一应事务。

首先是对楚王的教育和管理的官员。楚国从立国之时起，就设立了不少这样的官，这是保证楚王成长的一个重要方面。楚国从某一位王子即将成为太子的时候，就开始为他设立专门的老师。这种老师有几种，一是师，其次是保和傅。师这一职务是一直要做到太子做了国君以后，还要继续担任楚王的老师和高参，所以这是负责楚王的教育中的一个重要官员。

楚王的师又分为大师、少师和师。大师的职务最高。周王朝赋予师的职责是："教之以事而喻诸德者也。"[①] 也就是说，既要给太子传授知识，又要培养他良好的品德。楚国对于师的要求与周王朝应该是相同的。楚庄王即位时，年龄还很幼小，就由申公子仪父担任他的师，并为他辅政。楚平王时期，伍奢担任太子建的师，而费无忌则担任少师，后来费无忌不满意这一职

[①] （清）阮元校刻：《十三经注疏·礼记正义》（清嘉庆刊本），中华书局2009年版，第3046页。

务，便挑起了楚国历史上一次大的动乱，这一动乱的余波一直延续到几十年后的楚昭王时期，即伍子胥带领吴军进军楚都，戮平王、撑昭王的吴师入郢之战。由此看来，对于太子和楚王老师的选择，真是一件轻视不得的大事啊！

傅也分为几种，一种是太傅，一种是少傅。傅与师的职责是一样的，都是管理楚王和太子教育的官员，只是叫法的不同。有的史书上把"师"就叫作"傅"，但有的书上二者是有区别的，师一般都在前面，而傅则在后面。

管理楚王的还有一种官叫作保，相对于师和傅而言，保有另外不同的职责。保主要是管理楚王和太子日常的教育和生活方面的官员，如果楚王或太子有什么地方违背了楚国的法律或祖训，保就要出面阻止，一直到用刑法进行惩罚，督促他们改正。

除了负责对楚王的教育和辅佐的官员以外，还有一些就是为楚王服务的部门官员。这一些官员的职责各异，他们有负责楚王宫中日常行政事务的，有负责楚王的生活起居部分的，或者是负责安全保卫的。

负责楚王宫中事务的官员叫作王尹，这种官员主持宫中的行政事务。

主管楚王在宫中的日常生活的官员叫作"仆"，或者正仆、仆夫，即太仆。在楚灵王时期，有一次他到州来这个地方去狩猎，当他拿着马鞭子准备走出去的时候，一个叫作析父的仆马上跟随在他身后，他就是随时跟在楚王身边的贴身侍从官。正仆人，也就是仆夫，是太子身边的贴身侍从官。

宫厩尹、监马尹和校人是负责楚王宫内养马事务的官。

负责楚王出行时骑坐的还有一种叫作中射士的官，他不是养马官，只是专门服侍楚王坐车骑马的官员。有的书籍也把他们叫作中谢，意思是一样的。除了中射士以外，还有一种叫作御士，是专门负责楚王骑马和驾驭的官员。

环列之尹负责守卫楚王宫的安全，壁垒森严的楚王宫，还设有专门的守门官，他们叫作阍或者大阍，这种职务与司宫一样，是一种比较低下的官职，一般也是由身份或者地位都比较低的人担任，如别国的战俘或者刑余之人。楚国历史上担任阍这一职务的有一位名叫鬻拳的人，他曾经以兵谏的方式，要求打了败仗的楚王重返前线，直到打胜了仗再返回来。当楚王打了胜仗回来后，鬻拳便砍去自己的双脚，作为对自己犯上的惩罚。楚人对鬻拳的行为表示出很大的敬佩心理，于是便让这一职务在他们家中世代沿袭下去。

另外有一种以正常身份担任守门官的叫作门尹，门尹是守卫所有的城门的官员，并非守卫都城或者王宫的大门的官，所以一般人都可以担任这一官职。

此外还有就是对中央官员进行管理的官员，相当于现代的国家设立的组织部或者人事部等。这种官员有几种，一种叫作郎尹，也就是宫内的郎官之尹，是管理宫中官员的官。还有一种是专门管理楚王宗族的官员，在战国时期出现，叫作三闾大夫，楚国历史上著名的人物屈原就曾担任过这一职务。具体而言就是管理楚国的昭屈景三姓贵族，楚国对于贵族的管理相当严格，对于掌有国家重要大权的贵族，楚国专门委派有能力的官员进行管理。

在宫中还专门设有管理宫中的人违法乱纪之事的执法之官，前面谈到这种官员叫作廷理，他的执法权可以直达太子和楚王。

宫中还有一些执掌某些具体事务的官员，如中庶子、锏人、庖宰、监食、太官、五大夫等。

7. 地方官员

楚国的地方官员分为几个等级，首先是县鄙一级的各类官员，然后是州之下的各类官员。楚国的地域一般分为国和野两大部分，国一般是指都城，野是相对于国而言的郊外之地，楚国对于郊外的土地除了分给贵族的食邑，由他们去管理以外，在有些地方，也派官员去管理。如郊尹就是派到这些地方去的官员。

在楚国新设立的行政区——县内，其管理官员是县公，也叫县令或者县尹，县内还有一些与中央官相同的地方官，如管理司法的司败、管理经济和军事的司马等等。

县之下是乡，乡设有乡长。

乡之下的州设有州公。

州公之下是里，里中设有里公，或者叫作里长、里尹等。

此外还有一种叫作啬夫的官员，这是县和县以下的地方行政机构以及都中的官员。

江南令，这也是一种地方官；如果是在边境之地，还设有专门负责守关和收关税的关吏。

8. 其他官员

楚人信鬼，巫风盛行，在楚人的日常生活中，占卜祭祀成为一项经常发生的事情，因此楚国设有专门的巫术之官。他们有几种称呼，或者称为卜尹，或者称为开卜，或者叫作太卜。他们的职能大致上都是相同的，卜尹是卜官之长，开卜则是具体主持占卜之官。楚国的卜尹是一种世袭的官职，大概是由于这一职务需要有比较多的知识和本事，能够做上卜尹一职的，一般都不会轻易让他们卸职。

楚国人重视自己的历史，他们和当时比较发达的诸侯国一样，也设有自己的史官，这一种官在楚国叫作左史。左史不光是楚王身边专门记载楚王饮食起居的史官，同时也是楚王身边的谏官，在很多比较大的事情上，史官都负有对楚王进谏的作用。因此楚国的史官拥有很丰富的历史知识、政治眼光和应对日常事务的能力，可以说楚国的史官是一种具有比较全面的知识和才能的官员。楚灵王时期有一位史官就是一个比较典型的例子。

楚灵王在楚国的君王中是一个比较放纵自己的残暴之君，当时作为史官的倚相没少对灵王提出忠言，因此，楚灵王对史官具有很深的了解。楚灵王在当时楚国的官员中是一个名誉不大好的君王，他对下属也多有得罪，但对史官，楚灵王却很尊重，从不得罪。楚灵王在州来狩猎时，对随行的右尹子革说过一番话，他说："左史倚相是个好的史官，他读过好多的史书，应该好好地对待他。"事实也正如此，这一位史官对于楚国的不少具体的事情都发表过自己的看法，而楚灵王也能在一定程度上采纳他的意见。楚国的史官并不总是待在王宫中专门记载楚王的起居饮食，他们活跃在楚国各地，多方面地了解楚国的重要的政治事件、激烈的军事场面和丰富的社会生活。左史还曾经做过令尹的辅佐，参与过重要的军事活动，并加入贵族官员们的生活中去，了解他们，帮助他们解决实际问题。楚灵王曾对左史倚相作过这样的评价，他说："左史倚相能够讲解古代的典籍，总能不失时机地把历史上的成功与失败的经验告诉君王，使寡人能够不忘记先君的业绩。他还能够与鬼神打交道，沟通楚人与鬼神之间的关系，使鬼神不会对楚国产生怨恨之情。"在楚灵王眼里，左史确实是个不可多得的好参谋、好智囊。

左史不仅对楚王具有这么大的作用，在楚国的官员眼中，他也是个可以随时请教的智者。楚国的官员如果遇到什么拿不定主意的事情，有时就直接向左史请教。楚昭王时期的司马子期想把他的妾改纳为正式的妻子，但不知道楚国的历史上有没有这种做法，于是就去向左史请教。左史在楚君面前可以直接进言，这也是一般的官员所不具备的优越条件。有一次左史倚相去拜访从前申县的县公、当时的太史子亹，子亹不出来见他，左史倚相走了以后，气愤之极，就把他的行为向楚王报告了。子亹知道以后，气得大骂左史倚相，但是又拿他无可奈何。看来左史是在太史之上一级的史官。太史，或者也叫作"史"。他的地位在左史之下，担任这一职务的人可能是年纪大了以后退休的官员，申公子亹就是这样一种身份的史官。楚国的史官在楚国的地位之重要，在当时的诸侯国中都是有名的。

楚国人喜欢乐舞，因此楚国还设有乐尹之官，他们也叫作乐师。楚国的乐尹负责几个方面的事情：一是掌管军中奏乐的事宜，比如军队打了胜仗凯旋时，乐师要指挥奏乐欢迎胜利者班师回朝；二是负责楚国王宫内的大型活动时的奏乐，如楚王欢迎别国的宾客，或者自己的享乐等。乐师还称为乐长，楚庄王时的一个名叫优孟的有名的乐师，就被称为乐长。乐师一般都与楚王的关系比较近，他们常常侍候在楚王的身边。楚国的乐师不完全等同于后世的伶人，他们中间有些人具有很好的品德和素质，成为受人尊敬的对象。楚昭王时期的一个名叫钟建的乐师，还被楚昭王的妹妹看中，而成为楚王的妹夫，这种地位在当时是相当高的，也可以说是楚国伶人中获得地位最高的一个人。楚国的伶人也具有比较高的素养和人格。前面讲到过的钟仪，就是楚共王时期的一个伶人。伶人的地位比乐师稍微低一点，也叫泠人或伶官，他们的职责与乐师大致相同，春秋时期楚国的乐师的地位绝不是如后世所想象的那样是下九流的。

楚国还有一些中央官员，他们出现在史籍中的材料太少，所以暂时还不能对他们作出十分确切的解释，这些官员是箴尹、连尹、莠尹、监马尹、嚣尹、豚尹、清尹等。

（三）官员的选拔与任免

楚国对官员的选拔任用，有一个逐渐变化的过程。早期的楚国受贵族制的影响，官员的来源主要还局限在贵族中间，虽说楚国不主张官职世袭，但楚国有些比较大的贵族之家仍然世代为官，楚国的屈氏家族就世代担任莫敖一职。但楚国在发展中开始意识到不拘一格选用人才的好处，因而遇到特别有才能的人，哪怕是别国的战俘或者降将，或者是从未做过官的下级贵族，楚国也会任用他们担任重要官职。彭仲爽曾经是申国的俘虏，他曾经在楚文王时期就担任过最高的官职——令尹。孙叔敖在任令尹前，也只是楚国野鄙之地的一位处士。在任命官吏之前，楚国比较明智的国君往往要对所任用的官员进行认真仔细的考察，然后再确定是否让他担任要职。楚庄王就是这样一位有心计有眼力的君王。楚庄王即位时，年龄还很幼小，而且当时国内的政坛上也存在尖锐的矛盾，因此楚庄王装作沉湎声色，暗中却在静观官员的表现，经过三年的观察，楚庄王对楚国政坛上的各类官员的表现都已了然于胸后，便任用了一批忠于楚王的官员，罢免了一批专门搞阴谋诡计的官员，使朝纲大振。但是楚国任用官吏也不仅仅根据楚王个人的喜好，在很多时候也要参考下级臣僚们的意见，或者对即将任命的官员先进行考核，然后再根据考核情况决定是否任用。楚国历史上有名的令尹孙叔敖就是经其他官员推荐，再经过楚王的考察和了解，然后选中的官员。楚庄王还曾经派自己的使者带着黄金百斤，屈尊去请一位人称北郭先生的人出来做官。北郭先生有一位很有见解的妻子，北郭先生为了延缓一下时间，便对楚王的使者说："我要回去问一问我的妻子再回答你。"于是楚王便等着他回去请教老婆再作回答。楚王爱才惜才之心历历可见。事实证明楚国这种选拔官吏的方法，能够使平民中的优秀人才和有功之臣脱颖而出。这种唯才是举的做法，保证了楚国有一批有能力得民心的官员活跃在政治舞台上，使楚国能顺利地大展宏图。

　　楚国在任用官吏时，往往是根据个人的实际才能来给他们安排适当的职务，楚国有个名叫养由基的人，有百发百中的射箭本领，曾经有这样一个故事讲到他的箭术，说是在一个天色朦胧的早上，他在路上看到一块大石头，他错把这块石头当作一只老虎，便拔出箭来，向石头射去，结果居然把箭射进了石头，成语"没石饮羽"就是由此故事而来的。楚王根据他的特长，任命他为教射箭的教官。楚国还有一个名叫王孙由于的人，大概有某种特异功能，能够以背挡住敌方射过来的箭，于是就做了楚王军前的护驾之官。有一个名叫子西的令尹问他城墙的高厚，他回答说："我不知道。"子西便斥责他没有本事。由于振振有词地回答说："每个人都有自己的长处和短处，当君王遇到盗匪时，我可以用背来挡住敌人的箭，你看，这块箭伤还在我背上呢！"说着他掀起衣服让子西看自己背上那块伤，然后说："至于你说的城墙高厚的事，我是没有办法回答你的。"这就是楚王用人所长的最好例证。

楚国官员的选拔方式也具有自己的特色，楚国没有周王朝那种严格的分封制度，也就没有严格的世袭制。但楚国有少数几种官职是世袭，比如莫敖之官，这是楚国从氏族社会保留下来的一种官职，他们在贵族中世袭，直到这一官职的消失为止。少数对楚国有大功的功臣，楚王也让他们在楚国保留一份世袭的职务，这是一种特许的官。此外还有一些需要有特殊的才能的官员，在楚国也是世袭的，如占卜之官，音乐之官等，都是些需要有比较长时间积累知识和经验的官职。楚国的官员虽然有部分的世袭制，但官员的俸禄或食田则没有例外，这些东西是不荫及子孙的。楚国官员的食田一般都是二世而收，很少有超过这一时间的。包括楚国的最高官员——令尹也不例外。楚庄王时期的令尹孙叔敖死后，他的子孙穷困到自己上山去砍柴。后来一个好管闲事的伶人优孟知道了这件事后，想了一个办法帮助他们。他装成孙叔敖生前的样子来到楚王面，使楚王以为他是孙叔敖重新返世，便想起来曾经有这么一个得力的辅佐。于是便问起孙叔敖的近况，优孟这时便乘机向楚王说出孙叔敖后人的艰难境遇，楚庄王良心大发现，赏给孙叔敖的后人一块最差的土地，这才使孙叔敖的子孙不至于饿死。这当然是楚国最廉洁的官员才沦落到的地步，但由此可见，楚国没有一种制度可以使官员无忧地拥有一份遗产，让他的后人享用。

（四）官员的督责和处置

楚国对于官吏的考察和督责也不是一句空话，在很多时候是落到了实处的一项具体行动。楚王常常主动地听取下属们对所任命的官员们的意见，如有不称职或者作恶太多的官员，就要采取一些措施，或者批评，或者撤职，甚至杀头。有些在朝廷内有很坏的名声，而楚王或者上级官吏又被蒙在鼓里，一直给予重用的官员，楚国其他的官员都会对他提出弹劾的要求。比方说，楚平王时期的太子之师费无忌，这是个专爱挑拨离间和阿谀奉承的小人。因他的谗言，楚国的忠直的大臣郤宛和伍奢都惨遭荼毒，并使太子逃亡他乡。朝廷上下的官员和国人对此都愤恨不已，认为是由于令尹用人的过错导致费无忌的得逞，于是纷纷提出诛令尹的请求。在这种情况下，令尹不得不下令将费无忌处死，以平民愤。这充分显示出那个时候一般官员的力量和民意的重要性。楚灵王对于官员的督察也是落到了实处的，楚灵王曾经向楚国的官员申无宇打听楚公子弃疾在蔡这个地方的表现，申无宇也许是得到了一些真实的证据，于是就对楚王说："不该把弃疾放在边境之地，这样亲在外而羁在内，容易出现末大必折、尾大不掉的局面。"就是对楚王来说太亲近而又有很大权力的人放在边境地区，很容易造成拥兵自重，进而挟兵叛乱的局面。申无宇的这一条建议是出于对王权的保护而对楚王提出的一个有用的警示。不幸的是由于多种原因，楚灵王已经无力对势力日益发展的公子弃疾进行控制，后来的结果不幸被申无宇言中，弃疾果然在边境作乱，造成对楚王逼宫的局面。

（五）与楚国官制相关的史料依据

在先秦文献典籍与出土简帛的记载中，有许多与楚国官员制度相关的记载，钩沉这些文献，有助于熟悉楚国官员制度与官员身份。这里将这些文献进行梳理归纳，主要有政治官员、军事官员、经济官员、司法官员、外交官员、宫廷官员、地方官员、其他官员八个方面的内容：

政治官员

官名	史料依据	地位主要职责
令尹	《左传》庄公四年记有"令尹斗祈"，时为楚武王十一年，这是令尹最早的记载。令尹也称"相""相国"，《史记·春申君列传》记"考烈王元年，以黄歇为相，封春申君"，《战国策·楚策四》朱英谓春申君曰："君相楚二十余年矣，虽名为相国，实为楚王矣。"；又称"卿士"，《国语·楚语上》令尹子说："我为楚卿。"令尹一直存在到战国末期。	为百官之首，相当于周王朝的卿、后世的丞相，职责为掌握政治事务、发号施令。《战国策·楚策三》记"自令尹以下，事王者以千数"。
莫敖	《左传》桓公十一年记"楚屈瑕将盟二贰、轸，郧人军于蒲骚，将与随、绞、州、蓼伐楚师，莫敖患之"。这一职务一直存在到战国时期。	地位在令尹和司马之后，职责为领兵打仗，也为楚王的政治军事大事出谋划策，后期偶尔也负责外交事务。
左徒	《史记·屈原列传》记屈原"为楚怀王左徒"。	出现于战国时期的楚国高级官员，地位在令尹之下，职责为对内与楚王共商国是，制定政策法令；对外应对宾客，与各诸侯国交涉。
司马	也称大司马。见于《左传》僖公二十六年"司马子西帅师伐宋"。	最初地位居于令尹和莫敖之下，后来跃居莫敖之上，职责为主管楚国军事以及与军事有关的行政事务。《左传》襄公三十年记"司马，令尹之偏，而王之四体也"。

第三章　楚国的兴起与早期国家行政机构

续表

官名	史料依据	地位主要职责
左尹	见于《左传》宣公十一年"楚左尹子重侵宋"。曾侯乙墓竹简中有左尹、右尹的记载。	地位在令尹之下，有时也在司马之前，职责为辅佐令尹安定国家、领兵出征。战国时期也担任楚国的司法官员。
右尹	见于《左传》成公十六年（公元前575年）"司马将中军，令尹将左，右尹子辛将右"。右尹一职一直存在到战国时期。	与左尹的职责相当，职责为辅佐令尹，并领兵打仗。
左司马	《左传》文公十年（公元前617年）"期思公复遂为右司马，子朱及文之无畏为左司马"。曾侯乙墓竹简中也有左司马、右司马的官职。	大司马的副职，职责为辅佐大司马的军事官员，有时也参与楚王身边重要事情的决策。
右司马	《左传》襄公二年记"楚公子申为右司马"。	与左司马职责相当。有时地位在左司马之前。
左令	见于包山楚墓竹简和曾侯乙墓竹简。	可能是左司马的下属。
士师	见于包山楚墓竹简。	职责为参与楚国地方行政机构核查名籍的工作，可能是与户籍有关的官员。

军事官员

官名	史料依据	地位与主要职责
上柱国	也称柱国。《战国策·齐策二》记：楚之法，覆军杀将者，官为上柱国，异贵于此者唯令尹。	柱国为楚国最高军事长官，出现在战国时期，其军事地位在令尹之上，《战国策·韩策》记有"今王之国，有柱国、令尹、司马、典令"。
大将军	《史记·楚世家》记"秦虏我大将军屈匄"。	战国时期设的军事官员。
将军	《史记·楚世家》记"楚成王三十九年……将军子玉请战"。"楚共王十六年，共王召将军子反。""怀王二十九年，秦复攻楚，大破楚，楚军死者二万，杀我将军景缺"。	子重时为楚国的令尹，子反时为楚国的司马，战国时人称他们为将军。战国时对专职高级军事将领的称呼。
上将军	《说苑·尊贤》中田忌对楚王说"齐使申孺将，则楚发五万人，使上将军将之"。	战国时高级军事官员，《说苑·尊贤》上说"楚四封之内，王自出将而忌从，相国上将军为左右司马"。
裨将军	《史记·楚世家》记秦俘楚将"裨将军逢侯丑"。	职责与将军等职相似，是军事将领副职。

续表

官名	史料依据	地位与主要职责
左领	史籍中未见有记载，曾侯乙墓竹简中有"左令（领）所驭乘车"。	是与右领职责类似的官员。
右领	《左传》昭公二十七年记"鄢将师为右领"，曾侯乙墓竹简中记有"右令（领）驭大旆"。	职责为楚军中层军事官员。
军正	《列子·说符》记"鲁施氏有二子，其一好学，其一好兵。好学者以术干齐侯，齐侯纳之为诸公子之辅；好兵者之楚，以法干楚王，王悦之，以为军正"。	周王朝有军正一职，为军中统帅；齐国有亦有军正一职，为掌军中法令之官，按楚国的情况和对照别国军正的职责，楚国的军正一职应为军中执掌军令、军法的官员。
军率	《左传》哀公十七年记楚国大师子谷回忆楚武王时的事时说"观丁父，鄀俘也，武王以为军率，是以克州、蓼，服随、唐，大启群蛮，彭仲爽，申俘也，文王以为令尹"。	军中的统帅人物，而且地位较高，在政治地位上与令尹可以齐名。
军吏	《左传》成公十六年记司马子反在军中"命军吏察夷伤，补卒乘，缮甲兵，展车马，鸡鸣而食，唯命是听"。	楚军中不直接带兵的官员，职责为掌管后勤。

经济官员

官名	史料依据	地位与主要职责
工尹	《左传》成公十六年记"楚子使工尹襄问之（指晋将郤至）以弓"。《左传》昭公十二年记："工尹路请曰：'君王命剥圭以为鏚柲，敢请命。'"鄂君启节铭文和曾侯乙墓竹简都有"大攻（工）尹"的记载。	掌管百工之官，有时也领兵打仗。
工正	《左传》宣公四年记"蔿贾为工正"。	与工尹的职责相似，也掌百工。
工佐	见于长沙楚墓出土铜量铭文和曾侯乙墓竹简。	应为辅佐工尹掌管百工的官员。
少工佐	见于长沙楚墓出土铜量铭文。	应为工佐的副职。
集尹	见于鄂君启节铭文和江陵天星观竹简。	似为掌管手工制作方面的官员，详情待考。
少集尹	见于长沙楚墓出土铜量铭文。	应为集尹的副职。
铜官	《图书记》记"楚设铜官，铸钱洲上，遂名铜官"。	清代《一统志》有"铜官渚在湖广长沙府城北六十里，有洲，旧传楚铸铜钱处"。职责为专管铸铜钱。

续表

官名	史料依据	地位与主要职责
冶师	见于寿县李三孤堆出土铜器铭文。	职责为官府手工作坊中掌管金属制器的技术。
冶佐	出处同上。	应为冶师的辅佐之官。
司徒	《左传》宣公十一年记"令尹蒍艾猎城沂，使封人虑事，以授司徒"。	职责为掌管筑城之类的工程建设、征发劳役方面事务。
玉尹	《新序·杂事五》记"荆人卞和得玉璞而献之楚厉王，使玉尹相之"。	职责为掌管楚国玉器制造。
玉令	见于包山楚墓竹简。	职责应该是掌管玉器制作。
新造尹	《战国策·楚策一》记："昔与楚战于柏举……秦王身闻之：'子孰谁也?'梦冒勃苏对曰：'臣非异，楚使新造尹梦冒勃苏。'"曾侯乙墓有"新造尹"一官的记载。	与楚国经济有关的一类官员，详情待考。
封人	《左传》宣公十一年记"令尹蒍艾猎城沂，使封人虑事，以授司徒"。	与周朝的该官职责相似，职责为典守封疆与管理建筑城邑。
市令	《史记·循吏列传》记"庄王以为币轻，更以小为大，百姓不悦，市令言之相，相言之王"。	职责为掌管集市贸易。
市工	见于湖南长沙杨家湾六号楚墓出土的漆耳杯上"市攻"二字，"攻"即工。	职责应为管理市场。
芋尹	《左传》昭公七年记"楚子（楚灵王）之为令尹也，为王旌以田。芋尹无宇断之"。	职责为负责打猎捕捉野兽。
蓝尹	《通志·氏族略》记"蓝尹氏，楚大夫蓝尹亹之后也"。	《楚书》云："蓝尹、陵尹分掌山泽，位在朝廷。"
陵尹	《通志·氏族略》记"陵尹氏，楚大夫陵尹喜、陵尹招之后也"。	陵尹的职责侧重于掌管王室的陵墓。
监马尹	《左传》昭公三十年记"楚子……使监马尹大心逆吴公子，使居养，莠尹然、左司马戌城之"。	职责为管理楚国马匹。
马尹	曾侯乙墓有"马尹"一职。	与监马尹的职责相似。
豚尹	《左传》襄公十八年有"杨豚尹宜"，《说苑·奉使篇》记"楚康王欲伐晋，使豚尹观焉"。	职责似为主管楚国畜牧业，详情待考。

续表

官名	史料依据	地位与主要职责
莠尹	《左传》昭公二十七年记"楚莠尹然……师师救潜"。	职责为管理农业生产和治田之事。
畋尹	曾侯乙墓竹简上有此官职。	职责为管理田猎,详情待考。

司法官员

官名	史料依据	地位与主要职责
司败	《左传》文公十年记:"子西曰:'臣免于死,又有谗言,谓臣将逃,臣归死于司败也。'"	职责为管理楚国司法行政。
大司败	见于包山楚墓竹简。	职责为管理楚国司法行政。
少司败	见于包山楚墓竹简。	职责为管理地方司法,应为大司败的副职。
正	见于包山楚墓竹简。	从简文内容看,应是各地的司法官员。
正令	见于包山楚墓竹简。	此官名与管理司法事务的官员并列一处,似应为司法官员左尹的辅佐。
正娄	见于包山楚墓竹简。	职责为参与处理司法事务,似为司法官左尹的辅佐。
廷理	《韩非子·外储说右上》记:"荆庄王有茅门之法曰:'群臣诸公子入朝,马蹄践霤者,廷理斩其辀,戮其御。'"也称为"理",《韩诗外传·卷二》记"楚昭王有士曰石奢,其为人也公而好直,王使为理"。	职责为执掌宫廷中司法。
典令	《战国策·韩策二》记史疾对楚王说"今王之国有柱国、令尹、司马、典令,其任官置吏,必曰廉洁胜任"。	典令与柱国、令尹放在一起,说明典令是楚国重要的官员。具体职责可能与执法有关。
司宫	《左传》昭公五年记:"楚子朝其大夫曰:'晋吾仇也,苟得志焉,无恤其它。今其来者上卿、大夫。若吾以韩起为阍,以羊舌肸为司宫,足以辱晋,吾亦得志矣。'"	职责为执掌宫刑,地位比较低下。

外交官员

官名	史料依据	地位与主要职责
太宰	《左传》昭公元年记"楚灵王即位，薳罢为令尹，薳启强为太宰"。也称大宰。	职责为掌管外交，有时也负责调整内部的关系。
少宰	《左传》宣公十二年记"楚少宰如晋师"。	可能为太宰的副职。
少宰尹	见于包山楚墓竹简。	可能为太宰的副职。
侯人	《左传》宣公十二年记楚少宰到晋军中，"随季对曰：'寡君使群臣问诸郑，岂敢辱侯人'"。	将楚少宰比作侯人，侯人的职责应与少宰相当，为掌礼宾和迎送宾客，但地位可能要低一些。
谒者	《战国策·楚策三》记"苏秦谓楚王曰：'谒者难得见如鬼，王难得见如帝'"。	职责为掌管楚王宫中的接待工作。

宫廷官员

官名	史料依据	地位与主要职责
大师	《史记·楚世家》记"穆王立，以其太子宫予潘崇，使为大师，掌国事"。《左传》哀公十七年记"楚子问帅于大师子谷与叶公诸梁"。	大师为非常时期所设的职官，属于师的性质，只是权力大大超过师。
师	《国语·楚语上》记："昔庄王方弱，申公子仪父为师"。《左传》昭公十九年记"楚子之在蔡也……及即位，使伍奢为之师"。	应为楚王即位前后的教育辅佐之官。
少师	《左传》昭公十九年记，平王即位之时，伍奢为太子建师，费无忌为少师。	少师的性质与师相同，但地位要低一级，是师的副职。
傅	《国语·楚语上》记"申公子仪父为师，王子燮为傅"。也是师的别称。	与师的作用与性质相同。
太傅	《史记·楚世家》记楚平王时"伍奢为太子太傅，费无忌为太子少傅"。	太傅与大师的职责相同，是大师的另一种称呼。
少傅	史料见上。	少师的另一种称呼。
保	《说苑·正谏》引保申话"先王卜以臣为保，吉"。	职责是对太子和楚王的行为规范进行教育，是比较重要的官职。
太宗	《新序·卷一》记"秦使者至，昭奚恤曰'君客也，请就上位东面，令尹子西南面，太宗子敖次之，叶公子高次之，司马子反次之，昭奚恤自居西面之坛。叶公子高在此理师旅，整兵戎以当强敌'"。	职责为掌管边境的防务及外交事务，但不直接带兵打仗。

续表

官名	史料依据	地位与主要职责
王尹	《左传》昭公二十七年记"楚莠尹然、王尹麇师师救潜"。	职责可能为主宫内之政。
左史	《左传》昭公十二年记："左史倚相趋过，（灵）王曰：'是良史也，子善视之。'"《国语·楚语上》"司马子期欲以妾为内子，访之左史倚相"。	职责为记事，书国史。
史	《左传》定公四年记"史皇以其（令尹子常）乘广死"。	楚国史官。
三闾大夫	《史记·屈原贾生列传》记屈原为三闾大夫。	三闾之职，掌王族之三姓，曰昭、屈、景。职责为举荐贤良，参与决议国事，监察百官等。
三旌	《庄子·让王》记"（楚）昭王返国，将赏从者，及屠羊说……延之以三旌之位"。	三旌应为三公之高官。详情待考。
郎尹	《淮南子·人间训》记令尹子国"伏郎尹而笞之三百"。	职责为掌管宫廷内部事务，负责督察宫内官员行为。
内官	《左传》宣公十二年记晋国栾武子谈楚国的情况时说"右广初驾，数及日中，左则受之，以至于昏。内官序当其夜，以待不虞"。	内官为楚王身边侍卫的近臣，职责一般为担任就寝时的守卫任务。
大阍	《左传》庄公九年记鬻拳以兵强谏楚王成功后"遂自刖也，楚人以为大阍，谓之大伯，使后掌之"。	职责为守城内王宫大门，在楚国为特殊职务。
阍	《左传》昭公五年记"以韩起为阍"。	职责为受刖刑以后守城门。
门尹	《左传》哀公十六年记"石乞尹门"。	楚国门尹之官。
䠛人	《国语·吴语》记"楚灵王呼涓人畴"。	职责为掌管宫内事务。
中庶子	《新序·杂事二》记："（庄）王大悦士庆之问，而拜之以为令尹……中庶子闻之，跪而泣曰'臣尚衣冠，御郎十三年矣，前为豪矢，而后为藩蔽。'王赐士庆相印，而不赐臣。"	职责为楚王随身的侍卫。
中射士	《韩非子·十过》记"楚灵王为申之会，宋太子后至，执而囚之。……中射士谏曰……"。也称中谢士、中谢。	职责为在宫中服侍楚王的生活和对楚王的政策提出意见，即佐制。
御士	《左传》襄公二十二年记："子南之子弃疾为王御士。"	职责为为王驾车。
左驭	见于包山楚墓竹简。	职责为楚国的驾车。

续表

官名	史料依据	地位与主要职责
右驭	见于包山楚墓竹简。	职责与左驭相同。
正仆人	《左传》昭公十三年记"陈、蔡入楚，蔡公使须务牟与史猈先入，因正仆人杀太子禄及公子罢敌"。	太子身边的近官。
仆	《左传》昭公十二年记"楚子狩于州来，……执鞭以出，仆析父从"。《国语·楚语》作"仆夫"。	楚王身边的侍从之官，地位很低，常跟随楚王的车马出行。
太官	《史记·滑稽列传》记："楚庄王有爱马，衣以文绣，轩华屋下，席以露床，啖以枣脯。马死，欲以大夫礼葬之。乐人优孟入殿门，大哭曰：'请以君礼葬之。……诸侯闻之，皆知大王贱人而贵马也。'王曰：'为之奈何？''请为王言，六畜之葬，以笼灶为椁……。'王乃以马属太官，无令天下知也。"	职责为专管楚王宫中烹饪饮食。
宫厩尹	《左传》昭公元年记"公子围杀王，宫厩尹子晳出奔郑"。曾侯乙墓竹简也称宫厩令。	职责为专管喂养楚王宫中马匹。
中厩尹	《左传》昭公二十七年记："楚郤宛之难，国言未已，进胙者莫不谤令尹。沈尹戌言于子常曰：'夫左尹与中厩尹莫知其罪，而子杀之，以兴谤讟。'"	职责为管理王宫中马牛饲养，中厩可能是王后的车马所在。
中厩驭	见于包山楚墓竹简。	可能是中厩尹的属员。
中兽尹	见于曾侯乙墓竹简，包山楚墓竹简中也有"中兽"一词。	职责为王宫中管理饲养牲畜。
中兽令	见于曾侯乙墓竹简。	应与中兽尹的职责相同，地位应在其之下，或者相当。
环列之尹	《左传》文公元年记"（楚）穆王立，以其为太子之室与潘崇，使为太师，且掌环列之尹"。	职责为掌管列兵而护卫王宫。
庖宰	《新序·杂事四》记："楚惠王食寒菹而得蛭，因遂吞之，腹有疾而不能食……，惠王曰：'……则庖宰食监法皆当死，心又不忍也。'"	职责为给楚王料理饮食。
食监	史料同上。	职责为监督楚王饮食制作。
主酒吏	《淮南子》许慎注"楚会诸侯，鲁赵具献酒于楚王。主酒吏求酒于赵，赵不与。吏怒，乃以赵厚酒易鲁薄者，奏之。楚王以赵酒薄，遂围邯郸也"。	职责为主持酒宴。

续表

官名	史料依据	地位与主要职责
集厨尹	见于江陵天星观楚简。	职责可能为掌管楚王宫中膳食,详情待考。
司衣	见于包山楚墓竹简。	职责为掌管王之吉凶衣服。司服应为与此相似的官员。

地方官员

官名	史料依据	地位与主要职责
县尹	《左传》庄公十八年记"初,楚武王克权,使斗缗尹之,以叛,围而杀之,迁权于那处,使阎敖尹之"。	县的行政官员,职责为管理楚国地方行政。
县公	即县尹,《左传》记宣公十一年记楚王说"诸侯县公皆庆寡人"。	同上。
县令	即县尹,《淮南子·人间训》记"子发为上蔡令"。	战国时期改县公、县尹为县令。
县正	见于包山楚墓竹简。	职责之一是掌管刑事案件审理的司法官员,应有其他职责,待考。
州加公	见于包山楚墓竹简。	州内主管行政的官员,职责为管理楚国地方行政。
州佐	见于包山楚墓竹简。	可能是州加公的辅佐官员。
里公	见于包山楚墓竹简。	里公为楚国最基层行政组织内的官员,负责里中的行政事务,包括司法行政等。
守	《说苑·指武篇》记"吴起为宛守,行县适息"。	地方官员,详情待考。
啬夫	《战国策·东周策》记"(楚)相国御展子、啬夫空曰……"。	楚国地方机构中的一般官员,详情待考。
郊尹	《左传》昭公十三年记"楚子夺成然邑,而使为郊尹"。	管理野鄙之地的行政官员。
边邑长	《史记·吴太伯世家》记有楚国边邑的女子与吴国边邑的女子争采桑叶,引起斗殴。两国边邑长知道后,便开始了大动干戈的战争。	边邑长应为边境地区所设邑中的行政官员,职责为掌管边境之地的行政和防守等军政之事。
关吏	《吴越春秋·王僚使公子光传》记:"子胥到昭关,关吏欲执之。伍员因诈曰:'上所以索我者,美珠也。今我已亡矣,将去取之。'关吏因舍之。"	守卫在楚国边境之关隘上的官员,职责为负责收税和盘查过往行人。

续表

官名	史料依据	地位与主要职责
执事人	曾侯乙墓竹简中记有"执事人书入车"的简文。	职责为执行具体事务，详情待考。
厨尹	见于包山楚墓竹简。	职责似为给地方行政官员掌管膳食。

其他官员

官名	史料依据	地位与主要职责
宰尹	见于曾侯乙墓和江陵天星观楚墓竹简。	在中原各国，当时为主管国君膳食的官员，在楚国的职责待考。
少宰尹	见于包山楚墓竹简。	应为宰尹的副职。
郎中	《战国策·楚策四》记："朱英谓春申君曰：'君先仕臣为郎中。君王崩，李园入，臣请为君撞其胸杀之。'"	职责待考。
太卜	屈原《卜居》记："屈原既放，三年不得复见。竭智尽忠，蔽鄣于谗，心烦虑乱，不知所从。乃往见太卜郑詹尹曰：'余有所疑，愿因先生决之。'"	战国时掌管楚国卜者之官。
卜尹	《左传》昭公十三年记："召观从，王曰：'唯尔所欲。'对曰：'臣之先佐开卜。'乃使为卜尹。"	春秋时掌管楚国占卜之事的官员。
大司命	见于《楚辞·九歌》之一。	职责应为掌管楚人寿命长短的神职。
乐长	焦竑云："予得汉延熹中碑云：'优孟，楚之乐长。'"	职责为掌管楚王宫中娱乐之事。
乐师	《左传》僖公二十二年记"（郑文夫人芈）氏、姜氏，劳楚子于柯泽，楚子使师缙示之俘馘"。	师缙为楚国的乐师。
乐人	《史记·滑稽列传》记"优孟，故楚之乐人也"。	乐人与乐长的职责相同，都是管宫内娱乐之事的官员，但乐长显然比乐人地位要高。《史记》以优孟为乐人是做一般的职业介绍。
泠人	《左传》成公九年记："晋侯观于军府，见钟仪，问之曰：'南冠而执者，谁也？'有司对曰：'郑人所献楚囚也。'使税之，召而问吊之，再拜稽首。问其族，曰：'泠人也。'"	职责为专门为楚王奏乐，为乐官的另一称谓。
牢令	见于曾侯乙墓竹简。	春秋时期祭祀的物品称为牢，职责似为掌管祭祀。详情待考。

续表

官名	史料依据	地位与主要职责
大尹	见于包山楚墓竹简。	职责不详。
大正	见于包山楚墓竹简。	职责不详。
大令	见于包山楚墓竹简。	职责不详。
大主尹	见于包山楚墓竹简。	职责不详。
新官令	见于包山楚墓竹简和曾侯乙墓竹简。	职责不详。
嬴尹	见于曾侯乙墓竹简。	职责不详。
嚣尹	《左传》昭公十二年记，楚灵王将伐吴，狩于州，"使荡侯、潘子、司马督、嚣尹午、陵尹喜帅师围徐以惧吴"。	嚣尹可参与军事，而且地位不低，职责不详。
士尹	见于包山楚墓竹简。	可能与楚国地方基层组织的司法有关，职责不详。
大司城	见于包山楚墓竹简。	其职责可能与春秋时期的司空相当，详情待考。
少司城	见于包山楚墓竹简。	应为大司城的副职。
连敖	见于曾侯乙墓竹简。	职责不详。

四、等级与爵位制

（一）等级观念的来源

中国的社会是一个以宗法制为主要特征的社会，从西周起，以宗法制为特征的世卿世禄社会就已经形成了。这种宗法制使得血缘关系在社会生活中留下许多痕迹，其中重要的一点就是等级制的出现。西周的等级制是以世系来计算的，这就是宗法制的结果。但是与当时亚洲印度或者西欧的公国相比，西周的等级制并不算是那么严格和那么难以改变。可以说它还没有渗透到社会生活的所有领域，同时也不是那么不可逾越。而当我们再来看看楚国的等级制的情况时，发现楚国等级制的痕迹要更淡一些，但处在同一片蓝天下的国土，社会意识的影响和交流总是难免的。楚国的等级制是一种伴随着宗族世系和官制而存在的一种自然等级制，它没有更多的刻意的人为的因素。

（二）等级的法律界定

楚国的等级制可以有几种划分方法，如果是按社会的阶级划分，可以分为贵族、平民和奴隶三大阶级；如果按各种人的社会地位划分，则可以划分为十个等级。

楚国的人士将自己国内的人分为十等，楚灵王时期，有一个叫申无宇的猎兽之官曾对楚王说："天上有十个太阳，地下的人也有十个等级，下属按这种等级事奉上边，上边也按这种等级祭祀神灵。因此，王就统治公，公统治大夫，大夫统治士，士统治皂，皂统治舆，舆统治隶，隶统治僚，僚统治仆，仆统治台，各个部门都有专门的管理人员来负责，就像养马有马厩，牧牛有牧场一样。"申无宇的话意思就是说，一个国家的各类人等都是规定好了的，该做什么，该管什么，都有一定之规，不能搞乱。他从一个侧面说出了楚国的等级制度。他的这种划分应该是以周代的等级制度为蓝本，又联系楚国的实际而有所发挥的。那么他说的这十种人在楚国都处在一个什么样的地位呢？第一等级是王，如果在周代是指天子无疑了。在楚国应该是指楚王。第二等级公，应该是王以下的贵族，在周代应该是指诸侯，或者公卿。而楚国没有对贵族泛称公的习惯，楚国的公是官名。因此如果要说第二级，在楚国则应该是王以下的高级贵族，即王族或者高级官吏。大夫在春秋是指诸侯下属的贵族的总称，在楚国则应该是王族以下的贵族，是贵族中的上中等。大夫之下的士，在各国都是指贵族中的下等。在楚国，士这一等级也比较复杂，他们中有的贫困到自己躬耕以食，近似于平民的地步，也有的官至令尹。士在楚国的主要职责是充当战争中的甲士，他们的地位仍然是比较低下的。这四个等级在楚国按照阶级成分来划分，都应该划在贵族一列。士以下就属于另一个阶级了。对皂、舆、隶这三个等级的地位的看法，存在着一些分歧，按照一般的观点来看，他们应该属于庶人一类，因为他们是靠"食职"为生的人，也就是说，他们是在一定的管理下从事自己的职业。不管这种职业有多么低下，他们也不可能是奴隶的身份。一般来说他们是在军中服役的、地位低于士的庶人，他们没有士那种可以供食的田，只有一种在军中服役的资格。僚、仆、台是楚国最低等级，他们从来也没有与上面所说的七种人相提并论的资格。僚是犯罪以后成为奴隶的人，他们通常都在服苦役。仆是三代都做奴隶的人，这种奴隶做家内奴隶的可能性比较大，也可能是服役之奴，因为楚国没有多少从事生产的奴隶。台则是犯罪沦为奴隶后，又逃跑而被抓回的人，可以说是处在最糟的地位，因而被放在最低一等。无怪乎楚国的江芈在愤恨地骂人时，要说"你这个做苦役的人！"这三个等级如果按照阶级来划分，则无疑是丧失了人身自由的奴隶。申无宇的这个等级划分并不算完整，还有一些社会中的阶层没有算进来，如商农工贾这些社会的主要力量，他们是应该算在庶人之列的。

楚国的贵族当然是被重视的一股力量，他们通常被称为君子，晋国有一个名叫士会的大夫议论楚国的国情时说："他们国家中的君子和小人，各有规定的衣服色彩，对尊贵的人有一定的礼节以示敬重，对低贱的人有一定的等级以示威严，这就是都按规定理顺了的礼节。"但贵族也是分为几种的，最上等的贵族——楚王当然是至高无上的。王族在这个社会中是仅次于楚王的等级，他们可以有很多特权。做官，他们可以优先，所谓"内姓选于亲，外姓选于旧"，就是说选拔官吏他们是有优先权的。但同时楚王对他们也有防范的一面，那就是安排职务的时候，一般是"亲不在外，羁不在内"，就是要把他们尽可能地安排在国中之地任职，原因是害怕他们在边境作乱，这是因为他们有作乱的本钱。大夫的地位比较微妙，他们可沉可浮，一旦任高官，他们可以在一人之下万人之上。而不幸被免职时，则沦落到下层贵族的地位，食仅果腹。士的地位在前面已经讲过，此处不赘述。

楚国一般把平民这一阶级包括在小人这一类中，小人中还有一部分是奴隶。平民也就是庶人，他们有国人和野人之分。国人不完全是庶人，其中有一部分是下等贵族。庶人中的国人和野人是这样划分的：住在城中的庶人就是国人，住在野鄙之地的庶人就是野人。住在城中的国人大多是以商工贾为生，也有一部分以种田为生的农民。庶人中的野人则基本上是依附于里社的土地上的农民或者其他依附农民。他们以务农为业，为国家承担军赋和贡税。庶人这一阶层的成分很复杂，他们中有的以经商致富，走上发财之路；有的有才华或者在战争中立下军功，可以脱离庶人的地位，成为贵族中的一员，走上入仕之路。然而大多数的庶人仍然是处在社会的下层，有时不免要服贱役，忍受饥寒之苦。楚国的传统是对等级的划分不十分严格，或者说等级的界限不是那么森严，有的国君在进行抚民之时，还有意识地要将某些一般的平民提高一个等级，如所谓"礼新、叙旧"就是其中一项。在进行这样一些抚民之举时，一般都是在楚国即将举行大的战事之前。所以提高某种等级，也是楚国的一种安抚鼓励之举。

楚国的等级划分在立国之初表现还不太明显，国野的界限也不那么分明，原因是那时还处在国家的草创阶段，连楚国的先王也和臣民们一起跋涉山林，筚路蓝缕，这个时候大家的待遇大致是相等的。楚国的等级观念应该是从楚武王之后才开始强化起来的。

（三）爵制授予的法律规定

爵位在楚国是一个不怎么突出的制度，如果按照一般的情况，人们往往容易把楚国的爵位制与周朝的爵位制看作是同一种类，即按五等爵制排列，即公、侯、伯、子、男，下面还有甸、采卫、大夫等各居其列。后世的人们对当时是否完整地实行过这种严格的爵位制，多有怀疑，但是周代确实有过爵位制，这也是一个不争的事实。只是楚国的等级制未见有过周代那样明确的划分，虽然这不等于说楚国没有爵制，而只是说楚国的爵制有着自身的特点。楚国的爵制出现于春秋时期，早在春秋初期的楚文王时期，人们就提及楚国的爵制，有一种爵位是五大夫，据说是楚文王赏赐给当时对他多次进谏的鬻譆的。还有一种爵位是执珪，春秋末年楚国在追捕伍子胥时，曾下过一道命令，捉到伍子胥的人除了赏给钱财以外，还要赏给执珪的爵位，珪是一种玉石，用来区分等级，一般由王授给所封的人。执珪是一种较高的爵位，在它之上似乎只有一个等级，就是列侯，在它之下还有几个等级，一个是执帛，这一爵位是从汉代的楚怀王时期得知的，楚怀王是楚国王族的后裔，他所采用的爵位应是楚国的制度无疑。在执帛之下还有五大夫，这一点在前面已经讲到了。在五大夫之下应该还有七大夫一个爵位。楚国的爵位是一种表示固定身份的等级，它始行于春秋，而盛行则在战国。春秋时期，楚国的爵位与官职基本上是分离的，楚王将爵位授予那些对楚国立有大功，但按照楚国的任官条件又不适宜给予官职的人。如按照楚国的法令，抓到逃犯的人可以赐禄授爵，以示奖励，但授予官职就不可以了。春秋时期的伍子胥，就是楚国用爵位执珪来悬赏捉拿的逃犯。春秋时期的平民蒙谷因保护楚国的法典有功，也被楚王授予执珪的爵位。到了战国时期，授爵的情况发生了一些变化，被授予爵位的人主要是在战争中立有军功的人，也就是军功授爵制。立功者被授予的爵位往往很高，最高可以达到仅在一位行政官员之下，而在万人之上，有一个数字很能说明战国时期楚国军功授爵的广泛程度，《史记·张仪列传》中记载，在一次秦楚战争中，楚国的列侯和执珪就有七十余人在战争中被俘。

（四）等级制的作用及后世的影响

楚国的爵位与周代的爵位制有一个很大的不同之处，那就是它不以出身是否是贵族作为授予爵位的标准，而仅仅以是否对楚国有功为前提。这种爵位制的一个重要特征就是，它不是权力的体现，而主要体现一种政治上的地位和经济上的待遇。地位、待遇和权力相分离，也就是说是官制和爵制的分离，它的一个重要启示是，爵制不改变楚国的任官制度，反而是保障官制执行的，爵制是官制的一种补充形式。在楚国立有功劳的人可以用授予爵位作为奖励，而不必因此而降低任官者的条件；而任官者也不以有无爵位为条件，保证了用人渠道的畅通；同时还不妨碍既有功又有才能的人，可以授爵又任官。在楚国，官职与爵位是大致相等的，也就是说官制与爵制基本上是统一的。由此可以看出楚国爵位制的一些基本特征，一是楚国的爵位只授予那些有功者，它体现的是一种政治地位和经济待遇，基本上不与官制相关联，也未见有世袭。这种爵制只在一定的范围内实行，有爵位的人权力有限，爵位授予的范围也有限。因此它与典型的等级社会有很大的不同，如古代的印度社会和古代西欧的一些国家。二是楚国的等级爵位制带有奖赏的性质，楚国被授予爵位的人基本上都是有功的人，尤其是战国时期，楚国用授爵来奖励军功，这与典型的等级社会以世袭的爵位来划分等级有很大的不同。实际上，楚国的这种爵位制只是一种奖赏制，这种等级对被授予者来说，只是一时地位的改变，而不是世代地位的高人一等。我们在楚国的历史上基本上没有见到过几代世袭的爵位，或者用爵位来为后代谋取好处的例子，楚国的爵位制看来仅此而已。

楚国的这种与众不同的爵位制，除了有历史渊源以外，也是在当时楚国的特定条件下产生的。楚国一向重视军事武力，想方设法提高军队战斗力，除了军事装备以外，指挥官的才能和士兵的积极性至为重要。而且当时的情况是，各国都出现了以军功奖赏作战者的做法，只是各国的情况有所不同。楚国就是以物质奖励和授予爵位来奖励军功，以提高军队战斗力。这就使楚国的爵位制有了明显的奖励性质，是一种功利性的行为，使楚国的爵位制与世界上其他典型的以世袭爵位和按身份划分的等级制度有根本的区别。不可否认，典型的等级社会也有以功授爵的情况，但这一点微小的点缀改变不了其等级社会的实质，它与楚国基本上以功授爵的爵位制是大相径庭的。

第四章　楚国的法律制度

一、发展与完善中的楚国法律制度与体系

（一）法律的类型

楚国的法律制度是一项比较早就受到重视的制度，从比较完整地出现在史籍中的楚国君王——楚武王的历史记载中，能发现楚国法律的踪迹。这个时候楚国的法律与大多数的早期发展的国家一样，还只有刑法存在，也就是说是以刑代法，而不是作为完整的法律条文而存在，而且这个时候基本上是肉刑。同时还有一部分是不成文法，这是原始社会遗留下来的法。在楚武王统治的末年，楚国正处在大力开拓征战的时期，官员们经常要领兵出征，有一次楚国的莫敖屈瑕率兵出征，结果却由于自己的骄傲自大而大败而归。莫敖知道军中的将领战败，其结果是不自杀，回来以后也是被杀，所以莫敖在回师的途中，就自缢而亡。军中其他的将领也主动地让人把自己囚禁起来，等待楚王的处理。这些将领是由于战前被莫敖以"谏者有刑"封住口而不能对他提出劝谏，然而他们也逃脱不了战败的惩罚。这一次战争中显示出楚国的多种刑法：一是战败自杀法，二是谏者有刑法，三是军中的次要将领的惩罚法。这其中军中战败的将领自杀法，应该是一种不成文的习惯法，因为它是由军中的将领自觉地执行，而不是由执法机构强制执行，很显然带有原始社会遗留下来的部落习惯法的痕迹。而军中的其他将领要受到的刑罚，则很可能是肉刑，而不会是死刑。莫敖对军中的士卒要用的刑也可能是肉刑，这一点从以后楚国将领在军中对士卒所用的刑罚中可以了解到。从楚武王时期在军中这样频繁而又稔熟地运用刑法来看，这个时候的刑法已经不是刚开始运用，而应该是有一段时间了。

楚国的刑法最初实行的时候，很有点部落法的味道，即楚国无论君臣上

下，平民贵族，不管谁犯了法，都不能逃脱刑法的惩罚。这与周代实行"刑不上大夫，礼不下庶人"颇为不同，这并不是说明楚国那个时候有多么先进，而是说明楚国内部原始部落的观念还很浓厚。楚文王在位时期，他就尝到了这种不分贵贱、一律平等对待的刑罚的滋味。在楚文王初即位时，他成天沉迷于享乐的生活之中，不理国事。负责他的生活和教育之事的小官葆申对他的劝谏也不起作用。于是葆申只好对楚文王用笞打之刑进行惩戒，而楚文王也就无可奈何地、老老实实地伏在席子上，让葆申象征性地抽打了几下。葆申之所以敢对堂堂一国之主的楚王动用鞭打之刑，是因为他手中握有祖上的法令，楚国的先王规定哪怕是楚王违犯了法规，也不能免于刑法的处罚。但这种刑法不分上下一律平等的做法，随着时间的推移，也不断地受到冲击，楚人也渐渐地接受周代那种刑法分等级、执法分贵贱的做法，而对各种不同的人采用不同的刑法来区别对待。楚庄王时期，有一种刑法叫作"茅门之法"，也是一种宫廷之法。它规定不论是谁，只要将车子驶进了楚王宫中，都要受到车夫杀头、车子被砸的惩罚。但是车主人却可以不受到任何惩罚。事实上谁都知道，车夫是受命于车主人的指挥，没有车主人的命令，他是不能随便行进的。楚庄王的太子曾经违反过这一条刑法，结果宫廷中的执法官廷理马上就照此执行处罚。但太子还不服气，要找父亲告状，后来被楚庄王教训了一顿，才低头承认了错误。

（二）刑罚的种类

楚国刑法的种类是随着时代的向前发展而不断地完善的。最初楚国只有专指肉刑的刑罚，如杀戮之类的死刑：

戮，也叫作斩或诛，楚庄王颁布的"茅门之法"就规定，车子进了王宫的门，车夫就要"执而戮之"；

轘，也就是车裂，楚国杀陈国的夏征舒和楚国的大夫观起，就是采用的这种刑法；

爇，即火刑，指用火烧死。楚国的忠诚之士郤宛，遭奸臣费无忌的陷害，费无忌就逼着老百姓用火烧死他；

炮，也是火刑，是一种用烧红的铜或铁筒，炙人致死的刑法。老百姓不愿意烧死郤宛，后来令尹子常用炮刑处死了他；

烹，是用大铜鼎或锅将人煮死的酷刑。春秋末年，楚国的白公之乱失败后，他的死党被平叛者烹死。

灭族，这是一种一人犯罪，亲族连坐的死刑。亲族一般都是指三族，即父族、母族、妻族。郤宛被费无忌害死以后，他家人还遭到灭九族的迫害；在这种刑罚中，灭家之刑要较为轻一些，只连带一家之人。战国时期李园设计杀死春申君以后，又杀死了春申君的全家。

死刑之外还有肉刑，肉刑包括伤残身体某一部位和损伤皮肉。伤残人的身体的刑罚有：

宫刑，即破坏人的生殖器官。未见有实际例子，只是楚国人将执宫刑之人看作一种下贱的职业，楚国的人曾经想侮辱晋国，便打算让晋国的官员到楚国来做执行宫刑之人；

刖刑，断人的肢体。楚国为王宫或王城看守大门的人一般都是受过刖刑之人；

劓刑，割人的鼻子。楚怀王的夫人郑袖为了去掉楚王宠幸的美人，曾经设下毒计蛊惑楚怀王割掉他所宠爱的美妾的鼻子；

墨刑，在人的脸上刻印子，留下永远的印记。楚国对于一般犯小偷小摸之罪的人采取的大多是黥刑，意在将印记永远留在犯罪者的脸上，以免他重犯。

损伤皮肉的刑主要有：

笞刑，用荆条抽打，前面讲到过的楚文王受的就是这种刑；

鞭刑，用皮鞭或者其他鞭子抽打，主要是军中对待士兵的刑；

贯耳，是一种用箭镞穿耳的刑法，也是在军中运用；

桎，戴在犯人脚上的木制枷锁；

梏，戴在犯人手上的木制枷锁。湖北荆门包山楚墓出土的竹简中发现有桎梏之刑。

也有少量的是属于肉刑之外的刑罚，这种刑法早期的楚国用得比较少，到楚国立国多年以后，这种刑罚才逐步地多起来，并代替了一部分肉刑。主要包括：

囚，属于拘禁之类，对于战败的将领中不属于主要过错人的惩罚；

放，即流放，这是对那些犯了重罪，但是获得了大赦的人实施的刑罚，在当时这种刑罚算是很轻的一种。楚国曾对所灭国的贵族实施过这种刑罚，如陈公子招；

还有一种在当时也算是比较轻的刑罚，就是没为官奴，这一般是对那些犯罪者的家属所施行的刑罚。这后面的三种刑罚是以其他的惩罚代替肉刑的刑罚。后来楚国还实行一些以经济惩罚、人身惩罚或者政治惩罚来代替肉刑的刑罚，这当然较伤人肉体的肉刑来说，更轻一些，也要进步多了。比如说私宅入官，在当时就是一种惩罚的办法，这是对那些一时无法判决但仍然被认定为有罪的人实施的刑罚。

比较单一地采用肉刑，是楚国阶级社会早期刑法的一种表现。那个时候，统治者采用的是最具有强制力而又简单易行的肉刑来对待敌对者和被统治阶级，同时早期楚国战争的频繁，也使得肉刑的运用更加广泛。到后来随着社会的向前发展，只用单一的肉刑已经不能有效地实施统治以及对各种人等实施惩罚，因而与肉刑同时存在的其他刑法开始出现。同时更加严格准确地保证刑罚的实施的法律开始出现，这就是人们一般所说的成文法。

在楚国，能够找到的成文法很有限，见于记载的大致有以下几个：

一是楚庄王时期的"茅门之法"，这是有关王宫的禁卫之法，大致内容在文前面已经说到；

二是楚灵王时期的"仆区之法"，这是惩治窝藏逃犯的法令；

三是"丽兵于王尸者法"，这是楚国为保护楚王的尸体而专门立的一项法，它禁止以兵器损伤楚王的尸体，违者要罪及三族。楚国的吴起深谙法律，在遭到楚国反对变法的贵族攻杀后，他便立即伏到楚悼王的尸体上，虽然他自己被大贵族射杀而死，但是也使很多的反对变法者成为他的殉葬品；

四是盗窃抢劫法，这是专门为惩治那些盗窃和抢劫别人物品的人而制定的法；

五是禁止采金法，这是一项专门针对某些出产金矿的地方设立的法规，它对那些未经官府允许而私自淘金的人实行严格的限制，如果谁违反规定，就会被判处肢解这样的死刑；

六是收税法，包括市税和关税两种。楚国的商业比较发达，集市也就很繁荣，为此楚国专门制定了对集市进行管理的条例，并设有专门的集市管理官员，负责管理市场和征收市税。关税是专门在各地的水陆交通要道上设立关卡对来往的商人征收过往的关税，一般的商人都要按规定照章纳税，只有那些被楚王授予金节的人，可以享受免征关税的优惠。

（三）基本大法

以上这些法典都只是单一的法令条文，除了这些以外，楚国也出现了具有全面指导意义的基本法，比如春秋末期楚昭王时楚国的基本大法——"鸡次之典"，这部大典对于楚国意义重大。当时吴国即将攻进楚国郢都，楚昭王匆忙出逃，什么东西都顾不上带，宫门大开，宫中一片狼藉。楚国有一个名叫蒙谷的人，看到王宫中的法典无人管，便从宫中把这部法典抢出来，冒死从郢都逃出。当楚昭王回到楚都，而蒙谷尚未到达时，楚国由于没有法典的指导，百官们都不知道该如何着手整理国内乱七八糟的一摊事，百姓也无所适从，直到蒙谷回到郢都，献出"鸡次之典"以后，楚国才"五官得法，而百姓大治"[①]。由此可知，这一部法典显然是国家的根本大法，对楚国具有普遍的指导意义。这种法典其实早在楚庄王时期就已经出现，只是未像这样有明确的记载。这时国家还设立了专门收藏法典的地方，叫作"平府"。

（四）法律的制定

到了战国时期，楚国已经设立了专门制定法律的机构，并选派专门的官员来制定法律。如博学多才的屈原就被楚怀王委任为"宪令"，专门制定国家的法令规章。战国时期由于社会的大变动，法律的变动和更改也更为频繁，因此需要有一个专门的机构来制定法律，以适应国家的发展情况。楚国的吴起在实行变法时，很重要的一个内容就是修改楚国的制度法令和规章等。虽然吴起最后被保守派射杀而死，但楚国法制的风气却由此得到加强。

在楚国应该属于法的范围的还有一些内容，即楚王或者政府发布的诏令、国家的某些制度、命令等。如军事措施、宫廷制度、经济生产法令、政治改革措施等，都可以包括在法的范围之内。楚庄王时期发布过一个更改币制的诏令，他下令将市面上流通的楚币由小改为大。后来老百姓感到用起来不方便，便不出来营业，市场一下就萧条起来。市令把情况反映到令尹那里，于是楚庄王又将楚币改回到原来的大小。楚庄王对出入宫廷的车辆的高矮不满意，认为不便于套马，于是便要求老百姓把车辆都加高，这也属于楚王诏令的范围。这些命令有些属于短期的行为，但它们具有强制执行的性质，有些后来也成为长期的法规。在古代，制度也是法律的一项重要内容，制度的各项条文和见于命令者，它们都是为民众所遵守的，所以它虽然没有被定为律，入于刑，也是可以算作法的。典，就是常法、典章制度的意思，

[①] 何建章注释：《战国策注释》，中华书局1990年版，第525页。

楚国的"鸡次之典"就是称为典的基本大法。吴起变法中除有一部分是增加和强化法律条文的内容以外,还有一部分就是重在建立一种新的政治制度,如收回封君之子孙三世的爵禄,绝灭百吏的禄秩等等。这些虽都属于制度的范围,但吴起都是将它们作为法令来执行的。也就是说,在那个时代,这些内容大致都是涵盖在法的范围内。

(五) 不成文法

除这些内容以外,古代的法还有一些重要内容,就是不成文法,这种法令在楚国自始至终都一直存在,虽然它们未见于明令,也未入律,但是为统治者所用,并且在民众中长期流传,为民众所普遍遵守,因此它们也是一种法。这是由原始社会遗留下来的一种约定俗成的法规,它得以流传下来,一是依靠传统的强大力量,二是因为当时法令条文的不完善,它可以起到补充的作用。楚武王时期的莫敖屈瑕以及后来楚国的一些将领战败后的自杀行为,就是一种部落内部不成文法的遗留。不成文法的另一种形式是祖上留下来的遗训或者长久的行为习惯,某些也被后世当作法来执行,如楚文王时期葆申用荆条抽打楚文王的举动,就是依据祖上之法来执行的。

(六) 礼与法的关系

礼具有十分重要的法律作用。在先秦时期,周王朝所制定的礼是一种在当时的社会中无所不在的行为规范,而且在很多时候礼不仅仅被当作礼仪和道德规范来遵守,而且被当作一种相当的法则来执行的。当时不少的诸侯国都声称要以礼来治国,虽然不可能完全做到,但把礼作为法律来看待的观念是十分清楚的。楚国在春秋初期是接受周礼较少的国家,楚国最初治国的思想是信义、德行、刑法,还有先王之命,并没有把礼算在内。后来由于受到中原诸侯国的影响,以及文化的不断融合,楚国也接受了周代的礼仪,并把它作为楚国法令的补充。楚国的大夫申叔时就曾说楚国的君王应教给百姓以礼,使他们知道上下之间的规则,礼在这里成为法的同义语。楚昭王时,楚国的大夫斗且廷看到令尹子常不按楚国的法规领取自己应该得的那一份爵禄,私下里过分地蓄积财富,就说令尹子常无礼。斗且廷说的这个礼,就是楚国的制度或者法规。但总的来说,楚国采用周代之礼的内容比较少,而且运用得比较晚,再加上到了春秋末战国初,礼就逐步与法分道扬镳,所以礼的内容就渐次地消失了。

随着时代的发展,楚国的法制观念逐渐深入。尽管能够见到的楚国完整的法令条文几乎没有，但是通过楚人的言行可以大致看到，楚国的法令条文已经深入到社会生活的各个方面，法制的观念也已开始进入到官员和百姓的心目中，这是一个很能说明法律的执行程度的现象。同时我们还很庆幸地从最近出土的竹简中发现了一些有关司法程序和法律执行的简文，从中可以进一步地了解楚国的法律状况。

在楚国的高级官员身上，可以比较清楚地看出当时楚国法制观念的深入程度。楚庄王时的令尹孙叔敖曾经是楚国的一个下等贵族，依靠当时的令尹虞丘子的推荐，他从一介平民一下子做上了楚国的最高官——令尹，然而这并不意味着孙叔敖从此就对这样一位识才并有恩之人凡事姑息迁就，当个人利益与国家的法律法规发生冲突时，孙叔敖仍然会毫不犹豫地以国家利益为第一，而把个人之间的感情和利益放在第二位。孙叔敖上台不久，就碰上虞丘子家有一位族人违反法律，孙叔敖明知道这人与虞丘子家有某种关系，但还是把他抓起来，并依法判处他死刑。虞丘子听说这件事后，不仅表示十分理解，而且还称赞孙叔敖做得对，认为自己没有为楚王选错人。这两位一前一后的令尹，对于法律都能这么自觉地执行和遵守，表明在楚国的君臣中间，已经有了比较强的法制观念了，而且国家法律的执行有了一定的保障。

不仅官员如此，就是在楚国的老百姓中间，从春秋时期开始，法制观念也逐步地建立起来了。楚国有这样一个故事，说是有一个非常诚实的人，他的父亲偷了别人家的一只羊，这个人就到官吏那里去报告了，官府了解了情况以后，就要处死他的父亲，这位告发的人听说他的父亲即将被处死，便要求代替他的父亲接受死刑，但是官府却不允许。于是他就跑去对执法官说："我的父亲偷了一只羊，我去向官府报告，这不是说明我是很诚信的吗？现在我的父亲要被处死，我愿意来代他去死，这不是说明我是很讲孝心的吗？如果你们对于这样既讲诚信又尽孝心的人也要处死的话，那么，你们还有什么人不能处死呢？"执法官们大概是碰到了一个前所未有的难题，于是便把这个案件上报到楚王那里，楚王一听，被这个人感动了，他下命令免除此人一死，连同他父亲的罪也一并免了。这是一起传统的观念与新型的法制观念相碰撞的典型事例，结果传统观念未输给法制观念，新的法制观念也未输给传统观念。楚王在其中起了一种平衡的作用。但这个故事说明，在楚国百姓的心中，法律已经有了相当的分量。然而在当时别的国家中，却并不完全是这样一种状况，鲁国的孔子听说过这件事后，他认为，这位做儿子的绝不应该把父亲的不良行为说出去，应该子为父隐，父为子隐，然后诚信就在其中了。这与楚国的观念是大相径庭的。

在楚国，法制得到官员百姓上下人等的重视，有一个重要的原因是在楚国君王的心中，法律是保证国力强大、保障王权有力的一个重要因素。楚文王时期发生的一件事，还可以说明楚国君王对执法的态度。楚文王在出兵讨伐邓国的途中，受到缺粮的困扰，在休息途中，楚文王派儿子革和灵去采摘野菜。这两位王子大概是采不到野菜了，便把路上一位要饭老者的箩筐抢了去，这位老者告到军中，请求官员们为他做主。楚文王听说这件事后，不动肝火，马上就命人把这两个儿子捆起来，要把他们杀掉。后来左右的人赶紧为楚文王平息怒火，劝说道："二王子即使有罪，也不至于因这么一点小事而处死啊。"楚文王虽然知道二子之罪不该被处死，但到底心中气难平，他为此说了一大段话，其中有一句就是："爱子弃法，非所以保国也。"意思就是为了爱自己的儿子而置国家的法律于不顾，对国家绝不是一件好事。出于维护国家利益的考虑，这大概就是楚王对二位王子要用这么重的刑的原因。

二、楚国法律制度中的司法程序

（一）从中央到地方的司法机构

楚国法律的执行已经到了一个什么样的程度，从楚国司法程序中也可以略知一二。楚国在春秋初年就已经有了专职的司法官员，他们是司败和廷理，但这时大多数的行政官员仍兼有司法官的职责，很多官员都有司法审判的权利。从令尹到基层行政机构的小官，都可以接受诉讼、审案子。早期楚国的司法程序比较简单，前面说到的楚庄王时期廷理为太子违犯"茅门之法"而进行的处理程序就是如此。大致过程是这样的：廷理得知了这件事后，马上就依据情况，处罚了车夫，并砍了太子的车子，这件事就算了结了。没有发现有谁提出诉讼请求，或者一审、二审之类的程序。到春秋后期，楚国的司法程序中有了诉讼和听证这样一些内容。楚昭王时期的叶公子高与孔子曾有过一段对话，叶公子高说："我们这里有一种坦白正直的人，他的父亲偷了别人的羊，而他却跑到官吏那里去告他的父亲。"叶公的意思就是说，我们楚国是以这样的人为正直的人。楚国就是专选这样的人担任司法的官员，楚昭王时有一个士名叫石奢，为人公正而又直率，于是楚王就任命他为楚国的廷理之官。这种观念不仅说明楚国人对于正直有自己的理解，而且说明楚国的法制思想已经开始进入民心，有人犯了罪，就会有人到官府去告官，由官员出面来处理，这是较早的诉讼程序，而且官员也支持这种做法。

（二）各级机构的司法程序

战国时期的司法程序要比春秋时期更加健全和完善一些，从湖北包山出土的竹简中，可以看出当时司法程序的大致过程，它包括以下一些内容。

第一，当时除了行政官员有司法权力以外，还有专职的司法官，官员的名称是司败，这与史籍中的记载是一致的。所不同的是，司败不仅仅在中央一级行政机构中有，地方的行政机构中也有这种官。此外地方基层行政组织中的官员，也处理司法事务，如州和里这两级行政组织中的官员——公，也负责基层的法律事务，也就是接受案件和审理案件。

第二，竹简中反映出楚国的案件审理程序大致是这样的：首先由地方的基层官员接受民众的诉讼请求，即竹简中出现的"受期"，然后由地方的基层官员，如司败、州公、里公等审理。如有疑问或者案件有别的问题审不了，就报上一级机构继续审理，直至报到楚王这一级，由楚王来做最后的裁决。

第三，为了避免失误，保证审判的准确公正，案件要进行多次审理，尤其是在案件不清楚的地方，要反复审理多次。竹简中记载有一个案子反复审了四次，表明当时对于案件审理的严肃认真态度。

第四，审讯重证据。在审讯时，原告和被告双方都必须到场，法庭搜集案件证据的方法就是找证人。证人在作证前必须宣誓，保证不作伪证。在证据充分的情况下，再来做出判决，有时审判一个案子，证人可达千人之多。

第五，审判中还规定了回避制，原告被告双方的亲人或同社同里之人都不能作证，同在一处做官的人也不能作证。

第六，审理民事纠纷案件时，有时不采取判决的方式，而是采取调解的方法，竹简记载了一起关于土地继承权的争讼，最后由大司马调解，结果是土地由主人的旁系子孙继承，这就算解决了这起纠纷。

第七，审讯结果有检查登记制，每一宗案子的审理都有原始的较详细的记录，并有审理后的归档记录。记录的目的是备查和为以后提供案例参考。

这表明战国时期楚国的司法工作已经形成一套比较先进的操作程序，只是尚不完备。

楚国的法律制度到后期，已经逐步与中原地区同步发展，只是从严格意义上来说，这个时候楚国还没有出现"律"，这在当时的各国中，情况大致都是如此。直到战国末期李悝和商鞅变法之后，才有了比较完整的法律体系，也才出现"律"。到了秦汉时期，"律"就开始逐步走向完备了。

第五章　楚国社会生活中的礼与法

楚人在执行等级观念的同时，礼仪观念也逐渐地滋生起来。周朝时期，礼被作为立国的另一件大事，与军事这一件大事并存，用当时的话来说就是："国之大事，惟祀与戎。"当时的人对礼是怎么理解的呢？春秋初期，晋国的大夫师服说："礼以体政，政以正民。"他已经认识到礼是政治体制的核心。在当时人看来，礼就是国家的根本。礼的作用是整顿百姓，制订君臣上下、官员之间以及社会各种行为的准则，是订立国家财赋的标准。后来的人们更是把礼看作天经地义的行为准则。楚国在跨入中原文化圈的过程中，时常会因为礼仪不周，受到周朝所封诸侯国的嘲讽和讥笑，因而楚国内部的敏感人士常常会互相提醒和告诫，等级中的礼仪观念就在这样一种环境下逐渐发展起来。在这一节中所要讲到的主要是指礼仪之礼，而不是前面所讲到的被当作法律来执行的礼。楚人从最初不注重礼仪，到后来平民的墓中都由陪葬陶制生活用品变为陪葬陶制礼器，说明礼制观念的发展深入民心。

楚国礼制的发展过程，是随着楚国的发展而日趋繁复的。在这里择其要点进行介绍。

一、祭祀之礼

在春秋时期，人们普遍认为国家的大事就是祭祀和战争，因而在祭祀这件事上是尤其要讲究礼仪规范的。而楚国尤其重视祭祀之事，因为楚国人最相信巫觋之术，相信鬼神能够帮助自己的国家和人民，所以楚人遇事求助于鬼神就成为他们的一个传统，在祭祀鬼神这件事上他们尤其讲究礼仪规范。由于楚人重视祭祀之礼，因而在祭祀中就出现了在人与神之间起沟通作用的专职人员——巫师，在楚国男巫师叫作觋，女巫师叫作巫。而且巫师的地位相当高，楚人认为巫师有不同于一般人的本事，他们能够正确处理上下之间的关系、弘扬正义、使人人都能知晓鬼神之意，并且还能听到鬼神与人世的对话。巫师具有这般神奇的能力，就能使鬼神与人世之间进行沟通，从而保证鬼神只给人间带来福佑，而避免它们给人间带来的灾祸。而且在祭祀中他们礼仪规范，礼节周到，因此楚人常常把巫师看作是国宝。楚国的君王也常常以自己在诸侯国之中拥有最好的巫师而自豪，并且凡遇有较大的事或者拿不定主意时，都要向巫师请教，再做出决定。

楚人的祭祀一般都是以什么为对象呢？在楚人的心目中，首先当然是鬼神了，然后是自己的祖先，再其次就是与楚人生活最为密切的山川河流等。鬼神也就是神灵，楚人所信奉的神灵有很多，早期的楚人主要只信奉自己本民族的自然神，如日神兼农神炎帝和火神兼雷神祝融[1]。还有一些其他的自然神，如被称为飞廉的风伯，被称为山鬼的山神，被称为雨师的雨神，被称为云中君的云神等。后来随着楚国与外界的交往日益频繁，交流日益扩大，楚国对于别国所信奉的神也采取了兼容的态度，比如北方所信奉的高辛、轩辕、河伯，南方所信奉的伏羲、女娲等，都被纳入了楚人信奉的神的范围。后世的人对于楚人对鬼神的崇拜信仰曾经说过这样一句话"楚人信巫鬼，重淫祀"。说明当时的楚人对于鬼神的重视程度是非常高的。

祖先之神是楚人放在第二位的神，楚人非常看重自己的祖先，这在楚人的历史上是一个长期保持的传统。楚人大概对于自己的祖先在筚路蓝缕中艰难发展的历史记忆太深刻了，所以直到后来楚国发展成为强国的时候，楚人仍然以自己祖先艰苦创业的历史教育后人。在楚人记忆中的祖先最鲜明的是祝融和鬻熊。在楚成王时期，当时的一个小国夔国的国君不祭祀楚人的祖先祝融和鬻熊，楚国人马上就指责他们，夔子辩白了几句，意思是我们已经脱离了楚人这些祖先，还有什么必要去祭祀他们呢？楚成王一听这种数典忘祖的话，立刻感到气上心头，耿耿于怀。熬过炎热的夏天，到秋天就派兵去把夔国灭掉了。在楚人心里，不论在什么时候、什么情况下祖先都是不能忘记的，不论你走到哪里，也不论过了多少代人，只要你曾经是楚人，都要对自己的先人行祭祀之礼，否则其他的楚人是不会答应的。楚人不光祭祀自己共同的祖先，也祭祀自己的先王和自己的祖宗，他们把祭祀同一宗庙的祖先的

---

[1] 张正明：《楚文化史》，上海人民出版社1987年版，第3—13页。

人都登记在同一名册上，楚人最初的基层组织就是以登记在册的祭祀同一祖宗的人群为单位，即里社。

祭祀山川也是楚人祭礼中的重要内容，楚人对于自己境内的山川非常看重，他们在遇到重大的问题时，往往要对着山川顶礼膜拜。这种祭礼一般都由朝廷来进行，或者在王室贵族中进行，民间通常没有这种祭祀之礼。这些山川被楚人称为"望"，也就是地望之意，祭祀山川就叫作望祭或者望祀。楚昭王有一次得了疾病，有一位官员说，大概要用物品祭祀一下才能好。他身边占卜的人通过占卜后确认，是黄河引起的，于是便要对黄河进行祭祀。楚昭王说："从楚国的祖先起，祭祀就不超过自己的地望，楚国的地望在长江、汉水、雎水和漳水之间，楚人的祸福都只是与这些河流有关，怎么可以祭祀到黄河边上去了呢？我虽然没有什么大德，但黄河绝不是导致我生病的原因。"于是楚国的官员们便没有为楚王的疾病举行望祭之礼。过了三天，楚昭王的病便痊愈了。这表明楚人所祭祀的河流只限于楚国境内。楚国在遇到大的问题拿不定主意时，也是举行祭祀山川的礼仪，来决定取舍。楚共王没有嫡出的儿子，但是却有五个受到宠爱的庶出之子，他一时难以决定由谁来继承王位，只好求助于山川，于是遍祭楚国山川的神灵。在祭祀的过程中祈祷：请神在五子中选择一个，让他来主持楚国的社稷吧。楚王把暗示着王位的玉璧展示给山川的神灵看，然后把玉璧埋在祖庙的院子里。由他的五个儿子按长幼次序分别到宗庙中去祭拜，如果谁拜的方向正对着那块玉，谁就可以继承王位。后来的结果是三个人都压在玉上了，只有两个人离得很远，这三个人后来果真都做了楚国的君王，真是太巧合了，这也难怪楚人那么相信祭祀山川的作用。楚人祭祀山川的观念随着楚国地域的向北推进，也发生着变化。到战国时期，楚人的祭祀已经不仅仅局限于地望之内的山川，而是越过楚的疆域，进入到中原北方的地域内了，这表明此时人们思想上的地域观念逐渐淡薄，大一统思想的逐渐确立。

关于当时楚国的祭祀规矩，专管占卜和祭祀的官员观射父是这样说的：天子，也就是周王，可以祭所有神和万物，所有的物品都可以用来做祭品或牺牲；诸侯可以祭天地三辰和山川土田；卿大夫可以按照礼仪规定来举行祭祀；士和庶人则只能祭祀自己的祖先。具体到祭礼所用的物品，也是有规定的，楚国的屈建曾概括地说过：国君可以用牛作为祭品，大夫用羊，士可以用猪和狗，而庶人则只有用烤熟的鱼来祭祀自己的祖先，但总算还有可以用来祭祀的物品。再下等的庶人或者奴隶，他们的祖先大概是连这样一点祭品也享受不到。楚人对于祭祀之礼一般来说都能够比较自觉地遵守，这也反映出楚国对待祭祀的态度是非常严肃和尊崇的。

供祭祀所用礼器的礼仪规矩也有严格的讲究。按照周代的规矩：天子享用九鼎八簋的祭祀之礼，诸侯卿大夫享用七鼎六簋，楚国人的礼器制度是对周代礼器制度的继承和创新。它们之间的共同点是，都用列鼎的多少来表示墓主的身份；不同之处是，周天子所封的中原诸侯国一般都只用一种列鼎做礼器，而楚国则用两种类型的列鼎来做礼器，一种是与周朝相同的圜底鼎，另一种是与周朝不同的束腰平底鼎。所谓列鼎就是相同形状的鼎，按大小依次排列在祭祀的地方。在相同的列鼎制中，楚国还有一点不同之处就是，它不像周制那样是一件件的鼎陈列在一起，而是一对对的鼎排列在一起。我们现在所能见到的实例，就是发掘的坟墓中出土的鼎。人们生前所享用的礼仪规格大致都可以从陪葬物的使用中反映出来。比如安徽寿县楚幽王墓中出土的鼎就有十对。曾经一度被楚国灭为县的蔡国，其国君也享用六鼎的规格。春秋时期楚国一个名叫蒍子冯的令尹，生前也享用五鼎的待遇。荆门包山埋葬的是战国时期楚国左尹的墓，墓中也出土了六对列鼎。从表面上来看，令尹的墓似乎比不上左尹的墓，这也许是由于荆门包山左尹的墓要晚于令尹的墓，因而在礼制上出现僭越的现象。但令尹墓中的鼎在形制上要远比左尹墓中的鼎大和精致，这表明无论当时人们的观念如何更新，总有一些不能逾越的鸿沟，给后世的人们留下考察的痕迹。

二、朝聘之礼

朝聘之礼是春秋时期各国都要遵循的一种礼仪。朝和聘都是国与国之间进行交往时所必须遵循的一种外交礼节。朝是指下对上的一种觐见，如周代诸侯国对周天子的朝见之礼，还有一些弱小的国家对大国的朝见都属于朝。聘，是指诸侯派大夫到别国进行一些外交上的活动。楚国在春秋时期随着外交活动的逐步开展，外事活动日益频繁，对于朝聘之礼的熟悉程度也日益加深。

一般来说行朝聘之礼的情况有以下几种：小国对大国的经常性的朝见是一种；在大国之君即位之时，小国的君王前往朝贡又是一种；还有一种是小

第五章　楚国社会生活中的礼与法

国之君即位时，要前往大国朝贡，而这时大国也派使臣前往聘问。楚国对周王朝最早的朝贡是在周成王时，大致相当于楚国的熊绎时期。熊绎在周成王时，向周天子贡奉的物品主要有这样几种：一是苞茅，为周王朝祭祀时滤酒所用；二是桃弧棘矢，是用来制作弓和箭所用的上好材料；三是楚人有时也将自己土地上出产的土特产进献给周天子，如龟贝等。楚国在楚成王正式参加岐阳之会以后，对周朝的臣属关系得到确立，朝贡也就成为经常性的事情。这时楚国与周朝关系进入转折时期，楚国在各方面也已经与以前有了很大的不同，周天子对楚国的态度有了较大的转变。楚成王在上台以后，为了进一步壮大自己的力量，采用对各方施惠，并与原有的诸侯搞好关系的策略，备上礼物到周天子那里去朝贡。这一次的朝贡与以往有所不同的是，楚王是另有所图地带着自己的目的去的。周天子在受到成王的朝贡之后，果然一下子高兴起来，马上就赐给楚成王一块祭祀用的肉，并且把南方的一大块土地交给他去管理，说是要他管理好南方夷越之地的一些小国，不要让他们到中原地区来捣乱。实际上这时候周王朝已经没有很大的权威了，周天子正好借此机会，既笼络了楚国，又维护了自己的统治。这一次朝贡，对于楚人来说，所得到的利益当然更大了，楚国名正言顺地得到统治南方的土地这一权力，使楚国直接统治的地区范围一下子达到千里之广。

当楚国强大起来以后，比楚弱小的国家也迫于强力，要像楚国对周王朝称臣一样，对楚国行朝贡之礼，比如郑国等一些较小的国家就是这样。公元前642年，也就是楚国的成王时期，郑国的国君第一次对楚国行朝贡之礼，楚成王将当时最为宝贵的铜赏赐给郑国作为回礼。事情过后，楚成王又觉得这件事做得有些不妥，于是马上又派人去对郑国的国君说，不要用这些铜来铸兵器。郑国虽然觉得铜是一种十分有用的军用物资，可也不敢违背楚国的意志，只好用这些铜来铸了三座大铜钟。从这几种朝聘的例子中，可以知道当时的朝聘礼仪，一是朝贡的国家必须带礼物到大国去，也就是贡礼，二是被朝贡的国家要回赠礼物给朝贡国。对于小国来说，如果经常对大国保持朝贡的态度，在各方面也会得到一些好处，只是在地位上要屈从于别国，这对于那些地位弱小的国家来说，不会有很大的难处，而对于那些堂堂大国，则是无法容忍的一种行为。所以有的大国在某一段时间处于衰弱之状时，一些平常地位相等的国家就会趁机来要挟大国对他们屈尊下卑、称臣纳贡，这时候朝贡就成为一种屈辱的代名词。反之如果原来的小国在地位强大起来以后，就可以不对大国称臣纳贡。比如楚国，过去一直对周天子称臣纳贡，而到了楚庄王一代，当楚国势力强大起来后，它不仅不再给周天子敬送贡品，还敢直接把军队带到周王朝的边境之地，在周天子招待他的宴会上，问周王朝的鼎之大小轻重，这就把过去自己的朝贡地位完全否认了，两者之间至少是平起平坐的关系。

三、燕飨之礼

这是在当时的诸侯国之间进行得比较频繁的礼仪。燕飨之礼包括几个方面：一是楚国君王对来访的诸侯、使者、宾客等人举行的宴会招待；二是楚国国君到别国去，别国的国君也要举行一定的仪式欢迎楚国的国君，而楚国的君臣也要有一些相应的回敬之礼；三是有时在国内的君臣之间进行的一些宴飨活动，也要讲究一些礼仪。公元前579年，晋国的郤至接受楚国的邀请，为两国订立盟约的事到楚国造访，楚共王为此设宴欢迎他。楚国的司马子反作为主持礼宾之人，在晋国使者即将经过的地下室内安排了楚国强大的乐队，当郤至正要登堂入室之时，地下的礼乐齐鸣，郤至不知道发生了什么事情，吓得转身就往外走。子反不了解实情，还以为晋国的使者是回避，忙上前拦住他说："时间不早了，寡君还等着您呢，您还是进去吧。"这时候郤至才意识到这是一种欢迎的礼仪，为掩饰自己的失态，连忙说了一大堆好话，他说："贵国的君王不忘记先君的友好，并把它用在下臣的身上，赐给下臣这么重大的礼仪，还有全套的音乐，如果有一天上天降福给我们两国，使我们两国的国君相见，还能有什么样的礼节能够比得上今天的呢？下臣实在是不敢当。"结果在子反的再三劝说下，郤至还是接受了这种礼仪，只是回国后感到很不高兴，觉得楚国违反了常礼。这说明楚国在某些时候为了政治的需要会不顾一般的常规，采用很高规格的礼仪来燕飨宾客。在宴享之时，东道主还要送给客人一些礼物，公元前535年，楚灵王在楚国的有名楼台——章华台上宴请鲁昭公，席间听说鲁昭公喜欢质量优良的弓箭，便把楚国的一把名叫"大屈"的名弓送给了他，当然事后楚灵王又感到很后悔，又用计谋把这把弓箭诈取过来，说明这把弓箭确实是好。在宴请结束以后，主人往往还要陪同客人一道进行一些娱乐活动，如打猎等。

与此相应的是楚国的使者到别国去也会受到相应的接待。当时的中原小国郑国是楚国的长期盟友，楚成王时期，楚国解救了被宋国攻打的郑国，当楚成王进入郑国的时候，受到郑国国君的隆重接待。郑国的国君向楚王敬了九次酒，准备送给楚王的礼物在王宫院子里堆得像小山一样，足足有一百多件。另外还加上一些装有食品的礼器六件等。宴请完了以后，楚国还带了郑国的两个侍妾回去。当然这些已经不属于正常礼仪中的内容了。

四、会盟之礼

春秋时期，各诸侯国之间常常为各种事情举行会盟，这种会盟一般都是各诸侯国的首脑们聚会的时刻，在会盟之前和会盟之中都要举行各种仪式，这时候是最讲究礼仪规范的。楚国在加入了这种活动的同时，也把各种礼仪都接受过来，作为与各诸侯国打交道时必备的礼制。会盟之礼一般包括两个方面，一是诸侯们会见时的礼仪，一是会见之后双方的盟誓，这两种礼仪基本上是连在一起的，有时不可分。会盟的目的一般是诸侯国为了自己国家的政治、经济的利益，而考虑与别的国家结成一段时间或者一定限度之内的同盟关系，为了郑重起见，也为了使各方都能严格地遵守会盟的内容，参加会盟的各个国家要举行隆重的会盟仪式，它体现出各个国家之间的外交礼仪。在会盟之前，各个国家首先要派自己国家的外交使臣到别国去商量有关会盟的各项事宜，比如商定盟誓的目标，这有点像现在的国家首脑出访别国之前，先要派外交官员去打前站，为首脑人物的出访安排好将要商谈的内容，或者某一项重大活动之前举行的预备会议。会盟的最后内容一般都由担当主持者的大国首脑确定。会盟开始以后，首先要由东道主设享礼招待各与盟国，然后各诸侯国的首脑人物还要进行一些轻松的即席赋诗言情之类的活动，然后才开始正式的会盟。这一些前奏都是为会盟的成功营造一些良好的气氛。

比方说《左传》襄公二十七年晋、楚、宋、蔡、卫、陈、郑、许、曹等十四个国家会盟的目标，就是在几个国家之间达成弭兵协议。所谓弭兵就是停止战争，这是春秋时期诸侯国之间经常进行的一项会盟内容。在这次会盟之前，楚晋两国的外交使臣就已经互访，进行过会盟前的磋商，宋楚两国也在陈国先行商讨过会盟的誓言问题。会盟选择在宋国进行，当晋国这个当时的大国的首脑到达时，宋国人要尽地主之谊，对他们进行享礼招待。然后当各国的首脑陆陆续续地到达后，会盟就正式开始了。会盟首先要选一个盟主，这个职位一般都是由大国的首脑来担当。如果参加者中间有两个大国，有时就要费一些周折，这一次的会盟中晋国和楚国就都想争当盟主，后来是晋国让步，由楚国做了盟主。经过几天的磋商和讨论，最后在楚晋两个大国就盟书的内容达成共识以后，会盟的誓言就算正式形成了。会盟的誓言在各次会盟中写得都不尽一致，但最主要的是要把会盟的目的写进去。

这一次会盟没有留下盟誓，但可以看到其他的几次会盟的誓言。如公元前603年，宋国与楚国的一次会盟的誓言就相当简单，只有八个字"我无尔诈，尔无我虞"。这个盟誓意思就是双方互相商定在关系到两国的利益时，要坦诚相待，不能互相欺诈。而公元前579年楚晋两国在宋国的一次会盟誓言就比较详细和清楚了，他们的誓言是这样说的：晋楚两国不要互相以武力相加，要好恶相同，互相周济灾难和危亡，救援饥荒和祸患。如果有危害楚国的，晋国就要去攻打它；如果有危害晋国的，楚国也要去攻打。两国的使者往来，道路不要阻塞，协商不和时，就要讨伐背叛。谁如果要违背这一盟约，神灵就会来诛杀他，使他的军队颠覆，不能保佑他的国家。这一段誓言的内容相当丰富，它包括规定双方不得互相侵犯、危难时要互相救助、友好往来和讨伐背叛者等，并有赌咒发誓的内容在内。这应该是一份比较完整的会盟誓言了。看了这样两份誓词的内容，就可以大致地想象出晋楚等十四国在宋国举行弭兵会盟的誓词内容了。

誓词拟好以后，宋国作为地主，要对楚晋两个大国再做一次享礼的招待，然后再经过几天的准备，各诸侯国就可以在宋国选择一个地方举行隆重的盟誓仪式了。由于会盟是在各个诸侯国之间进行的，所以仪式一般是为大家所能接受的。楚国与晋等十几个国家进行的会盟仪式也不例外。举行盟誓仪式的地点一般都不在开会的地方，而是另外选一个地点，楚国与别国在宋国举行的几次会盟，盟誓地点都是在宋国的西门之外，这个地方大概比较适于进行盟誓。盟誓前先要拿一些鸡、狗、马的血来，放在盘子里作为盟誓之用。楚人有时为了表示自己的诚意，也用人的血来盟誓，如楚昭王曾经取司马子期胸前的血作为盟誓之用，这在春秋以前的社会是比较常见的一种盟誓方法，但后来这种方法就比较少见了，原因大概是因为它太残酷。当血端上来以后，首先由盟主进行这种仪式，就是把血含在口里，或者是用手指把血蘸一下，就算完成盟誓的仪式了，然后再由下一个盟主来进行盟誓。盟誓完了之后，并不能就表示与盟各国的关系坚如磐石，为了保证盟誓的牢固，与盟的主要诸侯国还要在会盟之后，互相走动一下，把会盟的结果进一步地巩固一下。因为在当时，各个盟国不遵守会盟誓言的事例是屡见不鲜的。有的口血未干即撕毁盟誓，也有的盟誓仅仅只保持很短一段时间即宣告结束。还有就是经常毁盟，但又经常结盟，即相互之间的关系非常脆弱，但相互之间又经常需要互相维系或依存，难以分开，如郑国、晋国与楚国的关系大致上就是这样。当然也有少数国与国之间的盟誓能够世代保持下去，如楚国与随国之间的盟誓，但那是在一个大国与一个被包围在大国之中的小国之间的盟誓，只要大国单方面愿意，小国就可以存在下去。所以只要楚国愿意，随国自然就可以长期安然无恙了，除此之外很少有盟誓能长久被遵守的。

与会盟意义相似的还有一种诸侯国之间的外交礼仪，那就是会礼，它与会盟是两个不同的概念，会礼简言之就是会见之礼，这在当时的诸侯国中是一种很常见的礼仪，它不同于两个国家之间单独的交往，也是一种在几个国家之间为商讨比较重要的事情而举行的聚会，与会盟不同的是，它不需要进行盟誓，只要把事情商量妥当就可以了。楚国与别国的这种会见出现得很多，只要是有比较大的事情，楚国都要派官员或者由楚王亲自出面与别国的君或者臣进行会见，这种会见的礼仪一般与外交之礼相似，有时它也等同于会盟之礼，所以这里就不详述了。

五、丧葬之礼

在丧葬制度方面，楚国人比较注重丧葬的礼仪，这首先从楚人的墓室的规格上可以看出来。楚国人对于死者棺椁的使用比较讲究，考古发现的楚墓中各等级的人所用棺椁都有比较严格的规定。春秋战国时期人们的墓葬主要是讲究椁室的大小多少，这个时候各诸侯国早已突破了周代天子用礼的界限，僭越天子之礼的现象已成为一种时尚。当时楚国的国君墓所用的椁室是九室，可能是楚国的人素来以九之数来作为事物之最，天子用九鼎为最多，天以九重为最高，以此类推九室就是最多的墓室了，所以楚王就用九室来作为自己的椁数。安徽寿县曾发掘出一座墓室保存得比较完整的楚幽王墓，墓内就是九室的规格,棺的数量却因墓已被盗而无法详知①。如果按照当时周代的丧葬礼制的严格规定,天子的棺椁加在一起只能有七重(层),诸侯五重,大夫三重,士再重,也就是说,士有一棺一椁,那么天子的棺椁加在一起七重就是七棺七椁,这大概是当时的一种算法。如果按照这样的规定,楚国是大大地超过了。在考古中我们还没有见过周天子和楚国国君所用的棺椁,但可以从一段有趣的材料中了解楚国国君的用棺情况。楚国有一个名叫优孟的乐人,能说会道,常常以谈笑的方式供楚王取乐,同时也趁此机会对楚王进行讽谏。楚庄王是一个非常喜欢养马的人,他对心爱的马往往像对人一样,给这些马穿上绣有美丽花纹的衣服,再把它们养在华美的屋子里,睡在铺有席子的床上,还给它们吃枣脯。每匹马都养得很肥。如果有马死了,庄王就让人用大夫的礼为它下葬。手下的人对这种做法都据理力辩,希望楚庄王收回自己的主张。庄王以王者的权威下令,如果有谁再反对此事,就将处以死罪。优孟听说这件事后,前往楚王的王宫,一进大殿的门便仰天大哭,庄王吃惊地问他因何事如此伤心,优孟回答说:"我听说马是君王您的宠物,以楚国这样一个堂堂的大国,您心爱的东西有什么不能得到呢?现在居然只用大夫的礼来为它下葬,这不是太薄待它了吗?我觉得应该用一国之君的礼仪来为它下葬才对。"楚庄王听说以后,马上向优孟询问道:"那么你认为应该怎么办呢?"优孟说道:"臣请求君王为马备上一副雕玉的棺材,用雕花的木头做椁,并用上好的木头为题凑。征发役卒为它挖墓坑,以老弱之人来背土,让齐国和赵国的人在前边陪同,而韩国和魏国的人守卫在后边。以万户之邑的收入来为它作祭祀。君王您这么做了以后,周边诸侯国的国君都知道您把人看得贱,而把马看得贵了。"听到这里,楚庄王已经明白了优孟说话的意思,也意识到自己行为的不妥当,同时也理解了优孟的良苦用心。于是便说道:"寡人的错误已到了如此地步吗?那你说用什么办法才能挽回这些不好的影响呢?"优孟就对楚庄王说出了自己的想法,他说:"请大王用为六畜下葬的礼仪来为它下葬吧!首先用砌好的灶作为它的椁,用铜鼎作为它的棺,再放上姜枣和木兰等物,以粮稻等为祭物,以火光作它的寿衣,最后把它葬在人的肚腹中。"楚庄王这

---

① 李景聃:《寿县楚墓调查报告》,"历史语言研究所"专刊之十三,1936年第1期;邓峙一:《李品仙盗掘楚王墓亲历记》,《安徽文史资料选辑》第一辑,1960年6月。

第五章 楚国社会生活中的礼与法

时已完全明白了优孟的主张。后来他便把宫中自己养的马都放到管马的太官属下,让天下的人不再以为他这个国君是个只爱马而不爱才的人。这里讲的虽然只是一个乐人以特殊的方式劝谏楚王的故事,但从这个故事中可以大致了解到楚国的君王下葬的基本礼仪方式和使用的葬具的规格。以此来弥补史书记载的不足。

卿大夫的墓就是七室,如楚国的封君和上大夫的墓一般都是七室或五室,已发现的有河南淅川下寺的楚令尹墓,江陵天星观、临澧九里和信阳长台观的封君墓,以及荆门包山的左尹墓,都属于此类。他们的主椁室一般都采用二重椁三重棺。再往下就是楚国一般的大夫墓,这些一般的贵族官员所用的椁室都分为三到五室,而中下层贵族和士的墓则通常只有一棺一椁或者有棺无椁。

楚国的丧葬制度中也如周代的丧葬制度一样存在着陪葬制,陪葬一般分为两种形式,第一种形式是实物的陪葬,第二种形式是用人或牲畜的陪葬,也叫作人殉或牲殉。实物的陪葬有两类实物,一种是生活实用器物的陪葬,这在早期的陪葬品中比较多见;一种是象征性的实物,叫作明器。前面讲礼制时谈到丧葬中的用鼎制度,也是实物陪葬的一部分内容,另外还有一些陪葬是其他的实物,比如金银珠宝、武器甲胄、乐器玩好、服饰摆设、日用器皿、镇墓避邪之器等。此外还有一些为官和有文化之人往往也把一些生前有关的文件和书籍放进墓里,这就是竹简或帛书。

楚国的人殉制度在考古的资料和文献资料中都可以找到,说明它在楚国基本上是一个不争的事实。与当时别国的人殉相比,只是数量的多少与程度的轻重之差。楚国的考古墓葬中发现有人殉,在河南淅川下寺楚墓中有两种,一种是附葬在主墓椁室内的墓主人身旁,一种是另外埋在主墓的旁边。湖北随县曾侯乙的墓,也发现有陪葬的人,它采用的是第二种方法,把殉葬者埋在主墓旁边的椁室内,殉葬的人数就当时的情况而言是比较多的,一共有十三具棺材。殉葬人数的多少一般都与墓主人的身份有关,根据死者官职的高低,来确定陪葬的人数。陪葬的人有几种类型,一种是年轻的妇女,这种人生前一般都是墓主人的妻妾之类,她们一般都埋在墓主人的椁室内,生前同宿,死后同葬。也有一些是女仆,这些人就不会与墓主同埋在主椁室内,一般都选择另外的墓室埋葬。还有一种是年轻力壮的男子,这种男子生前的身份有的是主人的奴仆或卫士,有的是宫中的乐人之类,但楚墓中一般以男子殉葬的现象比较少见。在文献资料中可以看到楚灵王在逃到郊外去以后，被申叔时收留，后来楚灵王在这里自杀身亡，申叔时只杀死了自己的两个女儿为他陪葬，而没有见有其他的男子陪葬，这说明当时陪葬的一种惯例。但它也不是一成不变的，史籍还记载战国时期楚国有一个名叫坛的人，为了让楚王封自己为封君，想出了一个最绝的谄媚办法。有一次他陪楚王出游，楚王游得一时兴起，仰天大笑着说："寡人万岁千秋之后，谁能够陪我同乐呢？"这时坛赶紧走到楚王面前，假惺惺地哭着说："大王万岁千秋之后，臣愿以身试黄泉，为大王蓐蝼蚁，还有什么能比得上这快乐呢？"一番话说得楚王心里像吃了蜜一样甜，马上就把安陵君的位置封给了坛。这说明当时的楚王这一类高等贵族如果知道有男子愿意为自己陪葬，心里会格外高兴。

六、婚姻之礼

婚姻的礼仪与制度在楚国早期就已经出现，后来又有了一些发展。当时的楚国与大多数诸侯国一样，在贵族统治者中间，也经常以婚姻作为政治上的一种手段，往往出于某种利益上的考虑，与别的国家进行联姻，或者是别的国家有求于楚国时也往往利用婚姻来进行交易，这种婚姻通常很注重礼仪。而国内的一般贵族之间的婚姻，也要以一定的仪式来缔结。楚人从比较清楚地出现在史籍的记载中开始，就已经是一夫一妻制了，或者说妻妾制，也有少量的是一夫多妻制。一般来说贵族的男子实行的是妻妾制或多妻制，而女子则是固定的一夫。楚庄王娶虞姬为妻，此外还有妾多人。楚怀王本有郑袖等妻妾多人，而秦国还允诺赠给楚怀王美妾，被郑袖应允。在楚人缔结婚姻的礼仪中，有一些是楚人自身流传下来的习俗，也有一些是受周朝的礼仪影响。

周代的礼仪规定，婚姻必须行六礼，然后婚姻才会得到社会的承认。周代的六礼包括：纳采、问名、纳吉、纳征（即纳币）、请期和亲迎，我们所见到的楚婚姻仪式中，周代的六礼只见到三礼。一是纳采。在结婚之前，一般是由男方派人到女子家中向女子的父母或者女子本人求婚，也叫作请婚。如果是涉及楚王或者王族的国与国间的联姻，则要由国家指派官员去求婚。公元前538年，楚王打算与晋国缔结婚姻，于是就派楚大夫椒举到晋国去求婚，然后晋国的国君同意了楚王结亲的提议，婚姻便可以另外择吉日缔结。这种由官员一手承包婚姻中一应礼仪之事的，一般都是国君的婚事，而楚王是不会亲自去别国求婚的，这与一般老百姓婚姻缔结须遵循的礼仪有所区别。二是纳币，战国时的李园之妹被其兄作为政治筹码送到楚王宫中，与李园之妹有一段私情的春申君担心她是否能被楚王纳入，因此曾问过李园，其妹是否已经受人聘币之礼。这里春申君指的就是李园之妹是否已接受男方的纳币之礼，也就是说是否订婚。三是亲迎。纳币之后将要行的礼是亲迎之礼，在亲迎之礼前，男方还要举行一个告庙的仪式，这是春秋时期的一种礼仪。诸侯在遇到比较大的事情时，必须到供奉祖先的庙里去祭告。就是说，到祖庙中去祭祀祖先并告诉祖先将要进行的大事。

后来婚姻之礼也被看作是人生的一件大事，因此也要事前先到宗庙中去祭告。公元前541年楚国的公子围打算娶郑国的女子为妻，在到达郑国之时，为表示自己的行为合乎礼仪，他命令大宰伯州犁去对郑人说："贵君赐给寡大夫围以恩惠，对围说将要把郑国丰氏的女儿嫁给我做妻子。围在国内布几设宴，在庄王和共王的神庙中祭告他们，然后才来到你们这儿，我们的礼仪是很周到的。"言下之意就是郑国不得以非礼待之。亲迎是一个比较隆重的仪式，当公子围到郑国去亲迎之时，陪同前往的是太宰之官，同时还带了大量的军队前往。由于有军队的加入，弱于楚国的郑国对这种阵势不得不有所提防，于是便借口地方狭小，不足以容纳庞大的亲迎队伍，提出要在国郊之外举行亲迎之礼，目的是不让军队进入城内。公子围不愿意丢这个脸面，据理力争，最后以双方的让步达成协议：楚军可以入城，但不得携带武器。至此亲迎之礼才得以举行。在春秋时期除了亲迎之礼外，还有一种女方派男子把女子送走的送女之礼，这在楚国还没有发现，但别国有把女子亲自送到楚国来的礼仪。公元前537年，楚灵王娶晋国的女子为妻，晋平公亲自把女子送到离楚国很近的郑国，然后再由晋国的韩宣子送到楚国。此时的晋国国势衰弱，敬畏楚国，才对楚国这样优礼有加。同时楚国也派官员莫敖和令尹子荡到晋国去亲迎，这一种亲迎之礼在当时已经是相当隆重的了。

在婚礼仪式上，楚人采纳了周人的一些习俗方式，如喝交杯酒。楚人喝交杯酒所用的杯子在湖北荆门包山楚墓中曾经发掘出来一件，全器为一件站立的凤鸟负双杯，前面是头颈，后面为尾翼，凤鸟的腹部左右并列着两个筒形杯，两杯相连的地方有一个小圆孔相通，这相通的地方正是喝交杯酒时流通所用。有学者考证这就是古代婚礼仪式上男女进行合卺仪式时用的。古代也把这种杯子叫作"合卺"。这种合卺仪式在中原的许多国家都曾有所发现，它是中国古代婚礼中必备的一种仪式。

第六章　楚国的军事制度与法

楚国从一个弱小的南方蛮夷之国，在诸侯之中迅速地崛起，发展成一个地域辽阔、国力强大的大国，它在军事上的发展速度是惊人的。楚国的发展壮大史从某种意义上来说，就是一部军事发展史。楚人进入中原的首次亮相就是以军事行动为开端，他们在军事舞台上轰轰烈烈、波澜壮阔的活动，留下了许多关于他们的军事制度、军事装备、战略战术的宝贵资料。楚人的军事活动有其独特的特点，他们战胜或者战败的经验和教训都颇耐人寻味。

一、国家的武装制度

楚人首次出现在史籍的记载中时，他们还处在原始氏族社会，楚人的先祖祝融曾"为帝喾高辛居火正"，这时他们还没有正式的军事组织，只有氏族中的勇敢者代表氏族出去作战，这种战争只是氏族间的一种复仇行为。进入阶级社会后，楚人曾经衰落了一段时间，但到周朝时，楚人就开始发展起来。到周成王时，楚国有一个名叫熊绎的氏族首领被周天子封给子男之田，这给了楚人一个名正言顺的活动空间。历经六个王朝后，楚国的首领熊渠利用周夷王时的衰微，讨伐周边的小国，从庸、扬越，一直到鄂，楚人在其间经历了无数艰苦的磨难，终于顽强地发展起来了。他们伐灭汉东之国的行动，是一个进入国家形态的统治阶级对外族或外域展开的第一次争夺土地和财富的阶级之间的战争。到这时，国家意义上的军事建制开始出现，他们应该已经有了国家军队和贵族的私人军队，但具体情况还不十分清楚。

到周平王时期，楚人氏族首领中出现了一个颇有雄心壮志和胆识的人——熊通。熊通已经不能满足于小范围地谨慎小心地发展，他要大展宏图，于是杀掉他的哥哥而自立为王，并且大胆地采用了周天子的称号自立为楚武王。楚武王统治的这个时候，楚国已经有一支很强劲的军事武装，其中有国家的军队三军、有贵族的私卒如若敖之六卒，他自恃有这么威风凛凛的军队，就开始对周边小国进行一系列的征伐战争。他的目的是"欲以观中国之政，请王室尊吾号"①。至此，国家意义上比较完备的军事建制基本形成。

进入国家初期的楚国，其军事活动还带有不少氏族的烙印，这时国家军队中的主力都是由贵族子弟充任，打仗成为贵族子弟人生中的一件主要事情。三军中的中军是最精良的部队，一般都由楚王亲自指挥，成员都是王族子弟，其次是左军，再次是右军，也都是由贵族子弟担任。这支军队具有双重属性，它既是楚国王族的私人军队，也是楚国的国家军队。三军是楚国的主要军事力量，打仗时如果三军败，则全军败。

（一）国家武装力量的几种法定形式

除了这种具有双重身份的军队外，楚国还拥有一支属于贵族私人的军队，即私卒。私卒归楚国贵族私人掌握和豢养，他们可以为自己的利益出征打仗，这是氏族制度留下的遗迹。但到国家出现以后，遇有战争时，他们也要听命于楚王的调遣，为国出征打仗和执行各种任务。春秋时，楚国最大的私卒是若敖氏的六卒，若敖氏的六卒可以单独出征，进行较大的战争，他们曾作为主力与晋国的军队展开过城濮之战。若敖氏的军队发展到鼎盛时，可以与王卒相对抗，但若敖氏的军队终归在名分上和力量上都不敌楚王的军队，最后被楚王的军队消灭。自此后，这支私卒就从楚国的军事舞台上消失了。楚国其他较大的贵族也都拥有自己的私卒，而且军力也都比较强大。楚康王时期，楚南边的小国舒鸠背叛楚国，楚国派令尹出征去讨伐他们，但中途遇到舒鸠人搬来的救兵——吴国，令尹的力量一时抵挡不住，这时楚国贵族私卒纷纷出兵支援令尹，攻击吴师，截断舒鸠人的救援之路，使楚国讨伐舒鸠一战取得了胜利。这一次战争充分地显示出楚国贵族私卒在大的战争中为国分忧、替楚王出力的作用，这说明贵族的私卒已经渐渐地习惯于为国家所用，同时也展现出他们更为灵活和易于调动的特点。楚国贵族私卒的来源一般都是贵族的宗族成员，还有一部分贵族食邑上的农民。贵族组织私卒在国家需要时出征作战，是他们向楚国家交纳赋税的一种方式。

---

① （汉）司马迁：《史记》，中华书局1982年版，第1695页。

（二）地方武装在法律上的界定

楚军还有一个来源是楚国地方行政机构——县内的兵力，这基本上属于楚国的地方部队，具体作战归县内的官员指挥，但统率权还在楚王手中。楚国在武王时期就有了这种地方部队，这种比较特殊的情况是由楚国当时特殊的国情决定的。楚国在春秋时，非常重视军事扩张，他们既要对外大量地用兵，又要防止外部力量的随时进犯，所以军事力量的完备至关重要，在这种情况下，伴随着楚国扩张后大量的县的设立，县内设立常备军就成为必然。县内设立常备军，有几重作用：一是可以维持刚刚被灭国而后设县的这些地区的安定，二是可以用这些设立在边境之地的军队抵挡外敌的进攻，为楚国起到镇守边防的作用。因此县师既是地方军，又是边防军。楚国北边在春秋时期是一个战争多发地区，因此这些地方的县师的力量格外强大一些。如当时楚国北边的两个大县——申县和息县，这两个县由于兵力强大，就成为楚国北边的大门。凡遇有外敌来犯，北门一关，境内就安宁了。县师平常的军事指挥权一般都由县内长官——县公担任，派往边境当然是一个很苦的差事，责任重大，权力也很大，所以这些担任县公的人一般都由楚王亲自任命。楚平王曾经派太子建去防守边境之地，这一举动既包含着信任，又带有惩罚的性质。太子建感到受到不公正的待遇，因而利用边境的防卫力量起而叛乱，这是边境军事力量比较容易产生的行为，但也与楚王的任命不当有关。楚国历史上的这类行动并不多见，说明楚国对于边境的军事力量控制得比较恰当。县师除了防守边境以外，也参加对外征战的军事行动。春秋时楚国的县师已经成为一支重要的辅助国军的地方部队。到战国时不再见到县师的记载，推测这时县师已成为统一在全国军事编制中的常规部队，成为国家军队的一部分。县师不仅仅在防守边境的战争中发挥作用，当国内不幸发生动乱时，县师还能够发挥平叛的作用。春秋末年，楚国的白公发生叛乱，楚王不得已跑出国都，都城都被白公的军队占领，都城内的居民都盼望着能够有军队来平息这一场叛乱。这时已经在叶县养老的县公沈诸梁，果断地率领叶县的军队赶到郢都，平息叛乱。当时国都内的人们像迎接救星一样迎接叶公的到来。叶公率领着县师所向无敌，一举平息叛乱，然后将破坏得一塌糊涂的郢都城整顿好，还为楚国安排好了令尹和司马的人选后，叶公才离开郢都，重新回到叶县。

(三) 邑兵制

在楚军建制中还有一种军队，这就是邑兵。楚国的邑与中原的邑有一些差别，楚国不是像周天子那样把土地分封给贵族作为他们终身的采邑，而只是将土地作为一种代替俸禄的食邑分给官员，二世以后就要收回。有的被封官员如果触犯了楚王，也要被收回食邑。这种食邑上也有军队，那就是邑兵，它与楚国的私卒有某些相似之处。邑兵除了与私卒一样由食邑上的贵族率领出征以外，还有地方行政区域内军事力量的性质。在这一点上，它与县师有某些相同之处。邑兵担任贵族食邑内的军事防卫任务。如果是在边境，还要担任守边的任务。遇到楚国要在边境打仗，要动用边境那些不属于县制的力量，那就只能是邑兵了，邑兵的力量一般都比较弱，不像楚县有那样强大的兵力，这些邑兵在楚国被叫作"都君子"。楚共王时期，吴国的军队来讨伐楚国，夺取了楚国的小邑良和驾。后来楚国又去对吴国进行报复，沈县的县公劝阻楚王说："楚国这样做一定不会取得成功，楚国对于那些与吴国邻近的邑一点也没有进行安抚，邑内的军事准备也一点也没有做好，那楚国的边邑能够不手忙脚乱吗？"沈县县公的话说明楚国的边邑内的军队一般都是在战争即将来临之时才动用，平常可能都是比较闲散的队伍。他们的作用比不上县师与私卒。到战国时期，一些邑被楚国改设成郡，那些邑兵也就变成郡内由楚王直接控制的武装力量，这就是国家的军事武装。在春秋时期出现的那些氏族性质的私卒、邑兵等，到战国时期都逐渐地转变成楚国的国家军队，众多的私人小支武装统一为楚王指挥下的国家军队，这是楚国由氏族社会走向大一统的中央集权的封建国家过程中的一个方面。

(四) 民兵制

在军事建制方面楚国还有一个特点，那就是楚国这时还设立了民兵制，即寓兵于民的制度，与现代意义上的民兵制度颇有几分相似。春秋末年，楚国与吴国进行柏举之战时，楚昭王被吴师赶出国都，楚人在没有将帅指挥的情况下，纷纷起而抗击入侵的吴师，收复了楚国的土地，这就是当时自发的民众的军事行动，他们可能是一些平常曾接受过一些军事方面教育的民众。战国时期楚厉王年间，在一些战事易发地区还设有一种专门的警鼓，这是一种在遇到紧急情况时，由军事将领亲自擂的鼓，是发动民众参加战斗的号令。从这一种形式看，楚国的民兵这个时候已经制度化了。楚国实行这种寓兵于民的制度，是表明楚国以军事为国家大事的一个重要标志。

二、军事编制

（一）车兵的构成与作用

春秋时期，楚国的地域广大，领有南北两边的土地，并且兼及向北扩张和向南向东的征战，为了适应战争的需要，楚国的军队不断地发展，同时兵种也在逐步增多，它的兵种兼有南北两地的特点。车兵是最早的一个兵种，在中华的土地上大概自夏代以来，战争就是以车战来进行。商周时期的战车，是我国先秦时期军事装备技术的代表。楚人因较早就与周人有了接触，并且还曾经随周天子出征，应该是在这时就有自己的车兵。可以确切地知道楚国有一支强大武装的时代是在楚武王时期，当时楚国已经有了三军的装备，那个时候一辆兵车叫作一乘，按照当时楚国的作战方式，一辆战车有三个人，左边的人张弓准备射击远距离的敌人，右边的人持一支矛，准备对付近距离的敌人，中间的一个人则是驾车的车夫。湖北等地出土的楚国战车中，往往同时还配备有弓箭、矛或戟，这就说明战车上的人至少应该具备三种军事技能，第一是驾御，第二是射箭，第三是以矛或戟来刺杀敌人。楚国春秋时期的车战技术已经达到相当的程度，它可以向别国输送车战的教官，教别人射御和驾车的技术。

在古代进行车战的同时，也还有步兵存在。这种步兵在当时是随着车战而配备的，还不是一种独立的步兵，但这种步兵却比车兵要多得多。一般来说，一辆战车有士十人，步兵二十人。还有的书上说，一辆战车后面要跟随步卒七十五人。另外也还有一些其他的说法。总之，是说战车后面所跟的步卒要远远多于兵车上的人。楚国的战车编制与中原各国有所不同，一辆战车后面有时可能会跟随一百人左右。实际上按照比较灵活的战争的要求，兵车后面所跟随的步卒并不一定要固定，有时候随着战争的变化和地形的不同，以及军种的变化，步卒的数量也有所变动，这是一种比较正常的情况。他们的一切行动都是以配合兵车的作战为目的的，他们是属于车兵的一部分。

在车战中，随着车战复杂程度的加深，战车的种类也日益增多，以楚国而言，参与作战的战车就分为以下各种类型：

用于将帅指挥作战的战车叫作戎车，有时这种车也是楚王与亲兵所乘的车。

在战争中主要用于作战的车叫作驰车，也叫作轻车，车上一般的防护用具和武器是人的甲、胄、盾，马的甲、胄和矛、弓、箭等。驰车是专门用来向敌人进攻的战车，这种战车在战争中不断地得到改进和发展，为了更有效地对敌人发起冲击和进攻，战国时的战车车轴上还加上了矛或者刺，在近距离的冲击和拼杀中，杀伤力更大。在整个春秋时期都是楚国附属国的随国的曾侯乙墓中，就发现了这种战车。

楚国在春秋时进行战争之前和进行战争之中，都已经很注意搜集敌方的情报，因此战车中还有一种专门用来观察敌人阵地上的情况的车，这就是巢车，或者叫作楼车。在战争中由楚王或者指挥作战的将帅亲自指挥这种车观察敌情，指挥战争的进程。

为了及时提供战争中武器装备等物资，楚国还有一种专门用于装载军用物资的辎重车，辎重车往往不同战车一起行动，它们一般要比战车迟一天到达目的地。这样做的结果，对前方和后勤都有好处。

为了及时增补战斗中的伤亡减员，楚人在战争中还专门预备了一种增补损失的兵力的机动车，叫作阙车，也叫作游阙，看到什么地方兵力薄弱，可以随时增补上去。

楚军战车的编制在春秋时，大致是这样一种情况。楚国的战车有时也叫作广，当时楚王的战车分为二广，每广三十乘。广下面分为卒，每卒又分为两偏，一偏有二十五人，两偏就是五十人，这就是战车后面所跟随的步卒。也有的说，这种战车后面所跟随的是一百人，这大概是各人的理解和计算的不同所致。或者说在各种不同的情况下，楚国战车后面所跟的步卒不总是相同的。如楚共王时期，楚国派邓廖去攻打吴国，给他的兵力是"组甲三百，被练三千"。按照一辆兵车上三个人的惯例，组甲三百就是一百辆战车上的士卒，被练三千分给一百辆兵车，则每辆只能有三十个人。楚国的左右广是分开行动的，每次出兵先都只派一广出去，随后再出另一广，这是楚国所惯用的战法。

（二）步兵的构成与作用

春秋时期各国大致上都以车兵为主要兵种，步兵只是隶属于车兵的兵种。但是楚国由于地势复杂，有平原，也有山林泽国，所以仍然具有较多单独行动的步兵。这就使楚国的步兵有了几种类型。

一种是隶属步兵，他们是跟随战车一起行动的，每辆战车配备一定数量的步兵，楚王在城濮之战败给晋国后，晋国将楚国的俘虏大约一百辆兵车，徒兵千余人献给周王。这些徒兵就是战车隶属的步兵。在战争中这些隶属的步兵如何行动，他们都承担一些什么样的工作呢？楚武王时期的莫敖屈瑕进行过一次征伐绞国的战争，在这一次战争中，莫敖认为绞是一个小国，而又心气飘浮不定，只要派一些人去砍柴而又不派军队保护他们，以此诱惑绞军进来就可以了。果然绞国的人上了楚人的当，争着出城去准备俘获大量的楚人。这时埋伏在守城的北门外的徒兵，把那些出城准备俘获楚军的绞人逮个正着。绞人这一仗打得大败，只好与楚国签订了城下之盟。这些埋伏在北门山脚下的楚军，正是楚国的步卒，他们在必要的时候可以单独进行埋伏战或偷袭战。

第二种是单独作战的步兵，春秋末年楚国与吴国进行柏举之战时，吴师有非常善于行军的步兵三千人，楚国则有"奔徒"，也就是能急速行军的徒兵，以此与吴师应战。楚吴柏举之战是一场规模很大的战争，双方都投入了大量的兵力。这一场战争由于大多数时候都是在水上和山地作战，所以动用了很多的水师和大量的步兵，直到战争的后期才使用车战。这之中就有步兵独立进行的战争。在柏举之战的第二年，吴国的太子又向楚国进攻，吴师先打败楚国的水军，然后又打败楚国的陵师。陵师也是楚国的步兵。但它是与楚国的舟师（也就是水军）配合作战的步兵。到战国时期，楚国的步兵逐渐地取代了车兵，成为楚国的主要兵种。战国时期，楚国的步兵开始有了"带甲百万"之数。

第三种是工兵性质的步兵，这一部分步兵主要是配合主力部队作战，做一些战争中的工程或者后勤的工作，带有现代意义上的工兵的性质。在作战中，他们主要从事一些筑城、架桥、修筑工事、修缮武器装备等类的工作，这一部分工作有时像役徒所做的事情，而军中有时也确有一些以役徒来充任工兵的情况发生。他们是从国中或野鄙之地征发来的农民，甚至有时还是被捕的战俘，他们在军中的地位极其低下，生命毫无保障。步兵作战所用的武器主要是弓和箭，防护装备为甲、胄和盾。出土的楚墓中，战国时期的剑明显多于春秋时期，而且弓箭的制造技术也大大向前进步，出现了新的机械装置的弓箭——弩。这种武器的发明，与步兵作战的增加有着直接的关系。同时它也将步兵作战推到一个新的水平。战国时期弩的出现和铁兵器的应用，使战争的杀伤力大大增加，也使战争的灵活程度更大，这样就使得徒兵的作用能够得到发挥。加上战争规模的扩大,战场由单一向多面发展,以及战术运用的多样化,都使车兵不能完全适应。同时城市交通的发展,使城市日益增多,城市增多城墙也就增多,攻城的战斗因此成为主要的战斗之一。这些都对战争提出了更高的要求,那就是军队要有更多的机动性、灵活性。这些都是车兵所无法做到的,而步兵恰恰可以适应这些要求,因此步兵登上战争的舞台成为主角,就成为形势发展的必然了。出土的战国时期的楚墓中常常能发现铁兵器,如铁箭镞、铁矛、铁戈和大量的铁剑,铜制的戈矛质量下降,而出土的铁剑数量增多,质量也大大提高。铁剑是步战的主要武器,这说明车兵在战国中期已经开始衰落,而步兵已经逐步取代车兵成为战争的主要兵力。战国时期,楚国的步兵已有十万之多,即书中说的楚国"带甲十万",这里的"带甲"就是指的步兵,而不是春秋时期指的车兵。

(三)舟兵的形成与作用

随着战争的不断扩大,楚国的兵种也在不断地增加,到春秋中期时,楚国就出现了舟兵。早在此前几百年,楚国就已经会使用船只,楚人与周天子打交道时,就曾用粘得不牢的小船把周昭王淹死在汉水中。楚在与吴越两国交战之前,还没有舟战的历史,但楚国有渡河作战的记载。楚武王时期,楚国讨伐随国,要经过溠水,因而楚人在河上架浮桥让部队通过。但在这时,楚人并未将船只用于战争中。在楚共王二十一年,楚国侵吴时,楚国还是用的步兵"组甲三百,被练三千,以侵吴"。春秋时期,楚国与吴国之间有几次大的战争,这几次战争中,楚国都运用了船只作为战争工具,但吴国居于水乡泽国,具有地理上的优势。一开始,吴国往往处于战胜者的地位,楚人败多胜少。但楚国绝不是一个甘居人后的民族,随着时间的推移,楚国的舟战技术也逐渐地赶了上来。在楚康王十一年时,楚国首次使用舟战部队与吴国交战,这时楚国的舟战水平还很落后,因此,无功而还。然而楚国一用车战,就使吴国无还手之力。就在这一仗的第二年,楚军以车兵讨伐舒鸠,楚子强以诱敌深入的战术打败了吴国,灭掉了舒鸠。后来,楚国又与吴国进行了多次的交战,只要是舟战,楚国不是打败仗,就是无功而还,直到楚昭王时期,楚国才第一次与吴国的舟师打了个平手,把侵楚的吴师陷在楚境,进退两难。

春秋末年,楚国在经历了与吴国交战中多次的失败之后,聘请了春秋时有名的工匠鲁班,制造了一种专门用于战船作战的武器——钩强。钩强用铜或铁制成,它的柄为竹制,长约一丈五尺,顶端有弯曲的铜刃。当两船靠近

第六章　楚国的军事制度与法

时,这种钩强能够把敌船推开,不使它靠近,也可以把敌船钩住,不让它逃走,并且使自己的船不为水流所控制,对于处在上游的楚国来说,这是一种具有很大威慑力的水战武器。运用了这种武器后,楚国一改原来只有处在有利的情况时才敢前进,碰到不利的情况时想后退也很难的状况,终于开始反败为胜。运用这种舟战武器的最大一次成功,就是楚国一举灭掉了越国。这一次战争,楚国的主要兵种就是舟师。楚国的舟师在参与作战时,也与步兵紧密地配合,楚国的陆战之师被称为陵师,是专门与舟师配合作战的。舟师与陆师配合作战时,或者是先舟师后陆师,或者是水陆并用。当时的舟战作战方式,也有比较多的讲究,像车兵作战各种车辆都排成阵势一样,战船也分为大翼、小翼、突冒、楼船、桥船、令船等。大翼相当于车战的重车;小翼相当于轻车;突冒则类似于车战的冲车;楼船好比楼车,也就是登高望远之车;桥船则与步兵的轻卒骠骑相当。这是当时舟战比较发达的越国的舟师情况,而楚国在春秋末年完全运用舟师的力量灭掉了越国,那么楚国的舟师应该与越国的大致一样,或者说还要更先进一些。当楚国的伍子胥到达当时舟战颇具水平的吴国时,吴王阖闾还要向他打听楚国舟战之师的配备情况,由此看来舟师强大的吴国,也不敢对楚国掉以轻心。伍子胥的话表现出楚国的舟师作战的形式与陆战大体相当,舟战的配备与战车的形式大致一样,就是前面讲的越国的舟战之师的状况,有专用于进攻的小翼,用于载重的大翼,冲锋陷阵的突冒,和用来观察瞭望的楼船等。而这种战船的配备,一般都是适合于将战船排成阵势来作战的。

当时舟战的实际场面,可以从河南汲县山彪镇一号墓出土的两件青铜鉴[1]和成都百花潭中学十号墓中出土的一件铜壶[2]上看到,这几件青铜器物上都刻画了当时的水战景象。大致的状况是,战船分为两层,下层容纳划手,上层站满作战的战士,船上无帆无舵,行进全靠划桨。战舟上所见到的武器,与当时陆战中所用的武器基本相同,也是长钩矛、弓箭等,还有一种是平常比较少见的斧。从战船上还可以看到,舟战的指挥也是用金、鼓和旗,与车战的指挥系统相当。战船上划手和直接作战的人员的比例大约是2∶1,也就是三分之二是划手,三分之一是作战人员。这几件刻有舟战景象的青铜器物出

---

[1] 郭宝钧:《山彪镇与琉璃阁》,科学出版社1959年版,第18—23页。
[2] 四川省博物馆:《成都百花潭中学十号墓发掘记》,《文物》1976年第3期。

土的地点，都不在一处，但从中表现出来的作战形式却基本相同，这表明当时以战争作为军事技术和战术的交流传播手段是很有效的方法。

（四）骑兵的兴起与作用

战国时期，在中国大地上还兴起了一种新的兵种，这就是骑兵。骑兵最早是起源于北部边境的狄人部落，赵国的赵武灵王为制服狄人的经常进犯，于是下决心丢掉中原已经运用熟练、但不能适应狄人的战法的车战。赵国换上了骁勇强劲的轻骑部队，随之在与狄人的战争中，开始变被动为主动。于是在战火频仍的各诸侯国之间，大家纷纷效法，骑兵这一兵种以很快的速度在中原各国兴起。楚国的骑兵最初出现也是在战国时期，楚国的骑兵发展速度很快，在出现不久后，楚国的骑兵就有了"骑万匹"之数。这个时候中原之地的骑兵的作用主要是追击逃跑的败军，阻击敌军的粮道，袭击灵活机动的流寇等。用于大规模的作战，还没有成为可能。骑兵的编制在当时是五骑为一长，十骑为一吏，百骑为一卒，二百骑为一将。按照当时打仗的传统方式，骑兵也要摆成战阵来作战。战阵在各种不同的地方，有不同的摆法，如果是平坦的地方一般是五骑为一列，前后相去三十步，左右四步，队间五十步。如果在险要的地方作战，则前后相去十步，队间二十五步。一般在战阵中的编组是三十骑为一屯，六十骑为一辈，十骑设一小官，在各处巡查。这是当时一般的骑战之法，在楚国如何具体实行，尚不得而知。

三、军事指挥系统

（一）政军合一的军事指挥系统

楚国的军事指挥系统在春秋时期有一套自己独特的特点。楚国王权强大、无世官世禄制和中央集权的政治制度，都充分地在军事制度中显现出来。楚王是军队的最高统帅，他对全部的军队包括私卒和县师，都有调动权和指挥权，王权强大之时，任何一个军事将领如有违反王权的行为，楚王都可以发兵将他们伐灭，这在楚国大贵族若敖氏家族的兴亡史中反映得最清楚。楚王之下的军事将领在春秋初期，是由行政官员兼任的，基本上所有的行政官员都可以带兵打仗，而楚王之下的最高军事指挥官在不同时期，则由不同的行政官员担任，最早是楚国的最高行政长官令尹担任楚王之下的最高军事统帅，令尹之下则是大司马和左右司马。春秋前期还有大贵族莫敖也曾担任过专职军事指挥官,位在令尹之下。司马在军中位于令尹之下,有时也在莫敖之下。楚国拥有私卒的贵族也率领私卒出征,他们也有领兵权。楚国的领兵权与行政权合一,领兵权和贵族或王族的权力不分,这与中原诸侯国有所不同,这与楚人以军事立国的基本宗旨相一致,即全心全意以军事为第一位的大事,同时这也与楚人打仗不耽误农时和民时很有关系,行政官员担任军事指挥官,就可以把各方面的事务都兼顾起来了。

县师这一独特的行政机构的军事指挥系统,也同样体现出楚国的王权至上的特征。县师虽然拥有很大的领兵权,但是他们也同样得听命于楚王的指挥,在一般的情况下县公是调不动县内的军队的,除非遇有非常情况,而这种情况在楚国也不多见。楚王在军事指挥权强大之时,还可以调动属国的军队,这是一部分相当庞大的军事后备力量,他可以一次号令十来个小国参与楚国的军事行动,去对别国用兵。这种军事指挥权当然是与楚国国力的大小紧密相连的,他不是一般意义上的军事指挥权,它是一种国力的象征。楚王任全军的统帅但并不是每次都亲自出征,早期的楚王率领军队出征的次数比较多一些,从楚穆王之后,楚王就比较少直接领兵打仗了,一般都是由令尹、司马、莫敖或者楚国的其他官员率兵打仗。楚国历史上令尹领兵出征的事例有很多,晋楚城濮之战就是由令尹子玉率领中军出征;鄢陵之战时,司马子反担任中军的主帅;晋楚邲之战时,是楚国的县公沈尹戌将中军。这些官员都是楚国比较重要的行政官员,他们都可以担任楚国比较大的战役的指挥官。当楚国战事频繁时,一些较小的战事,也由一般的行政官员担任军事指挥,带兵出去打仗,有些还担任了楚军中的重要指挥将领。

(二) 从军政不分到军事指挥的独立

楚国这种军政不分的情况一直到战国时期才有所改变。战国时期,楚国有了专职的军事指挥官。最高的将帅是上柱国,虽然地位在令尹之下,但已经是专职的军官了,上柱国下面有柱国、大将军、上将军、裨将军、将军等。将军一职在当时是可以领兵近十万的大统帅,可见楚国兵力之雄厚。楚怀王时期,秦楚战于丹阳,秦打败楚,斩楚甲士八万人,俘获楚国的大将军和裨将军。这大约就是楚国这两大统帅所领兵员的一部分。战争中具体指挥的人员不仅仅只是将帅一人,还应包括谋臣和执行指挥命令的官兵。统帅在战争中一般都留在中军,如果是楚王直接指挥,则有楚王的亲兵禁卫部队在一旁,楚王则在左右广中指挥。军中还常常带有谋士,谋士与楚王一道,或者是居于殿后的军队中，负责后面部队的行动。将帅的指挥一般都依靠具体的指挥器具来完成。古代的指挥器具主要有三种，古人称作三官，即鼓、金、旗。鼓是用来指挥部队行动的开始和进军；金用以指挥坐、退和解除的行动，古代有"鸣金收兵"这一成语，就是从这里产生的；旗是军队的标志，被用来控制军队和表示停止行动。楚国这三种指挥器具都具备，而且发展得相当完备。首先是金，金即丁宁和镎于，丁宁也叫钲。楚庄王与若敖氏交战的时候，子越椒向若敖氏射去一支箭，由于箭射得强劲，箭镞又锋利，箭矢一直飞过车辕、穿过鼓架而后又落在钲上，这钲就是楚国用来指挥军队的器具。同在这一辆车上的还有鼓和若敖氏，这说明指挥战争的统帅与指挥器具同居一辆车上，更便于指挥作战。曾效力于楚国的军事家吴起这样说过：将帅只应管好旗鼓，遇到困难做出决定，指挥战斗，这才是将帅的事。如果拿一把剑去与人格斗，这不是将帅的职责。楚军中的这些指挥器具均由将帅指挥，而由专司金鼓的士兵来执行，但有时在紧急的情况下，将帅也亲自手持金、鼓，擂鼓、鸣金，发号施令，这就是古代人们常说的"将死鼓"①。这几种指挥器具在发掘的楚国墓中都有出现。楚军中的旗帜具有独特的标志，楚人早期的旗帜是用茅草制作的，军前的旗帜叫作"前茅"，它往往在前面为部队的前锋引路开路。古代的旗帜没有一定的样式和颜色，楚国各支军队的旗帜也是这样，因此可以根据各支部队旗帜的不同颜色和样式，来识别各自的将帅和部队。战旗一般由举旗手专门举持，他们听从将帅的指挥，在有的特殊场合下，将帅或者楚王也亲自举旗显示一种气概。楚庄王围攻郑国的时候，楚军围郑三个月，终于使郑国投降，郑国的国君光着膀子牵着羊向楚称臣。这时，楚庄王亲自举着旗帜，指挥着左右的军队，退兵三十里，饶了郑国。这是一种向战胜者显示自己强大威力的举动，而不是一般的常规。

（三）战阵与士兵的训练

楚人在战争中有自己的一定之规，这就是军典。这一套军典在楚庄王时期就已经确立了，它的主要内容大概是这样的：当军队出动的时候，右军跟随主将的车辕，左军打草作为歇息的准备，前军以旄旌开路以防意外，中军斟酌谋划，后军以精兵压阵。各级军官要根据象征自己的旌旗的指令而行

---

① （清）王先谦撰：《荀子集解》，沈啸寰、王星贤点校，中华书局1988年版，第278页。

动，这就是能够运用典则了。这基本上就是楚国在作战中的战阵形式，或者说是各军在战争中所应起的作用。

楚军的军事训练应该就是根据这种阵式来进行的。楚军对军事训练十分重视，在楚国有限的历史上，军事训练的场面就出现过多次。军事训练的教官基本上由领兵的将帅，或者是身怀绝技的人担任，有时楚王也亲自训练士卒。楚国的令尹、司马、县公及各级官吏都曾担任过楚军士卒的军事教官。

由于春秋时楚国对外征战的频繁，因而军队打仗的任务异常繁重，为了保证战争的胜利和指挥的不失误，对于指挥员的训练和对士兵的操练成为楚国军事中的一件大事。楚人以军事立国，因而他们有一套自己治军的指导思想，他们认为首要的一条就是"治军以礼不以残"，他们所说的礼不是指的周礼，而是他们的治军法规；不以残，就是不以刑法和武力为主要治军手段。

楚国有一位名叫蒍贾的年轻人，曾经对楚国的令尹子玉的治兵之法提出不同的看法，子玉崇尚以刑治军，才到军中几天，就对一些士兵实行了刑法惩治，一些官员都称赞他治军有方。当时年龄尚幼的蒍贾却对子玉的行为颇不以为然，他说："子玉刚而无礼，不可以治民。"[1] 后来的事实证明了蒍贾所说是对的，子玉确实不是一个治军的好人选。楚国的军事家吴起也说"凡治国治军，必教之以礼，励之以义，使有耻也"[2]，楚人主张治军要按一定的法规和仁义，使人心服口服，而不是只靠武力制服，使士兵屈服于淫威。同时楚国还重视在战争之前先做一些抚民的事情，让百姓得到充分的休息后，再进行战争。

楚人有时为了进行一场大的战争，要进行五年的息民抚民工作，而后才用兵，这样就能充分地保证征发强有力的兵员，练出一支好的军队。楚国的这一套治军思想，在春秋时期始终是统治者头脑中的信条。到战国时期，楚国任用了吴起这样有才能的军事家，使楚人的治军思想更加完备和成熟。

据史书记载，楚国的申县县公巫臣，带着自己的一部分战车跑到吴国去以后，就担任了为吴国培训车战人才的教官。楚人中善射的养由基，由楚王

---

[1] （清）阮元校刻：《十三经注疏·春秋左传正义》（清嘉庆刊本），中华书局 2009 年版，第 3956 页。

[2] 许富宏：《吴子·鬼谷子集校集注》，湖北人民出版社 2018 年版，第 10 页。

聘请他作楚军中射箭的教官，连楚王本人都向他学习射箭的技术。楚人善射在春秋时是很有名的。

楚人这种善射的本领据说比后羿还要早，传说在黄帝之后，楚地荆山出了一个名叫弧父的人，学会了弓矢之术，射箭百发百中，后来他将此道传给了后羿，这门技术就在楚国保存了下来，并且又有了新的发展，那就是发明了弩，这个技术一直传到楚灵王时期。在楚灵王时，楚国有个名叫陈音的人，自称自己得到了楚国射箭技术的真传，他跑到越国去，说要在越国试试楚国的射术，便把射箭的技术教给越国，使越国的军士都掌握了这门技术。这个故事反映了楚人射箭历史的悠久和射箭技术的精湛。到春秋时期，楚人射箭的技术更加高超，春秋时的养由基，射箭的技术更是了不得，据说他有百步穿杨的好射术。楚王便把这一个满身好武艺的人聘为军事教官，让他给士兵们传授射箭技术的真谛，连楚王本人都要向他学习。

楚国军事训练的项目在春秋时，主要是车战的技术，也有一些步卒配合车兵的行动，还有一些舟战的技术，战国时期还加了一项骑兵和舟兵的训练。

车战的训练主要是战阵的训练。春秋时期打仗都要先排成阵，然后再按阵行动，所以战阵是一项最基本的军事训练。楚人有一种练习战阵的方式叫作振万舞。万舞是一种包括文舞与武舞的大型军事阵势的训练项目，文舞一般作为宫廷的表演项目和在宗庙的祭祀时用，武舞就主要是一种军事训练的项目了。有时它也作为一种表演项目以示人。楚文王之弟就曾经想利用万舞的表演来蛊惑其嫂。那是在楚文王去世以后不久，文王的弟弟令尹子元想引诱他的寡嫂，就在文王的王宫旁表演起了万舞，以为这种威武雄壮的表演会得到文夫人的欢心。不想适得其反，反而使文夫人流下了眼泪。文夫人说："先君在的时候，每次表演万舞都是为战争作准备，没想到令尹现在不去向敌国开战，反而到我这个未亡人的身旁来寻欢作乐，这真是太让人难以理解了。"这种武舞到底是一种什么样的战阵训练呢？记载周代各项礼乐的《礼记·乐记》一文，对武舞的解释大致有这样几项内容：第一项内容是备戎，就是在战阵开始之时，擂起鼓来让士兵们抖擞起精神，每个人都用脚使劲踏地，好像战争马上就要开始一样；第二项内容是"总干而山立"，就是让每个人手持盾牌像高山一样岿然不动；第三项内容是持盾向北，这是将北边视作讨伐的方向；第四项内容是"夹振之而四伐"，每个人手里都握着长兵器刺杀，一击一刺一共四次；第五项内容是"分夹而进"，即按部队编组分头并进，以利战争早日取胜。

从武舞的内容看，它既是军事训练的项目，也可以作军事表演的舞蹈。楚国的万舞是否与周代的万舞完全相同，还不能找到肯定的答案，但想必大体上应该是一致的。战国时期的练兵也以战阵训练为基本训练项目，古书上说吴起在楚国"习于行阵之事"[①]，这是以战阵代替军事训练的术语，也表明楚国这时仍以战阵训练为军事训练的主要内容。

舟兵和骑兵的训练现在暂时还无法得知。

其次是车上技术的训练，它包括乘车、射御等。郑笺注说："兵车之法，左人持弓，右人持矛，中人御。"[②]（《诗·鲁颂》郑笺注）就包含了这三项技术。乘车即适应战车。射御是战车上的另两项主要训练项目，射就是射箭，御就是驾车。这项技术不仅仅要求在车上的人要适应奔驰的战车，要求御手把驾驭战车的马训练调适好，还要求车上的士卒要会在奔驰的战车上射箭，用长兵器刺杀敌人，并且与后面的步卒保持协调，做到进退中绳，左右旋中规。要把这各项技术都掌握好，也是很不容易的。车战的技术中还包括一项最难的技术，那就是驱侵，即冲向敌阵或驱赶敌人，这是战车的一项重要任务。它要求御手掌握的不仅仅是技术，还有时机、速度和方向。要做到这一切，没有长期的训练和多次的战争经验是难以实现的。

战车的训练项目还有一项是攻城，这是春秋时期战争中常常会遇到的难题。古代由于技术比较落后，对城市的攻打没有很有效的办法，一般就是采用围城的战术，包围它几个月使城内的人食尽粮绝，然后城防就自行崩溃。在围城中运用的技术就是围中有攻，攻城的技术一是用云梯攀登城墙，翻墙进去，打开城门；二是挖地道灌水，或进人与城外打通；三是修筑高垒逐渐接近城墙以越过城墙。楚人曾运用云梯来攻城，这就需要车兵与步卒的互相配合，登梯者要快速、灵活、勇敢，还要其他人的掩护，所以攻城技术在古代是一项比较难的技术。楚国的人曾经与墨子比赛攻城和守城，结果楚人攻了九次都败在守城的墨子手上了，这说明当时的攻城确实是一门不好掌握的技术。楚人也曾采用筑高垒的办法攻城，楚昭王攻打蔡国，蔡国把城门关起

---

① （汉）刘安编：《淮南子集释》，何宁撰，中华书局1998年版，第1430页。
② （清）阮元校刻：《十三经注疏·毛诗正义》（清嘉庆刊本），中华书局2009年版，第1330页。

来，使楚人无法攻进城去，楚人就只好用围城的办法，同时在距蔡国的城门一里的地方修筑宽一丈高二丈的高垒，屯驻了九昼夜，使蔡国不得不投降出城。战国时期攻城的技术可能比春秋时期有了提高，在伐魏的战争中，楚人一次就攻下魏国的八座城。相比春秋时期有时一座城要围上好几个月才攻的下来，这时的技术水平要先进得多，战争经验也丰富得多。汉代的人评价楚国和吴国的战术和技术时说："吴楚之士，舞利剑，蹶强弩，以与貉虏骋于中原，一人当百不足道也。"① 这里虽然对楚吴两国用的是一种贬低的口气，但对于他们的战术技术的评价却是公正的。

  楚军的训练方式主要有这样几种：治兵、简兵、观兵、讲军实和田猎等。治兵是战前的练兵以及整顿军纪，这种活动多在农闲时进行，将征发来的士卒集中以后，进行这种训练。这种训练方式多是对一般的国人和贫苦的农民或野鄙之地的人进行，可能他们训练的时间短，又不是贵族士兵，所以训练者可以对他们要求很严，有时还肆意地虐待，或施以刑罚。简兵也是在需要纳赋的地区进行，不同的是它不仅是军事训练演习，还是挑选士卒的一个机会。观兵则是由军事指挥官或楚王检阅训练军队的一项活动，但它还包含有政治上示威的意义，是一种有政治目的的军事训练活动。检阅军队的另一种方式是"讲军实"。"讲"就是练习，军实即军事行动，也就是军事演习和训练。军实后来引申为军中所有的装备和士卒。楚国还有一项大的军事演习活动，那就是田猎，它一般是由楚王进行的一项活动。在秋冬季节里，楚王率领大部队浩浩荡荡地开进猎区，进行狩猎。楚王一次出猎，就要带战车上千乘，这实际上就是一种大型的军事演习的训练。春秋战国时期各诸侯国都采用这一种练兵的方式。这种练兵方式在周朝时就出现了。直到近世，清朝的皇帝还经常要带领大批的人马到山林之地去进行这种狩猎活动。

  楚国在进行频繁的战争期间，以及长时间的围城之战时，都需要有物资充足，运输及时的后勤部队的支持，楚国在这方面也堪称典范。楚国的后勤工作可以概括为两部分。一部分是战争中专门由后勤部队担任的任务，如运送粮草和武器等，这种运输工作楚国有专门的辎重车进行，这种车在战争中受到很好的保护。在运送粮草的过程中，车的四面都用屏蔽掩盖起来，它跟在战斗部队的后面相距大约一天的路程。这样既有利于战斗部队的粮草供

---

① （汉）桓宽撰集：《盐铁论校注》，王利器校注，中华书局1992年版，第536页。

应，又不影响辎重车队的安全。还有一种是在军中由军吏掌管的补充部队各种缺项的后勤。他们的工作主要是检查部队的伤亡，增补战车和兵员，修理武器、整理车马和提供部队的饭食等。这一种后勤是根据部队的缺额多少来进行的。楚军的后勤工作一般都由士卒担任，也有一部分是由征发来的役徒担任。在进行大的战争之前，楚军对于后勤工作可以说达到了一种事无巨细都考虑得十分周到的程度。大的长远的方面是要考虑战争的所需，先做好抚民的工作，同时想尽一切办法为筹集军赋做好准备。如楚国所做的让大司马整顿军赋、让楚国的大县保持完整，以保证军赋的足额，提供兵役军备等。小的方面则准备足够的粮草，准备好战争中需要的各种修缮补充器械的技术人员，使部队在战争之中不至于因粮草缺乏和器械受损而导致兵败。

楚国的粮草准备之充足在楚国与晋国的城濮之战中可见一斑。当楚人与晋人在城濮摆开阵势大战一场之后，楚军由于指挥的失误而功亏一篑，败逃后的楚军阵地上留下的粮食，让晋国的军队足足吃了三天，如果算上楚军在准备城濮之战时已经用过的粮草，可以想象楚军的粮草准备是多么的充足。如果楚军后勤部队的粮草还在源源不断地运到，那么对楚军维持一场大的战争应该说是无后顾之忧了。这种充分的战争后勤准备工作，与楚国初期的战前准备相比，有着巨大的进步。

四、军 事 法

（一）征兵法

春秋时期楚国的军队来源于何处，士卒与军队或者与军队的指挥者是一种什么样的关系呢？楚国的人分为各种等级，各个等级有不同的地位，军中的士兵也就有各种不同的地位，从而军队也有不同的性质。楚军也分为各个不同的兵种，各个兵种在军中的地位也有不同，因而兵士也就有不同的属性。

按照楚国兵种的划分，在春秋时期，车兵是最有技术含量的，同时也是最重要的兵种，这一部分兵种大多出自王族或贵族。车兵中又分为私卒和王卒，王卒的车战之士当然是出自王族子弟，私卒的士兵同样也出自大贵族，他们都被称为士。这些人在早先是一种专门的士兵，到春秋中后期以后，一直到战国，士的身份起了很大的变化，已经不仅仅限于士兵了，当然这是后话。

士在平常的时候除了种自己的食田以外，就是参加军事训练，战时参加打仗，当战争结束时，他们可以回到自己的禄田上去。这种士兵在楚国是贵族的身份，只是地位比较低，属于下等的贵族。

楚国根据什么来征车兵，什么样的人是符合车兵的条件的呢？大贵族的私卒是由他们在自己的族人中或者食邑的土地上的耕种者中去招募，或者说，大贵族的族人或者食邑上的耕种者们对大贵族有一种服兵役的义务。大贵族对楚国就是用为楚王或者国家出征的办法纳赋。楚国征收军赋的办法，是在楚康王时期大司马蒍掩进行了一次对军赋的整顿之后，制定出一种出军赋的规程，规定：军赋不仅包括军需品，也包括车兵和徒兵，也就是甲士和步卒。可以知道楚国的贵族为楚王战时出征，实际上是以自己所享用的食邑为楚国出军赋。那么以这种方式出军赋的人，自然只能是享有楚分给食邑的贵族，而不是没有土地的平民或者耕种贵族土地的农奴。

徒兵和军中的杂役，由商农工贾担任，他们出兵役，一般以不违背农时或者不被过分的役使为原则。楚国在长期的战争中形成了一个比较好的传统，就是在大的战争之前，都要先做抚民的工作，要使楚国"商农工贾，不败其业"，也就是考虑这些人的生产时令，在生产忙的季节不征兵。

在蒍掩整顿军赋以后，对于这些人的征赋办法也作了比较明确的规定，一般来说，对于农民的征赋，是把他们所耕种的土地全部分类，按土地的多少，质量的好坏来征赋，耕种土地的农民出军赋有两种办法：一是到军中服役，即当步卒，服劳役，军中的服劳役者有管理武器辎重的，有管理粮饷的，也有专门管修理兵器战车的；二是以土地上的出产折合军赋的数量征收。商贾之人按货物征税，有专门的人员管理，工匠也是服劳役。楚共王时期，司马子反在领兵打仗时，曾在战争的间隙之中，命人在军中检查士卒的伤亡情况，增补士卒和战车，修缮盔甲武器，检查车马的受损情况等。这些受命补卒乘、缮甲兵的人，就是军中征来服役的有一定手艺和技术的工匠。商农工贾服兵役时，在军中一般担任车战所属的步卒，或者军中的役徒。作为徒兵，他们在出征前要先进行军事训练，以达到"卒乘辑睦"的目的。也就是说要与车战之士起到互相配合的作用，在战场上才能发挥出战斗力。

至于民兵，一般只有在遇到特别紧急的情况时，楚国才会去征召，所以民兵的来源应该很广泛，只要是楚国的百姓，在紧急情况下，都可以成为民兵上战场。

（二）与军事法则相关的文献记载

在先秦文献典籍与出土简帛的记载中，有许多条目可以体现楚国的相关军事法则。将这些文献梳理归纳，可以发现楚国军事法则的一些具体内容。这些文献对楚国的军制、兵器与装备、指挥系统、战阵与训练等方面有十分详细的记录。

军制

名称	史料来源	具体内容
王卒	《左传》文公十六年楚庄王"且起王卒"。楚王直辖的王卒有左右二广。	《左传》成公十六年载苗贲皇对晋侯说"楚之良，在其中军王族而已"。王卒为楚军精锐所在。一般以王族子弟为兵源。
三军	《左传》桓公六年楚武王侵随时，斗伯比对武王说"我张吾三军，而被吾甲兵，以武临之"。	《左传》宣公十二年"楚子北师次于郔，沈尹将中军，子重将左，子反将右。"三军中中军为主要战斗力，左军次之，右军又次之。楚王为三军最高统帅。一般以贵族子弟为兵源。
左军	《左传》桓公八年楚伐随，随国季梁对随侯说"楚人上左，君必左，无与王遇，且攻其右"。	左军为国家军队之一，地位在中军之后。
右军	《左传》桓公八年楚随之战前，季梁对随侯说"且攻其右，右无良焉，必败"。	右军为国家军队之一，地位在左军之后，为三军中地位最后者。
私卒	《左传》襄公二十五年，楚与吴战，楚子强、息桓、子捷、子骈、子盂"五人以其私卒先击吴师，吴师奔"。	《左传》僖公二十八年，楚司马成得臣以若敖之六卒编入楚之中军，与晋军在城濮作战。这是楚国贵族的亲兵，以听命于楚王的指挥出征作战作为向楚王缴纳的赋税。
县师	《左传》僖公二十五年"楚斗克、屈御寇以申、息之师戍商密"。	《左传》成公六年"楚公子申、公子成以申息之师救蔡，御诸桑隧"。县师为春秋时期楚国地方部队，由县公掌握，楚王调动。主要任务为防守边境和听从楚王的指挥出征作战。县师的兵源主要来自县内。
邑兵	《史记·楚世家》记，楚吴两国边境上为蚕桑之事引起争端，两国先后发邑兵和国兵相攻。	邑兵为国兵之下的地方性质的军队。主要职责为防守边境，必要时听从楚王命令出征或戍守。
属国之师	《春秋》昭公四年，"秋七月，楚子、蔡侯、陈侯、许男、顿子、胡子、沈子、淮夷伐吴"。	属国之师为附属于楚国的其他国的军队，往往受楚国控制，参与楚国的军事行动。

续表

名称	史料来源	具体内容
车兵	《左传》宣公十二年记"楚子为乘广三十乘，分为左右"。	春秋时期楚国的主要武装力量，车兵分为三军，私卒武装也有车兵。车兵包括车上作战的士卒和随战车行动的步兵。车战之法主要为乘车、射御和趋侵。
步兵	也称徒兵。《左传》僖公二十八年记城濮之战后，晋"献楚俘于王，驷介百乘，徒兵千"。	步兵分三种，一种是隶属于车战的步兵，这种步兵跟随车战一起行动，每车跟随的人数不等，有的二十五人，有的三十人，也有的七十五人。一种是单独作战的步兵。这种步兵到春秋末至战国初逐步发展起来。他们可以脱离车兵单独在不适宜车战的地方作战。还有一种是工兵性质的步兵，他们主要是在战争中做一些战争辅助性的事情，如架桥、修路、筑工事，或者从事役徒所做的事情。
舟兵	即水军。《左传》襄公二十四年"楚子为舟师以伐吴"。	楚国的舟兵出现于春秋中期，但发展壮大在春秋末期。舟兵的作战方式大概与车兵的大体相似，也是排成阵势交战。战国初期，楚国请鲁国的著名工匠发明了舟战专用武器——钩强，使舟战的作战能力大大提高。
骑兵	《战国策·楚策一》记载楚国有"骑万匹"。	楚国的骑兵应是仿照赵国的骑兵组建的，但发展得很快，到战国时期就是一支实力雄厚的武装。
广	《左传》宣公十二年记载"广有一卒，卒偏之两"。	广为楚军建制名，每广有战车三十乘。
选练之士	《韩非子·和氏》记吴起在楚国变法时曾"使封君之子孙，三世而收爵禄，绝灭百吏之禄秩，损不急之枝官，以奉选练之士"。	经过精选的有良好武艺的军人。
组甲	《左传》襄公三年有"组甲三百"的记载。	组是用丝带将甲片穿在一起，组成甲衣，是一种比较高级的甲衣，因此穿这种甲衣的为比较精锐的兵种。在春秋时期主要是指车兵，因车兵多穿着铠甲。到战国时期，车兵和步兵都可以穿着铠甲。
被练	《左传》襄公三年有"组甲三百，被练三千"的记载。	被练为作战时的护身练袍。引申为一种兵种，应是步兵。
陵师	《左传》定公六年记载"吴太子终累败楚舟师……子期又以陵师败于繁阳"。	陵师应为舟师的陆战部队。

续表

名称	史料来源	具体内容
游阙	《左传》宣公十二年"使潘党率游阙四十乘,从唐侯以为左拒"。	游阙为巡游战地以补缺的战车。
令典	《左传》宣公十二年"蒍敖为宰,择楚国之令典。军行,右辕,左追蓐,前茅虑无,中权后劲,百官象物而动,军政不戒而备,能用典矣"。	孙叔敖根据楚国旧典有所增删而制定的典章制度。其中军事部分成为楚国战争中所有士兵要遵守的常规。

兵器与装备

名称	史料来源	具体内容
高库之兵	《吕氏春秋·分职》记白公之乱时,"叶公入,乃发大府之货予之众,出高库之兵以赋民"。	高库即楚王府库。高库之兵为楚王府库内存放兵器装备等军用物资的地方,平时由国家官员管理,作战前由主持军事的官员授给士兵使用。
甲兵	《左传》成公十六年"子反命军吏察夷伤,补卒乘,缮甲兵,展车马"。	指武器,甲即防御性的武器铠甲之类,兵指进攻性的武器。引申为所有的武器。
钩强	《墨子·鲁问》记"公输子自鲁南游楚焉,始为舟战之器,作为钩强之备,退者钩之,进者强之"。后世也称为钩镰。	据说钩强长约5米,顶端有弯曲的刃。是春秋战国之际鲁国的著名工匠鲁班为楚国发明的一种舟战武器。
云梯	《淮南子·修务训》"(楚)王曰:公输,天下之巧士,作云梯之械,设以攻宋"。	云梯又高又长,似与云齐而得名。为攻城时攀登城墙的长梯子。
甲车	曾侯乙墓中出土有完整的皮马甲片。《左传》宣公二年也记有郑败宋,获"甲车四百六十乘"。	甲车应为以马被甲而驾驭的兵车。
巢车	《左传》成公十六年记"楚子登巢车,以望晋军"。	巢车为兵车的一种——瞭望车,可以登高望远观察敌情。春秋时的巢车亦称为楼车。
乘车	《左传》成公七年楚屈巫"教吴乘车、教之战阵、教之叛楚"。	曾侯乙墓竹简中有"乘车"的记载,并同时记有车上配备的兵器——弓、箭、戟、戈、盾、甲、胄等,应为战争中所用兵车。
戎车	《左传》桓公八年"(楚)战于速杞,随师败绩,斗丹获其戎车,与其戎右少师"。	戎车为国君的战车。
戎路	《左传》庄公九年有"公丧戎路"。	戎路应为一般的交通用车,路即路车。

续表

名称	史料来源	具体内容
冲车	《太平御览》兵部卷宗36引《春秋感精符》曰"齐晋并争，吴楚更谋，不守诸侯之节，竞行天子之事，作衡车，厉武将。轮有刃，衡著剑，以相振震惧"。	车轴上安有刃或剑的战车。曾侯乙墓出土有带矛车害。
重车	《左传》宣公十二年"丙辰，楚重至于邲"。	重车即辎重车辆。
乘广	《左传》宣公十二年记"其君之戎分为二广，广有一卒"，定公四年"史皇以其乘广死"。	楚王或其主帅所乘兵车。"广"即广车，曾侯乙墓竹简中的记载表明，广是兵车的共名。《左传》所记广车也指兵车，而且是楚王或主帅所乘的兵车。
矢	湖北黄州国儿冲楚墓出土的铜镞应为木制箭杆，湖南常德德山战车墓和长沙楚墓均有出土铁箭镞。	矢即箭，由箭杆和箭镞两部分组成，与弓弩合用，为古代远射兵器之一。楚人箭杆有木制和竹制两种。
剑	湖北湖南出土的楚墓均有出现。	古代短兵器，可手持或佩戴。春秋时期楚国的剑一般剑身较短，形状与匕首类似。战国时剑不仅数量增加，而且剑身变长，造型美观。楚国的剑在当时具有相当高的水平。
矛	湖北湖南等地的楚墓均有出土矛。	矛是古代兵器的一种，由矛头、木、积竹柲（或称柄）组成。是一种长形的刺杀性武器。
戈	湖北江陵随县曾侯乙墓均有出土戈。	是一种长柄横刃，可用于啄击和钩杀的武器。楚戈形制多样，从春秋到战国，戈发生了很大的变化，由单头戈发展为双头戈和三头戈等，杀伤力越来越强。
戟	湖北雨台山曾侯乙墓均有出土戟。	戟是由戈矛组成的一种复合长兵器，长柄，顶端有直刃，两旁各有横刃可以直刺和横击。一般的戟为一戈，战国时期发展为三戈同柄，成为一种杀伤力很强的武器。
弩	湖北江陵楚墓均有出土戟。	弩为一种远射兵器。最早出现在楚地。战国时出现较多。弩由木臂和弩机组成，长达51.8厘米。弩上架设强弓，通过弩机可以将矢较准确地发射到远处。江陵楚墓中还发现过双矢并射连发弩。
弓	湖南和湖北楚墓均有出土弓。	弓为古代远射兵器的一种，与矢配套使用。有木质和竹质两种，竹弓较木弓稍短，木弓威力要大一些。

第六章　楚国的军事制度与法

指挥系统

名称	史料来源	具体内容
斾	《左传》宣公十二年记"令尹南辕反斾"。	斾为战斗部队前面的大旗。曾侯乙墓竹简中记载有大斾、左斾、右斾等，表明旗帜种类较多。
象物而动	《左传》宣公十二年"蒍敖为宰，择楚国之令典……百官象物而动，军政不戒而备"。	楚国军政礼仪之一。"象物"指旌旗上所绘的具有象征意义的物象，百官按照旌旗的指挥行动。
钲	《左传》宣公四年"伯棼射王，汰辀，及鼓跗，著于丁宁"。也名丁宁。	湖北江陵雨台山楚墓448号，湖南慈利石板村36号等楚墓中有出土。为金类铜质击奏乐器。
丁宁	《左传》宣公四年，斗椒射楚庄王，"及鼓跗，著于丁宁"。	设于楚王车上用于指挥的军用乐器，丁宁是停止行动的号令。
鼓	史料同上。	鼓为发动进攻的号令，孙子兵法有"一鼓作气，再而衰，三而竭"。
旌	《楚辞·九歌·国殇》有"旌蔽日兮敌若云"。	旌为古代旗杆上端饰有牦牛尾和五色鸟羽毛的旗帜。春秋时各军事将领都有自己特殊样式的旌旗，作为部队识别的标志。将帅有时也用旌旗来指挥作战。
前茅	《左传》宣公十二年"蒍敖为宰，择楚国之令典，军行，右辕，左追蓐，前茅虑无，中权，后劲"。	楚国以茅作为旗帜的标识，"虑无"，根据敌情而举各种不同的旗帜，以指引后续部队。

战阵与训练

名称	史料来源	具体内容
军政	《左传》宣公十二年记晋士会说楚国"军政不戒而备，能用典矣"。	军政即军旅中的政教。
战陈	《左传》成公七年，楚申公巫臣"教吴乘车，教之战陈"。	陈即阵，作战时的阵法。春秋时各国车兵作战时都按战阵排列进行。
驱侵	《左传》成公七年载楚国的申公巫臣"教吴叛楚，教之乘车、射御、驱侵"。	驱侵为车战中战车冲向敌阵或驱赶敌方军队的行动。需要掌握的是驾御、时机、速度和方向。
卒乘	《左传》宣公十二年晋随武子说楚师"卒乘辑睦，事不奸矣"。	卒乘为步兵和车兵的合称。即步兵与车兵在战争中的协调行动，各不相扰。
致师	《左传》宣公十二年，楚、晋邲之战前夕，"楚许伯御乐伯，摄叔为右，以致晋师"。	三人乘战车单独入敌阵挑起争端，作为战争的正式开始。

153

续表

名称	史料来源	具体内容
右拒	《左传》宣公十二年，楚"工尹齐将右拒卒以逐（晋）下军"。	战阵名，为战场上的右翼方阵，与左翼相对。
左拒	《左传》宣公十二年，楚"使潘党率游阙四十乘，从唐侯以为左拒，以从上军"。	方形阵势，战场上的左翼方阵，由战车组成，与右翼相对。
中权	《左传》宣公十二年载"择楚国之令典，军行，右辕，左追蓐，前茅虑无，中权，后劲。百官象物而动，军政不戒而备，能用典矣"。	中权即楚国令典中规定的楚军行动时中军的职责。中即中军，权即权衡，稳定，以中军为谋略部门，指挥和控制前后左右部队的行动。
后劲	史料同上。	楚国令典规定的楚军行动时殿后之军的职责。后即殿，劲即加强，以殿后军队掌握后面的情况，加强压阵的作用。
简师	《左传》襄公三年"楚子重伐吴，为简之师，克鸠兹，至于衡山"。	通过演习挑选军吏士卒，又名简兵，多在出师之前由楚王或军事将领进行，所挑皆为优秀精干的士卒。
治兵	《左传》僖公二十七年"楚子将围宋，使子文治兵于睽"，"子玉复治兵于蒍"。	治兵即军队的训练演习。后引申为用兵，《左传》昭公五年吴王弟对楚王说："寡君闻君将治兵于敝邑。"也指授兵器，《左传》庄公八年"治兵于庙，礼也"。
万舞	《左传》庄公二十八年记载："楚令尹子元欲蛊文夫人，为馆于其宫侧，而振万焉。夫人闻之，泣曰：'先君以是舞也，习戎备也。'"万为舞名。	万舞为一种包括文舞和武舞在内的大型表演项目。文舞一般作为宫廷中的表演和宗庙祭祀之用；武舞主要作为一种军事训练项目。王与大将在武舞时夹在其中振铎以为节，因此万舞也名振万。
观兵	《左传》宣公三年，楚庄王"观兵于周疆"。	观兵即检阅军队，引申为炫耀武力，用以威胁别国。
军实	《国语·楚语上》有"榭不过讲军实"，讲为练习。	指士卒和指挥员携带武器进行的军事训练和演习。榭为楚王的台榭，楚王筑台榭登高以检阅军事训练和演习。军实也泛指军队中所有将帅士卒以及作战中缴获的军用物资。

第七章　楚国的经济制度与法

一、楚国的土地制度与国家收入

　　土地对于楚人来说，是一种能使他们产生偏爱的东西。楚人从早期僻在荆山一隅的时候，就对土地产生了一种渴望，后来到楚国国君熊绎的时候，只因给周天子上贡有功，被周天子奖赏封了一小块土地，成为对周天子有经济附庸关系的部落，而且周天子对楚国有一个附加条件，就是楚人要承担起"镇尔南方夷越之乱"的责任，楚人要管理好自己周围那一片土地。楚人果然把周围一带治理得服服帖帖，但周天子再也没有给楚人加封或加赏。所以楚人费了好大一番力气，尽管事实上管理着一大片的土地，但在名义上却仍然只是土不过同的一个蛮夷小邦，而那时周天子则是"溥天之下，莫非王土"的有名有实的最大土地所有者，拥有被统治地区的一切土地。而被周天子所封的诸侯国，也都是一个个自立为王的独立王国。因此，楚人对土地格外看重，可以说是来源于他们屈辱的历史和坎坷的经历。当他们经过多年的发奋图强，凭借自己的力量得到大块土地以后，楚人对于土地自然是十分珍爱，他们不会像周天子那样一掷千金地把大块的土地划给自己的下属，而不管他们如何经营，直至酿成拥兵自重的结果。这是楚国历代不论是明智的还是昏庸的君王，都会牢牢地记住的一点。由此可以想象一下，楚国辟地千里后，他们还会像周天子那样分封给自己的下属吗？当然尽管楚人有这么多的经验教训，但是他们生活在当时那样一个环境中，要他们完全摆脱周朝的分封制度也不是一件那么容易的事情，这就是历史的经验和传统的问题了。综观楚人对于土地的处置，他们有很多自己的方法和制度，但他们也留有不少周代制度的痕迹。这就是不以人的意志为转移的历史环境给生活在其间的人留下的各种烙印。

楚人对土地的最初处置表现在一块楚人依靠自己的力量得来的土地上。在楚国国君熊渠时期，熊渠是一个很有眼光，而且脑筋灵活的部落首领，当周夷王之时，周朝的国势衰微，诸侯们都不把周天子看在眼里了，而且诸侯之间互相争斗，打得不可开交。这个时候，楚人熊渠看准了时机，一改过去周天子要求的对南方夷越用"镇"的办法，而开始与他们交好，然后开始兴兵讨伐某些不听话的小国。首次讨伐的对象就是地处江汉的庸、扬粤和鄂，楚人很快灭了这三个小国，然后熊渠模仿周朝的办法，把这三块土地分给自己的三个儿子，然而楚人的如意计划却落了空。当周朝的力量强大起来以后，他不允许楚人分封土地给自己的下属，因此周朝的势力很快就威胁到楚人新灭的土地上。于是在力量不对等的情况下，熊渠只好收回了自己的分封，把这三块土地上新封的"王"号给去掉，重新恢复到原来的状态。这第一次按周王朝的办法处理土地，就碰了一个大钉子，从此楚人意识到，再按周人的那一套办法大概是行不通了。

在楚武王时期，楚人改变了自己的老一套做法，不再沿用周朝分封的办法，在政治上和经济上都远离了分封。周代的分封是一种什么样的状况呢？按照郭沫若的讲法，就是诸侯在自己的封国内拥有土地和奴隶，掌握政治、经济和军事大权。他们不仅能聚族立宗，分封卿大夫，组成强有力的宗族政治集团，而且还仿照周王室的官僚制度和组织，设置百官有司，统治奴隶和平民。他们可以在自己的封地内修建城池，征集军队，成为相对独立的政权，卿大夫在其封地内对于诸侯的关系，也是这样。这就是一种层层分封的政治经济体制。而楚国在政治上是没有分封体制的，首先楚人对于贵族官僚在政治经济上的待遇是食邑制，从政治上说，受封的人不能把自己受封的土地一代代地往下传给自己的子子孙孙，也不能让受封者在食邑内设置与楚国相似的政治机构，自己作行政长官，这样它就无法形成自己的宗族集团。楚人采取的是食邑制，食邑是楚王对王有土地的一种分配形式，这种分配形式最初起源于楚武王时期。当楚国的首领熊通的力量已经有了较大的发展以后，他开始向周天子要求得到一个新的封号，不幸的是楚人的要求又一次被拒绝，这时候熊通的新仇旧恨一起涌上心头。他大发雷霆，连带着把几百年前楚人熊绎受封时所受的侮辱也一起说了出来。他说："我的祖先鬻熊就是周文王的火师，我的先公熊绎又被周成王授予子男之田，命令他负责南方的安定和平。按周王的要求我们都做到了，而周王却对这件事不理不睬，一直歧视我们。到现在我们想得到一个名正言顺的地位，你们都不肯给，现在我们不要你们来授封了，我们自己就可以给自己一个名号。"于是楚熊通给自己封了一个最大的名号——楚武王，与周天子处在一个平等的地位上，显示出楚人胆量和实力。而在正式称王以后，楚国的经济无论名义上还是实际上都脱离了周王朝的控制，开始正式地走自己的路了。

楚国土地使用者的土地来源哪里呢？这第一种当然是楚国原有的土地，是楚人赖以生存和发展几百年的老根据地，但这一部分土地所占的比例并不是很大。还有一种就是楚国灭国扩张得来的土地中的一部分，这在楚国的土地中占有很大的一部分比例，楚国辽阔的疆域很大一部分是靠灭国扩张以后得来的。楚国灭国扩张的土地一般有这样几种处理方法：一是将被灭国改成县，二是对被灭国采取迁邑的办法，三是仍然保持被灭国原来的土地。楚国的开国之君武王是个不仅有雄心，而且有魄力有能力的君王，从他开始，楚国就走上了大力开拓扩张的道路。而且从这时开始，楚国对土地开始用自己的方法处置，这些土地主要就是指的楚原有的土地和被灭国后设县的土地，这是有别于周朝的一种国君所有制与里社占有制、领主占有制三种形式相结合的土地所有制。

国君占有制也就是王有制，楚国国君占有的土地，一般都在王畿之内，王畿就是都城。楚国将灭国以后所设县的土地分配给臣属使用，这些土地由楚王亲自掌握。还有一种是来自贵族食邑的土地，这是由楚王向贵族或者有功者亲自分封或者赏赐的土地，对于贵族一般是按等级、功劳和官职的大小赏给他们一定量的土地，虽然他们没有土地的所有权，但他们对这些土地有比较大的权力，他们可以将这些土地再次分给下属使用，一般这些下属都要为食邑的主人交纳一定量的物质或者人力的回报，因为作为贵族的食邑，其主人还要向楚王交纳赋税，交纳赋税的形式有多种，一种就是享有食邑的贵族以出私卒的形式为楚国提供军赋。这些私卒一般就是享用食邑土地的人所承担，他们以出兵役的形式为贵族出力。当然楚王对于贵族并不一定都给予食邑，有些官员的俸禄是以别的方式给予，比方说食禄等。这是到了比较后期的事情。楚庄王时期，楚国的大贵族若敖氏家族享有较多的食邑，所以私卒相对来说也是比较多的。但是若敖氏的家族后来在楚国作乱，被楚庄王灭掉，收回了食邑。仅剩下一个子孙幸免于难，到楚灵王时又遭到贬谪，收回了他的后人斗韦龟和斗成然享用的食邑。在楚国，贵族的食邑一般都只限于两代人享用，过后就要收回，尽管食邑的主人变了，但在食邑上耕种的人却仍然可以继续劳作下去。

二、官员的俸禄与地方经济

（一）食邑制

楚国的官员根据官职的大小，享受的食邑多少不等，而楚王是按各种不同的形式赐给他们食邑。有的是按等级的高低，像楚国的大贵族一般就能享有比较大的食邑，楚国的若敖氏家族，他们的食邑上可以豢养私卒达六卒之多，这合兵车大约一百八十乘。这些享有较多食邑的贵族，他们的食邑土地到底能多到一个什么程度呢？春秋末期楚国的叶公子高，所享受的食邑数量就可以说明这个问题。当时叶公子高的食邑大约是六百畛，这六百畛的土地在当时是属于比较多的了，原因是他是楚国大县的县公，而且对于楚国而言是大功之臣，因此楚王给予他的食邑超过一般的官员，这与中原诸侯国的官员相比，虽然是微不足道的，但对于楚国来说，就算是"丰其禄"的待遇了。楚国一般较小的官员的食邑则连一家的温饱都难以维持。

楚文王时期有个令尹子文，他身为楚国的最高官，平常自己是粗茶淡饭，甚至于吃不饱肚子，妻子也是穿着粗衣布裳，像个粗使的佣人，让人都不敢相信她就是堂堂楚国大官令尹的妻子，以至于后来楚王每天都要派人给他带一筐饭、一条肉来让他吃饱肚子。当然这种情况是令尹自身过于廉洁造成的，而且在楚国也并不多见，也只有像子文这样的官员才到这一地步。但由此说明楚国官员的食邑一般来说也不会有很多。有的土地的赏赐则是按功劳的大小，这种形式在楚国的历史上一以贯之。

楚庄王就曾规定，"有德者受吾爵禄，有功者受吾田宅"[①]。楚共王时期，楚军围攻宋国取得胜利，楚令尹子重向共王请求把申、吕两县的土地赏给立有军功的人员，作为赏田，只是后来由于申、吕两县的县公的反对，才没有把这两个县分掉。这表明在楚国历史上是有在大的战争之后将土地赏赐给功臣的做法的。楚国的这一种分赏土地的做法随着战争的日益扩大，而成为一种经常性的制度。

---

① （汉）刘安编：《淮南子集释》，何宁撰，中华书局1998年版，第744页。

(二) 基层经济组织与分配方式

楚国分给贵族的食邑内有一些是以里社为基层组织，或者可以说，楚王是将里社的土地分给官员作为食邑，总之是一个意思，就是食邑内可以以里社为单位。春秋末期的楚昭王时期，鲁国的孔子曾到楚国来过一次，受到楚王的接见，大概楚王觉得这还是一个有用的人才，尽管看法有分歧，但昭王还是想把他挽留下来，于是便许诺封给他里社的土地七百里，想把他留在楚国。按当时一般的算法，一里应该有二十五家，七百里就有一万七千五百家，这在当时是很大的一块封地了。当然后来孔子没有留在楚国，也就没有接受这块封地。但这块许诺给孔子的土地，相对于春秋中期楚国封给令尹孙叔敖的后人的一块四百户的封地来说，则是相当大的了。

里社中以家计算和以户计算，二者只是计算单位的不同，计算对象是没有区别的。里社实际上是一个最基层的社会组织，但食邑的主人是以里社土地上的部分收入为生，一个贵族可以占有里社几十以至几百家，这样他们的收入就是不同的了。里社的土地分给附属于土地上的农民耕种，贵族把这些农民耕种的收获物的一部分作为自己的收入，还有一部分是里社土地上的农民自己所得，他们再以赋税的形式向楚国交纳军赋等。

贵族的食邑还有一种不以里社占有的土地形式分给贵族，那就是领主占有制，享受这种食邑的贵族，对食邑上的土地收获物有几种用途，一是作为自己全家的生活来源，二是用食邑上的收获物为国家训练军队，这支军队当然是兼具两种身份，既是为国家出力，又是贵族自己的私卒，这些在前面已经提到过。用食邑上的收获物训练军队，豢养宗族子弟，这种军队可以成为国家的栋梁，也可以成为私卒的主要力量，或者成为他的幕僚，这种人发展到战国时期就成为新兴的社会阶层——士。

楚王并不是对所有的贵族都分给至少四百户的土地作为食邑，对于一般的下等贵族，楚王给予的就只是一小块仅可供自己耕种以维持温饱的食田。这种食田，一般是给予下等贵族中的士这一等级的人。

士是楚国贵族中的一个重要组成部分，春秋时期，这一部分人是贵族军队中的主力军，不论是王族的军队，还是贵族的私卒，都少不了他们在其中作为中坚力量。他们的食田或者是由楚王直接分配，或者是由他们所属的贵族间接分配，总之，他们是靠这一块分得的食田来养活全家老小。而他们对于国家的贡献，就是为楚王出征。春秋时期的士比较单纯，他们平时都在自己的土地上耕种，战时整装出征。楚国有一个名叫申鸣的士人，他是一个很孝顺的儿子。平常便在土地上耕作，"治园以养父母"。后来楚王听说了他的孝心，便要他到都城去做官，申鸣很不愿意离开父母，他的父亲就对他说："楚王给我们这块土地作为我们的俸禄，养着我们，现在到了楚国需要我们的时候，你就应该毫不犹豫地去，而不要考虑我们。"申鸣只好离开父母来到楚王身边。

楚国还有一个名叫接舆的狂放士人，他在自己的食田上辛勤地耕种，他的妻子也在家里纺纱织布，一家人过着男耕女织的平静生活。有一天楚王忽然派一个人来到他的家里，说是要请接舆出去做官。楚狂接舆在自己家已经很满足这种其乐融融的生活，无心仕途，于是便用缓兵之计打发楚王的使者离开了，等他的妻子回家后，两个人连夜收拾好行装，搬到另一个地方去了。这说明在当时能够拥有一份温饱的士人生活，还是很让人留恋的。

楚国分给士的土地有一部分是在都城附近，也有一些是在野鄙之地，所以有一些士也居住在离楚国都城很远的地方，楚国的孙叔敖就是如此，他在担任楚国的令尹之前，曾经是在离楚都很远的期思之地的一个没有官职的处士。这些拥有食田的士的生活一般也并不是很富裕，他们在食田上的收入往往只能供一家人维持温饱，有时还难免要受饥寒之苦。因此他们在奉命出征之前，往往要受到国家抚民政策的安抚。

然而楚国的士这一阶层是个很容易变化的阶层，他们或者终身为士，在半饥半饱中度过一生，或者沦落到更下一层的地位。但也有士的处境会变得更好一些，他们可能会由于本身的才干或者某种机遇而一夜之间飞黄腾达，迈进楚国高等贵族的行列。如楚庄王时期的令尹孙叔敖曾经在楚国的野鄙之地做一个没有官职的处士，由于他为当地的人民兴修水利，做了很多好事，在楚国的官员中有很好的名声，因此在楚庄王求贤选官的时候，孙叔敖便被推荐到楚王那里，做了楚国的令尹。若依惯例，孙叔敖的生活就要出现大的改观了，按理说，一个令尹与一个处士相比，地位和待遇当然是天渊之别了，但是孙叔敖这个令尹与一般的官员却有所不同，他是一个从下层上来的官员，他非常了解下层人民的生活状况，而且也很清楚楚国给予官员及其子孙的待遇是怎么一回事。所以他在做令尹期间，非常谨慎小心，生活俭朴，体恤下情，史书上说他每当收到楚王增加俸禄的赏赐时，他都会更加广泛地施舍给民众；地位愈高，礼仪就更加周全，这样他就能够不得罪楚国的广大民众和士人。孙叔敖的这种做法从本质上来说是一种保全自己地位的长远之计,大概是因为楚国的处士升上高官并不是一件很容易的事情,所以从下层贵族上来的孙叔敖就格外珍惜这种机会。

楚国的士申鸣的父亲极力地劝说自己的儿子接受楚王的聘请,也是出于珍惜这种机会的考虑,申鸣的父亲有一句话说得非常清楚,他说:"你既得到了国家的俸禄,又得到了在楚王眼中的地位,你高兴,我也不再为诸事愁了,所以我就是想要你做官。"申鸣父亲的话道出了处于下层地位的士生活的拮据,也道出了他们渴望做官的心愿。这是士这一阶层经济状况的真实反映。

楚国贵族所食的邑或者田,都是王有的土地,他们对于土地只有使用权,而没有所有权,楚国有一位名叫申无宇的大夫对这种状况看得很清楚,他曾就这个问题对楚王说:"周代天子的办法是给诸侯以封邑,是按照古代的制度办的,诸侯的封土之内没有哪一块土地不是封君的,而天子的土地之内,没有哪一个人不是天子的臣属"。申无宇这段话的意思是说,楚国可以按周天子分封土地的办法,把土地分给贵族官员,让他们有权使用这些土地。而事实上楚国也只是继承了周人这套制度的皮毛,而把它的实质部分给替换掉了。那就是说,楚人分给贵族土地,但贵族对土地的权力利仅限于对土地的使用,而且使用的范围很小,没有像周天子所封的诸侯那样有如同国君一样的权力,同时也不让贵族像诸侯那样拥有在封地上再分封的权力。楚国不搞层层分封,也不搞世袭分封。楚国在每一次大的战争之后,都要对有功之臣进行封赏,这种封赏是由楚王本人亲自进行的。在楚灵王时期,楚国的公子在国内作乱,楚国的观从受公子弃疾的指使,趁楚灵王还没有回国的时候,对楚国的贵族们说:"国都内已经有楚王了,你们谁先回到楚国的都城,谁就可以得到自己的爵邑和田室,谁回去晚了,这些东西可就是别人的了。"在楚大夫观从的这一番鼓动下,准备随楚灵王打仗的贵族士卒都纷纷跑回楚都,去保卫自己的那一份财产了。这一仗自然是没法打了,楚灵王在楚国的统治也因此而不存在。公子弃疾用的这一套办法真灵,他果然使自己如愿当上了楚国的君王。这件事情说明,在楚国,贵族们的食邑或者食田是不可能永远保持的,他们会因为各种原因而失掉土地,因此贵族们都分外珍惜它。

楚国贵族的食邑或食田都取之于楚王,而不是像周朝层层分封的那样取之于诸侯。周朝层层分封的结果，就是使一个个诸侯国后来都成了周天子自己的竞争对手，最后周王朝就灭在这一群诸侯的手中，所以楚国的君王绝不会再走周王朝的老路，重蹈覆辙。楚国的贵族得到楚王分封或赐给的土地以后，在土地上也不是实行像周朝那样的奴隶制的剥削方式，一个实行着奴隶制的国家能够征集到大量的兵源是很难想象的。而楚国靠政变上台的楚平王，在上台之初对国内的各色人等实行的一系列政策，更加可以看出楚国的土地上不存在奴隶制的生产关系。楚平王用计谋取代了灵王上台以后，便在国内广泛安抚民众，他将已经被楚国改为县的陈国和蔡国重新恢复到小国的地位，对这里的有功之臣进行大量的赏赐，对人民大行施舍，并减免他们的赋税劳役负担，还赦免罪犯，提拔被废的官员。

楚平王对陈蔡之地的这些举措，丝毫没有使人感觉到这个地方存在奴隶制的迹象。他们只是具有自由身份的国人或者附属在土地上的农奴。楚国对于被灭国后设县的地方尚能如此对待，对于本国的人民怎么可能会比这些地区还要差呢？上述两种身份的人在楚国土地关系中是主要的生产者。他们在楚国通常被称为国人，也就是下等的贵族，或者叫作平民；还有平民中的庶人，或者叫作野人。下等的贵族身份前面已经有过叙述。庶人的身份则是居于楚国野地上的居民，他们大多数是被灭国土地上的居民，因为野地是远离都城的野鄙之地，以后来被楚灭掉的土地为主要组成部分。这些野人以耕种县内的土地为生，土地的分配方式应该是按亩数来分给，然后按所分给的土地的好坏多少来向国家交纳不同数额的赋税。

为了保证国家的赋税收入，平衡各类土地上农民的负担，在楚康王时期，楚国进行了一次重要的赋税整顿，以做到量入修赋，这是楚国根据土地的分配情况做出的一个进步的调整，这对于占有各类土地的里社上的农民来说，是一个比较合理公平的分配。

楚国对贵族所封赏的食邑一般都是两代以后就要收回，只是这种分赏形式到后来出现了一些弊端。本来贵族官员以及有功者受赏的土地都只延续两代或三代，楚王就要收回重新封赏，但是这种制度被人们日益膨胀起来的私欲所打破，特别是到战国时期，楚王封赏的土地常常延续几代人之久，后世的楚王经常为这种情况而发愁。直到战国时期的吴起对这一做法进行了大胆的改革，才使得沿用几世纪之久的陋习得到改变。楚王仅对很少的几位官员作过封地延续几世之久的承诺。一个是楚国的孙叔敖，这是因为这位任职于

第七章 楚国的经济制度与法

楚庄王时期的令尹，功劳太大，而自己又廉洁奉公，以至于他的子孙在他死后，穷困到需要亲自上山砍柴换钱养家糊口的地步，楚庄王从一位出身平民的优伶口中听说这一情况时，才按孙叔敖的遗愿，特许一块贫瘠的土地让他的子孙世代享用。这实际上只是给他的后代一口饭吃，丝毫也谈不上什么享受。还有一例是楚国的郧公，这是因为他的祖先曾经在楚国发动叛乱，而他却没有参与这种行动，楚王为了表示自己的宽大，而特许他的后人保有郧地这块土地，世代为生，这是一种出于政治上的宣传动机而做的事情。除此之外，楚国再没有允许别的官员或有功者世代享用赏田或食邑。楚国的明文规定是"楚邦之法，禄臣再世而收地。"①《史记》集解云："楚功臣封二世而收。"②

有时根据贵族的表现，楚王在官员还没有死时也会随时收回贵族领有的土地和人民。在什么情况下楚王会采取这种做法呢？这一般都是在王权受到某种程度的威胁时或者为了加强王权时，楚王就会采取这种不得已而为之的办法。前面说到，楚国对于贵族的封赏不同于周朝，很重要的一个原因，就是出于维护王权的需要。在楚国的历史上，有过几次收回贵族食邑的举动，一次是楚灵王担任楚国令尹的时期，他杀了大司马蒍掩，而后又夺了他的食邑，到楚灵王即位之后，又夺了蒍居的食邑。这是当时的一种权力之争，是楚王与贵族之间为加强各自的权力而做出的努力，而不是根据贵族的表现而采取的惩罚措施。

春秋战国之际，楚国开始以食禄制代替食邑制，这原本是在春秋时期就已经出现的一种俸禄制，到战国时就开始大范围地流行开来，这种食禄制是缘于春秋末年楚国发生的一件比较大的事件而大范围地流行起来的，这件事是由楚国的奸臣费无忌所引起的。

费无忌原是楚国太子建的少傅，他因忌妒太傅伍奢而在楚王那里耍弄阴谋诡计，楚国的忠臣伍奢受到费无忌的陷害，其子伍员出逃吴国。楚王担心伍员出逃给楚国带来威胁，同时费无忌也想斩草除根，便怂恿楚王悬赏重金，捉拿伍员，悬赏的数目就是爵执珪，禄万担，金千镒，这是楚国的食邑制向食禄制的公开迈进。当然还有一些其他的原因推动楚国由食邑

---

① （清）王先慎：《韩非子集解》，钟哲点校，中华书局1998年版，第157页。
② （汉）司马迁：《史记》，中华书局1982年版，第3202页。

制向食禄制迈进。到战国的时候，楚国又出现了封君制。封君有两种情况，一种是有爵号有封地，这当然是名副其实的封君了。还有一种是有封号而无封地，这种封君所拥有的仅仅只是一种政治上的特殊待遇或荣誉。封君们的封地相对于春秋时期的贵族官员们来说，要大得多，他们的封地往往以县或者国计算。战国中期楚国的一个有名的封君春申君黄歇，一次就受楚王的封地达十二县之多。楚国还有一个阳城君，他的封地更大一些，足有一国之多，这当然是指那些被楚国灭掉的小国。这种封君在经济上政治上都是拥有极大权力的。而封君中有些则没有一寸封地，如楚国的安陵君，就"无咫尺之地"，他只有食禄和至尊的地位，对于此，他是很不满足的，所以还会想尽办法从楚王那里获得封地。有一个江乙的人知道了安陵君的心思后，给他出了一个主意，要他去讨好楚王，以便瞅准楚王身边合适的机会，达到目的。安陵君听从江乙的话，最终获得了一块封地，虽然只有区区三百户，但也使他的心理得到了满足。由此看来楚国封君的封地有大小不等之数。

封君以所封土地上的收入作为生活来源，但封君不必以出私卒作为向楚王交的赋税，这是战国时的封君与春秋时贵族的食邑所不同的地方。战国时的私卒已基本上向国家军队转变，一般的私卒已经不存在，封君所封的户数应纯粹是自己享用的，所以说，封君的条件优于春秋时的食邑。有这么大封地，封君一个人怎么享用得了呢？这时候的封君对封地上的收获物，都有一个特殊的用途，那就是用于养士。士在战国时期是一个重要的社会阶层，他们已经成为当时的一股不可小视的政治势力量，他们有一定的文化知识，有的士对于国家间的变幻风云了如指掌，并且颇具外交手段；有的士对于某些大贵族的地位和能力心有所仪，情愿成为他们的幕僚。但他们地位低下，经济上比较寒酸，他们大多具有改变自己地位的要求，因此一般都依附于大贵族。他们的作用，在大的方面，可以左右当时的国君，甚至成为各国之间的纵横捭阖的主谋；小的方面，可以为给他们提供衣食的主人出谋划策。所以当时凡有一点财力的封君或者大贵族，都要在家中豢养一些士，养士成为当时的一股风气。

封君在封地上的权力有大有小，有的封君在所封的土地上不仅拥有经济大权，而且拥有行政权，这种行政权可能是与封君本身的职务有关，总之它与享受食邑的贵族是有区别的。封君的封地也不是世袭的。李园之妹在与春申君有了切肤之情后，曾与他商量怎样对付楚王，她说："楚王死了以后，他一定会立自己的儿子为王，到那时你的祸患就要来了，你将用什么来保住你的相印和在江东的封地呢？"这里，春申君的情人首先担心的就是他的官职和封地，这说明封君的封地并不是世袭的土地，封君一旦因特殊的原因去掉职务，封地可能就会随之去掉了。如果是正常的传承，封君传袭的代数也是不多的。

三、经济的发展与经济法

（一）楚国的井田制

楚国还有一种土地制度——井田制。楚国在楚康王时期让大司马做了一件整顿军赋的事情，就在这一次的整顿中，楚国第一次涉及井田这一词。蒍掩整顿军赋的内容，就是把楚国的土地分为九种类别，制定出征赋的章程，"井衍沃"是其中的一项内容，意思就是在衍沃之地按井田征赋。但楚国的井田与西周的井田制是有根本的区别的，西周的井田制是奴隶主为便于强迫奴隶劳动而对土地做出的划分制度，而楚国的井田则只是在衍沃之地把田按井字划分成小块，以便于官方计算征赋的标准，它与西周井田制唯一相同的一点是，它们在赋率上相等。

（二）楚国的赋制

古代的赋是一种什么概念呢？汉朝人追述周朝的通例时是这样说的：赋"供车、马、甲兵、士徒之役，充实府库赐予之用"[①]。按照中国古代"国之大事，惟祀与戎"的惯例，戎生赋，祀生税，这就是征收赋最充分的理由。赋制的起源应该在国家建立之时，国家要对外征战，需要有一定的物质支撑，因此必须向它的臣民征赋，古书上记载从虞夏的时候开始，就有了贡赋的征收，也有学者说，古代田赋的征收是从大禹的时候开始的，虞夏和大禹的时候都已经进入到阶级社会的前夜，这个时候大概贡赋的征收也已经进入到起始的阶段了。楚国所征的赋大致也是这样的。楚国具体的征赋内容包括三方面，一是田赋，二是贡赋，三是军赋。

以田为计征对象的叫作田赋，这是楚国军赋的主要部分。赋的主要内容

---

① （汉）班固：《汉书》，中华书局1962年版，第1120页。

是以军用为标准，征发一切土田上出产的可供军用的物资，这一部分大致上可以称为"粟米之征"，也就是军粮。征粟米有几种用途。一是用于部队出征打仗时的口粮，楚军出征，后勤辎重车往往跟随其后，或者在行军所到之处开仓放粮以供兵士之用。二是以粟米代替应该出的军用物资，也就是说将军用物资换算成粟米征收。楚康王时期大司马蒍掩整顿军赋时所做的工作"量入修赋，赋车籍马，赋车兵、徒兵、甲楯之数"[①]，就是把这些长短兵器、兵车等合成粟米，以便征收。然后再由官府所设手工作坊统一制造兵器，以备战争之用。

楚武王伐随时，战前曾给士卒们发放武器，"授师孑焉"，"孑"就是戟，这种武器就是官府手工作坊制造而后收藏于国库中的，到战时，再由国家统一发给士卒们使用。楚国的叶公子高在平定白公之乱时，一时没有那么多的武器发给士卒们，也曾"出高库之兵以赋民"。高库就是宫廷内的府库，专门储存国家武器的地方。

赋的内容第二种，就是部队所需军用物资的原材料，这一部分楚国在很早的时候就开始征收了，它们是取之于楚国的山林薮泽之中。史书上这样说到楚国的赋制情况："又有薮曰云连徒洲，金木竹箭之所生也。龟、珠、角、齿、皮、革、羽、毛，所以备赋，以戒不虞者也。所以共币帛，以宾享诸侯者也。"[②] 金木竹箭都是做战物资，龟是用来占卜吉凶的物品；珠是用来防御火灾的；角，可以用来制造弓弩；齿是指的象牙，可以用来做珥，即耳环；皮革羽毛这些东西，也都是用在战争中所需要的军用器具中，如甲胄、旗帜等。这些原材料由国家收上来以后，不可能直接用于战争中，必须再在官府设立的手工作坊中统一加工成军用品。

赋的第三种内容就是战争中的人力兵员，这也是楚国赋制中的一项重要内容。楚王将各类土地按等级赐给贵族作为食邑，而贵族对楚王的贡献就是以食邑豢养私卒，听从楚王的命令出征打仗。除了食邑上的私卒是作军赋之用外，食田上的士对楚王的贡献也是以自身参战作为纳赋的方式，这一种军赋是春秋时期所特有的一种形式，是食邑制和宗族性家兵的产物，也是国家

---

① （清）阮元校刻：《十三经注疏·春秋左传正义》（清嘉庆刊本），中华书局2009年版，第4312页。
② （春秋）（旧题）左丘明撰：《国语集解》，徐元诰集解，王树民、沈长云点校，中华书局2002年版，第526—527页。

常备军还不健全时期的产物。到战国时期，楚国拥有一支属于国家的强大军队以后，私卒就逐渐地消失了，尽管封君还有封地，但军赋则由国家统一征收，封君不再豢养私卒了。

　　按照当时的情况，赋的征收数量是有差别的。当时各国大致上是以离国都的远近和收入的多少为标准，离国都的远近也就是说按国野的不同而有数量上的差别。周代对国中之地的人征赋年龄是到六十岁为止，野鄙之地的人则要到六十五岁为止，楚国也是这样一种情况，这就是说，野鄙之地的人纳赋的年限比国中之地的人要宽得多。也就是说，住在国中之地的大贵族大官吏比士出的赋要少，而士和小官吏又比野鄙之地的庶人所出的赋要少。

　　楚国的大贵族大官僚一般都住在国都之中，他们中的大贵族可以用食邑上的收获物豢养六卒的兵力，这大概相当于一百八十乘的战车，这种富有的程度，是一般的中小贵族和平民所无法比拟的。而一般的下等贵族，如士，则必须自己耕种土地，妻子纺纱织布，勤劳苦做，才可以维持一家的温饱。如果能有多余的粮食，才能再拿到市场上去交换，换回一点生活必需品。一旦丈夫出征打仗，妻子就会受冻馁之苦。下等的贵族尚且处在这种艰难的生活境地，平民庶人和农奴就更可想而知了。所以楚国在进行大的战争之前，一般都要先进行抚民工作，抚民的工作除了救济老幼病孤之类的人以外，还有一条就是"救乏"，这就是救济贫苦的家庭，包括士和平民这样一些靠耕种国家的土地为生的家庭。目的是让他们有能力承担起国家的赋税负担。

　　这些在食邑上耕种的贵族的族人，他们的地位有时也是很可悲的，他们为贵族们充当私卒，有时难免不受到贵族们的虐待，当沦落到贵族公子们"暴虐于其私邑，邑人诉之"的境地时，境况是很惨的。而庶人和农奴们也是附着在里社或者边境县内的土地上，他们没有权力支配土地上的收获物，其出赋的数量由行政官员来决定，如果遇到"饿豺狼样"的主子，他们将会沦落到被压榨殆尽的境地。楚国的大县陈、蔡和东西、不羹四个地方，楚王要求他们各出兵车一千乘，这对于这几个虽则面积是大，但并不一定有这个能力的县来说，大概也是不容易承受的。被灭为陈县的陈国，当初楚国去讨伐他们时，楚庄王曾派人去侦察他们的军事力量，使者回来报告说，陈国的蓄积很多，讨伐不得。楚庄王却说：陈是小国，蓄积多就说明他们国内的赋敛重，赋敛重就说明人民对国家有怨气，防备坚固，就说明他们的民力疲惫，民力疲惫我们就可以讨伐了。楚庄王的这一番分析说明他对于军赋的征收情况是有着深切了解的。军赋收得多说明对人民的压榨重,这大概是楚国对于新征服的土地采取的另一种控制手段,使这块地方再没有财力做别的打算。

但如果以为楚国会一味地对这些地方进行压榨,那就错了,楚国对交纳赋税的民众是采取一种有张有弛的做法,在必要的时候要对他们进行安抚,有时候还要对过于严苛的赋税进行一下调整。

在楚共王时期,曾对赋税的征收情况进行过一次调整。这件事是由当时的令尹子重来办理的。子重在准备讨伐阳桥、救助齐国之时,在楚国清理户口,免除拖欠的税收等,然后才把楚国的军队派出去征伐卫国。楚国在出征前进行查阅户口的工作,目的是统计兵源和口赋的情况,考虑人民实际的纳赋能力。这种以查户口的方法统计出赋能力的政策,只是楚国对征赋结果的初步考虑,它考虑的是人民的纳赋能力,还没有考虑土地的出产质量,因此它还不是对赋税制的一次根本性的改革,而是在楚国的赋税制不成熟时进行的一次调整。到楚康王时期,大司马蒍掩按土地的不同质量登记土田,制定所有土地的征赋章程,这就使楚国的征赋标准大致合理。量入修赋的章程和清查户口的政策相结合,就使楚国的军赋征收有了一个基本合理的制度,而且它打破了土地的国野界限,对担负楚国大部分军赋任务的野鄙之地的人民来说,无疑是一个比较合理的政策。但是有了一个比较合理的征赋政策,并不能保证征赋工作就一定能够做好,有时候为了保证军赋能及时地收上来,还必须适时地运用一些稳妥的补充政策。楚国在平王时期,就颁布过一些具体的措施,使人民能够照章纳赋。具体来说就是施舍物品给穷苦的人,救济穷困的家庭,救济受灾的人,收容单身汉,宽免孤儿寡妇的赋税,赦免罪人等,这一系列政策都是为了使楚国的人民能够有足够的物质资源交纳他们应交的那一部分赋税。如果按照楚国官方人士的说法,楚国一般的赋税标准并不是很重,需要做到的就是"聚货不妨民衣食之利,聚马不害民之财用,国马足以行军,公马足以称赋,不是过也"[①]。这是指的两方面,对民众来说,征赋的量要不至于影响正常的生活,对国家来说,军赋要足够战争之用。达到这两个标准,大概就算是合适了。春秋时期楚国的军赋虽然不是很

---

① (春秋)(旧题)左丘明撰:《国语集解》,徐元诰集解,王树民、沈长云点校,中华书局2002年版,第521页。

轻，但是由于统治者尚能运用抚民政策，让人民有出军赋的能力，加上楚国地域广大，土田众多，征赋的标准掌握得比较合适，因此极少发生民众因为征赋而叛乱的情况。

战国时期的军赋远较春秋时期为重，这首要的原因是这个时候的战争与春秋时期相比，不仅数量多而且规模大，所以楚国这个时候对于军赋的征收就要加大力度了。同时战国时期生产力也提高了许多，军赋的征收量自然就不能和春秋时期相提并论了。战国的征赋政策与春秋时期不同的一点是，这个时候的军赋普行于一切土田，由于大贵族的食邑上不再出私卒，所以他们食邑上的赋和公田上一样征收。但由于春秋末年楚国曾规定了在都邑之地有可以免征徭役的优惠条件。按楚国的规定住在都邑之地的人士，除非遇到紧急的情况，他们只需要向楚国交纳军赋，而并不需要直接出征。因此，贵族中也有一部分人可以有一种免交赋税的优惠权。楚平王时期，楚国的左司马沈尹戌所率领的王马之属，就是楚国住在都邑之地的贵族，就享有过这种权力。这说明楚国在任何时候贵族和平民的待遇都是不同的，贵族都是受保护的对象。

当时的大纵横家苏秦曾经对楚王说："陛下的臣子和父兄们，喜好伤害贤良之人，而掠夺他们的财产，又喜欢向民众征收很重的赋税，从而使大王您在民众中遭到嫉恨，做这样的事情的人恐怕不是大王您的忠臣啊。"苏秦对楚国大贵族的所作所为了解得一清二楚，大贵族们对老百姓这样横征暴敛，当然只能使楚国民众身上的负担更重。

战国时期军赋的多少现在无法统计，但有一个比较抽象的数字可以看出当时征赋的大致数量。当时的大纵横家张仪到楚国时曾对楚王这样说过："楚国穿戴盔甲的武士有上百万之多，战马有上万匹，用于战争的军粮可以支撑十年之久。"当然张仪对楚国战争物资的储备有夸饰的成分在内，但楚国当时拥有雄厚的战争储备应该是一个不争的事实。这么庞大的兵员和雄厚的军费开支，需要征收多么庞大的军赋才能应付，是不难想象出来的。

楚国这么庞大的军赋中也包括了楚国在属国中所征收的军赋。这种利用别的小国作为楚国附属国的情况，在春秋时期就已经有了，但那时楚国对于附属国的支配还不是很严重。那时候，楚国对于在战争中战败的国家的处理，在很多时候要么是把他们改为县，要么保存他们的国家，迫使他们为楚国的战争出兵，一起征战，这与实际的征收军赋还有一些区别。到了春秋末期，楚国就开始采取直接让那些小国向楚国交纳军赋的手段，为楚国增加军赋收入。当时齐国的一个使者到越国去的时候，曾劝越国的国君尽快攻楚，他说过这样一段话，他说："复、雠（仇）、庞、长沙，这四个邑都是为楚国生产粟米的产地，竟陵泽这个地方是为楚国出产各种材料的地方，这几个地方原来是越国的，后来被楚国所占，已经不为越国出贡赋了。只要越国打通了通向楚国的关口，这四个地方就不会再给楚国上贡。"这就是当时的越国想要攻打楚国的真实原因，这也是战国时期一些诸侯国发动战争的另外一种目的，即把别国的一些地方灭掉之后，让这些地方成为自己征收军赋之地。从楚国抢占这几个地方的行为来看，其目的也是一目了然的。

楚国的赋税是用一种什么方法征收的呢？先来看看周代和中原诸侯国的征赋办法。周王朝采取的办法有几种：一是按亩征赋，就是按授田的数量来规定食田的主人应该交纳多少军赋。但周代按土地的多少，一般只是按公田的多少，而并未将土地落实到每个农户。周代一般都把土地划分成井田的形式，这除了便于奴隶们耕种以外，也是为了国家征收赋税的方便。另一种方法是以土地的多少和出产物的种类来征收军赋，如果还要分细一点，那就是一般的土地按亩来计数征收，而山林、薮泽、原陵之地，则以土地的肥饶程度为区别。到春秋时期，各诸侯国征收军赋就有了一些改变，不完全按周代的办法了。鲁国的"作丘甲"，就是一定数量的土地出一定数量的军赋，各类人按所耕田的数量分摊，但又不同于公田制下农夫出同等的军赋这一做法。重要的一点就是在征收军赋时，它考虑了土地的数量，而不是只要有公田一律按同等的数量征收。郑国的"作丘赋"与鲁国的征赋办法大致相同，也是按所耕土地的多少来征收，这也是把土地划分成较大块作为征赋单位。与整个春秋时期的形势相似，楚国的征赋办法在春秋早中期时大概也与各诸侯国的征赋办法大致相同，也是按大块的土地征收，即以里社为单位，直到楚共王时期才做了一次改变。

楚共王时期为征赋所做的事情就是大规模地统计户口，楚共王的这一次工作标志着楚国已经开始改按亩征赋为按户征赋。比以前有进步的一点就是，它考虑了人口的问题，而不仅仅只是土地数量。楚国为了达到目的，首先就必须解除人民身上过重的负担，把以前不合理的征收政策给人民造成的负担免除掉。所以楚共王在全国人民中免除赋税的积欠、施舍鳏夫、救济困乏、赦免罪人等，对人民进行了充分的安抚之后，再来对他们征赋。这一次是楚国对军赋做的一次小的改动。到楚康王时期，楚国就开始对军赋进行大的改革了。楚康王所做的工作主要就是对楚国各类的土田进行一次总的登记，把各类的土田都分一下类，然后登记下来，目的就是为了"量入修赋"。这种赋制的改革比清查户口大进了一步，它不仅按土地的多少和人口的数量，而且按土地的好坏来征赋，这就使纳赋者能够得到尽可能公平合理的待遇。而且它还打破了国与野之间的界限，公田和食邑之间的界限，将征赋普行于一切土田之中，这对于那些原来承担着很重负担的下层人民来说，当然会在一定程度上减轻一些负担，而对于那些享有大块的食邑土地的大贵族来说，也必须承担一定数额的赋税。

楚国的赋制改革与当时中原的各诸侯国相比，一个重要的不同之处在于，诸侯国是将征赋的土地单位划小（这可能是由于他们国内的土地逐渐落入私人手中），而不是以土地的收获量为征收标准。中原诸侯国的征赋办法，对于他们国内的统治者来说有更大的好处，因为划小的土地便于制定出赋标准，而且可以据此增加征收量。但对于纳赋者而言却不见得会有一个公平的待遇。而量入修赋的办法虽然在一段时间内将增加楚国统治者的工作量，但从楚国的长远利益来看，则无疑会增加军赋的总收入，而且对下层农户来说，它不是一种不分轻重的增加负担的做法。所以楚国的量入修赋不论是对比周朝的征赋办法还是对比中原诸侯国的征赋办法，它都是一种进步。

楚国的军赋是由什么渠道或者说由什么部门来征收的呢？先来看一下周朝的征赋部门，周朝征收军赋的部门有两个：一个是享受食邑的采邑主，他们负责征收采邑上的赋；一个是国家，负责征收公田上的军赋。这两个征赋的部门一直到春秋时期大致都存在着。采邑主的赋有各种形式，在春秋时期最主要的是指军队；公田上的赋则主要是指粮食。楚国的征收办法与他们大致也是相同的，贵族食邑上的赋以私卒的形式征收，征收的办法也是组织私卒出征打仗；另一种公田上的赋，也就是楚县和基层组织内的里社土地，一般来说是由国家征收，但具体的征收部门应该是楚县内的行政机构，征收上来以后再由楚王支配，具体的支配权却掌握在县内的长官手中。楚共王时期，楚国取得了攻打宋国的胜利，令尹子重因此按楚国军中的规矩请求楚王拿出一部分土地出来，作为有功将士的赏田。令尹子重请求作为赏田的土地是楚国北部边防的重镇申县和吕县，申县的县公巫臣坚决反对这样做，他的理由是申、吕两地是楚国的主要出军赋的地方，这两个地方的军赋足可以抵挡北方的侵犯，而如果把申、吕两地作为赏田处理了，楚国就没有申、吕这两个地方的军赋了，那么北方的诸侯国再来进犯，楚国又拿什么来抵抗他们呢？申公巫臣敢于在楚王面前讲这一番反对的意见，可以看出两个问题：一是军赋是由县公征收，县公要对楚王负责，交纳一定量的军赋，如果赏田多了，就会减少军赋的数量，到时对楚王就不好交代，所以申公巫臣必须事先有所防备；二是县内的军赋是由县公使用的，楚王不再另拨军赋给他们，因此申公担心一旦军赋减少了，将会抵挡不住北方的进犯，到时楚王问罪下来，县公们就不好交代了，所以申公要力争保证县内军赋的数量。总之，从申公巫臣的态度看来，至少县公对县内军赋的征收和使用是有一定的支配权的。县公对县内的军赋有这么大的权力，那楚王在其中起什么作用呢？从楚国对外进行的多次战争中可以看到，楚王的作用主要是掌握军赋的调拨，比如调一部分军队出征，或者向县直接下达调拨中央军赋的数字的命令，军赋由县公征收后，上交楚王。这样楚县的军赋从总体上来说，是由楚王支配，但是征收和部分的使用却是由县公负责。这种军赋的性质实质上还是国有。我们从史籍中看到许多楚县的兵力随楚王或者将帅出征，或楚县在边境独自承担抵御外部侵略战争的任务，这些都需要县公掌握有一定的支配军赋的权力，才能做到，否则难以为继。

公田上的军赋的使用应该是由国家行政部门掌握，如征收的粟米由国家修筑粮仓储存，战时由部队中的后勤车辆运送。楚国有专门的国库是用于存放粮食的，如太子府、高府和高库等，都是这种性质的仓库。高府储存粮食，高库则储存兵器。当战争发生的时候，楚王再把它们取出来发给士卒使用。清朝有一位名叫顾栋高的学者对楚武王时期发给士卒武器说出了自己的见解，他说："楚武王授师孑焉以伐随，则甲仗兵器皆出自上可知矣。"[①] 军赋中的武器器械并非征赋中所得，而是以粮食或者各种军用物资的原材料折合而成，再由国家设立专门作坊，征发手工工匠服役者制造而来，或者是由专门生产某一种武器或军事器械的地方生产出来。楚国这类有名的武器有不少，如"宛路之矰"，即宛城这个地方出产的一种竹箭，宛城的竹子非常有名，适合于制作射击用的箭杆，因此宛城就专门生产竹箭这种武器。据说楚文王最初得到这种箭的时候，非常高兴，用这种箭射猎都忘了回家。

---

① （清）顾栋高辑：《春秋大事表》，吴树平、李解民点校，中华书局1993年版，第1432页。

楚国在战国时期还出现一种新的社会阶层，那就是封君，封君是一个新的贵族阶层，他们在楚国的地位是一般人无法比的。封君的食邑在楚国有时可以达到一种相当高的数量。封君的土地与食邑不同的是，它不需要出私卒为楚王打仗，但封君对食邑上的出产只有部分的享用权，封君对国家的贡献是以他们食邑上的出产向楚国交纳赋税，相当于田赋。战国时期楚国的春申君在吴地修了两个大仓库，其中有一个仓库专门为均输所用，均输一般是由官府掌握的平衡市场物价的一种办法，因此春申君所设的这种仓库带有政府粮仓的性质，这也可以看作是封君为国家所出的赋。封君土地上的赋由封君自己征收，而后上交给国家，或者储存起来，以备国用。

还有就是贡赋。贡赋是一种什么样的赋呢？简而言之，就是大国的附属小国对它们所敬奉的各种物资，其中也包括人员。春秋战国时期的大国与小国之间的关系很有意思，小国往往利用大国的强大地位，依赖大国的保护免受别国的欺负，当小国遇到侵凌的时候，常常请求大国出兵为它御敌；而大国为了成为更大更强的国家，也往往利用小国的国力去打击别的国家。小国为求得大国的保护必须对大国尽两种义务：一种是每年的朝贡，叫作"朝"；第二种是如果大国兴师时，小国必须听从大国的命令出兵相助，这叫作"赋"。

楚国在春秋时期的贡赋内容大致包括两个方面，一方面是楚国对周天子上的贡赋，另一方面是附属于楚的小国对它所上的贡赋。其中楚国对周天子的上贡，在春秋时期并未维持多长的时间，战国时期更是不存在这一部分的贡赋支出。而这后一部分，就是楚国所得的贡赋收入，则占楚国财政收入的较大一部分，可谓入敷于出。楚国所得的贡赋多的一个原因是，楚国对外的征伐扩张很多，所灭的小国往往是先依附后被灭。还有一些长期依附的国家，如曾国，也就是随国，它对楚国的依附一直延续到楚国被灭。也有一些时附时叛的国家，如郑国。这些国家都给楚国带来不少的贡赋。

楚国贡赋的内容都是些什么呢？先说说贡的内容，按当时的规定可以作为贡的物资有许多种，周代对贡的规定有九种：一是以祭祀的物资为贡；二是以可以充当嫔妃的女子为贡；三是以可以用在宗庙之地作祭祀的器物为贡；四是以金钱币帛为贡；五是以当地出产的各种木材为贡；六是以珠贝等自然之物为贡；七是以祭祀的服饰为贡；八是以各种羽毛为贡；九是以各地出产的稀罕土特产为贡。这九种贡的内容可以说是包罗万象，无所不有了。

楚国对周天子贡的内容，有这样几种，一是在祭祀时所上的贡，这主要是楚国的特产，如苞茅，而周天子祭祀的时候恰好需要这种物品来滤酒，所以楚国在兴起之前的一段比较长的时间内，都是以苞茅作为给周天子上贡的物品。后来可能由于周朝的衰落和楚国的强盛，楚国停止了对周天子的上贡，这件事情过去多少年以后，楚国还因此事而受到别的诸侯国的斥责。齐国的管子就曾说："你们楚国对周王朝的祭祀不上贡，使周王朝没有滤酒的茅草。"而楚国的国君也很坦率地承认这一件事。楚国也有以金钱币帛为贡这种情况。春秋时期郑国曾经讨伐楚国，原因就是为周王室讨回楚国应该向周天子交纳的丝帛。材贡也是楚国曾经出过很多的一种贡。在楚人的先祖熊绎时期，楚人向周天子纳的贡赋中有桃弧棘矢这两种物品，楚国出产的这些材料在当时是制作弓箭的上好材料。货贡也是楚人向周天子常常进贡的物品。在周厉王时期，楚人有到周朝来献龟和贝的。楚人对周王朝上贡的时间大致是在楚人正式立国前后的一段时间内，也就是春秋的早期。到春秋中期楚庄王问周天子九鼎之轻重以后，就没有再见过楚国向周朝上贡的记载了，这可以看作是楚国对周王朝依附关系的完全解除。

楚国的另一部分贡赋，就是接受别国对自己所上的贡，这时候楚国就是小国的宗主国。当时各小国对楚国所进的贡，大大超过楚国对周王朝进贡的种类和数量了。而且楚国自恃国力强大，对依附的小国采取强制手段迫使它们给楚国进贡。楚成王时期，黄国没有给楚国进贡，楚国就对黄国大动干戈。楚昭王时期，胡国的人也不愿意侍奉楚国了，胡国的国君对他的下属们说："生死存亡都是自己命中注定的，侍奉楚国又有什么用呢？白白地使国家多出许多费用。"这些材料都说明，当时的楚国要求依附于它的小国交纳的贡赋数量是很大的，以至于有的小国在负担不起的时候，往往为摆脱这种依附关系，而宁可听天由命。楚康王时期，郑国的人到楚国来回议会盟之事。楚国的人责怪郑国没有派国君亲自出面，这时郑国的大夫游吉对楚国的人说："国家之间的结盟，大国的命令要有利于小国，这是贵国君王的法令，也是小国的愿望，我们国家几年来多灾多难，因此我们的国君派我到贵国来奉上礼物，现在你们还说我们只是派我这样一个小小的官员来，而没有让自己的国君丢下自己守卫的疆土，跋山涉水前来，以满足贵国君王的心意。我们小国自然是不敢违背大国的意愿的，只是这大概不符合盟书上的条约吧。"郑国的使者游吉大着胆子对楚国的官员说了这一番话以后，就回到了郑国，对他的上司说："楚国的君王大概是快要死了，他不修明他的政事，反而贪图我们向他进贡，这样做能够活得长吗？"

楚国不仅要求小国为他们提供大量的贡赋，而且在上贡的质量上还要求小国以上好的物资来进贡。并且小国对楚国的进贡并不止于楚国对周天子所上贡的内容，也不止于周代规定的九贡的内容。从当时弱小的国家给楚国上贡的物品种类来看，已经没有了一定之规，大概是只要是楚国所需要的，或者看中的东西，小国或者弱国就得拿出来作为贡赋。如果他们不肯拿出来，大国的贪官们就会想尽办法从他们的手中抢过来，必要时还会采取暴力手段。

楚昭王时期，当时依附于楚国的小国——蔡国的国君到楚国去，给楚昭王带去了当时非常名贵的一件裘皮大衣和一块非常宝贵的美玉，这两件宝物，本来蔡昭侯也只有两份，却慷慨地拿出了一半给了楚王。当楚国的令尹子常知道蔡侯的手中还有这样的宝物时，就向蔡国的国君索要，表现出格外的凶狠和贪婪。蔡侯不愿拿出那剩下来的一半宝物，子常就把蔡侯关押起来，不让他回国，还威胁蔡侯说："蔡侯长留在楚国的原因，就是因为你们不供奉饯别时的礼物，如果你们还不把礼物办好，就小心你们的性命。"由此可见楚国要求小国进贡的物品大多是楚国所缺少的或者所宝贵的。又如楚国人爱马，因而楚人对马的进贡就格外看重。楚昭王时期，唐国的成公得到两匹名贵的宝马——肃爽马，他把其中的一匹送给了楚昭王，不想这种名贵的马被楚国的令尹子常看中，于是子常就想方设法地想从唐成公那里把另一匹马搞到手。唐成公不愿意把另一匹马献出来，于是就被子常等人关押了三年之久，直到最后他们想办法把这匹马弄到手，才把唐成公放出来。子常以强力索要别国的财物达到像饿豺狼一样的地步，这两件事后来导致了唐国和蔡国对楚国的背叛。当吴国要攻打楚国的时候，唐、蔡两国投靠了吴国，配合吴国一起攻楚，最后酿成了对楚国的巨大危害。这就是大国对小国以索要贡赋为名，霸占别国财物的结果。

楚国人还喜欢凤一样的鸟，齐国的使者就送这样的鸟给楚国。有一次齐派使者到楚国去送一只刚刚捉到的鹄给楚王，出门不久，却不小心让这只鹄飞了。送鹄人是一个很聪明的人，他担心楚王怪罪，自己担待不了，仍然提着这个空笼子，一直走到楚国去。到了楚国他编了一个送鹄的故事讲给楚王听，说是他提着鹄过水路的时候，鹄感到口渴，他不忍心让鹄一直忍受着干渴之苦，便放它出来喝一口水，谁知道鹄却趁此机会跑了。他想在路上自尽死了算了，却又怕天下人议论楚王，说楚王仅仅因为一只鹄的原因而让士自杀；又想在路上买一只鹄代替它，却又怕王说以假物来骗人；后来又想到了逃跑，但又怕因为逃跑而使齐楚两国的交往从此断绝。所以没有办法，还是只好到楚王这儿来领罪。齐国送鹄人的一番花言巧语，不仅得到了楚王的谅解，而且还受到楚王的夸奖，楚王说他不愧是齐国讲信用的忠臣，并赐给了他丰厚的钱财。这个人就是齐国专门为给楚国送贡赋而选中的使者。

楚国地大人少，对于人的力量格外地重视，正如晋文公重耳当年落难路过楚国时说的一样，子女玉帛楚国都有，羽毛齿革楚国也都出产，楚国人真正看重的并不是别国点滴的进贡，而是利用进贡这件事来炫耀自己大国的地位，想借助小国的力量来扩充自己的版图，这就是楚国真正需要的赋。晋国在力量弱于楚国的时候，也时常要给楚国上贡，有一次晋国的国君一下子就给楚国送去工匠三百人。当越国的力量弱小时，也要用各种物品给楚国上贡，其中包括子女玉帛。

那么小国对楚国所进奉的赋包括一些什么样的内容呢？郑国的游吉在一次到楚国去的时候，对于小国和大国之间的地位有很深的体会，他总结出了五点小国与大国交往的害处，第一大国要向小国掩饰自己的罪过；第二大国要向小国要求得到它所缺乏的东西；第三大国要求小国奉行它的命令；第四小国要供给大国各种物品；第五小国还要服从大国随时发出的指示，如果小国做不到这些的话，大国就会加重小国贡赋的数量。游吉所说的小国对大国要尽的义务，正合楚国的心意。在小国必须给大国进奉的贡品中，物品对于楚国来说还不是最重要的，最重要的一条在于奉行他的命令，跟随他的行动，这就是出军赋了。终春秋之世，楚国进行的战争不计其数，其主要的目的就是对外扩张领土，与别国争夺霸权。楚国从一个土不过同的小国向外发展成一个泱泱大国，除了自己的政策措施和力量以外，很重要的一个方面就是采取拉拢、恐吓、高压和必要的伐灭等手段，使周边的小国成为自己手中控制的力量，后来这些小国差不多都成了楚国的境内之地。

楚国利用依附国的军事力量作为军赋有几种情况：一种是已经被楚国作为囊中物的小国，楚人可以任意指使他们为楚国出赋，如当时的黄国、许国等；一种是楚人想灭掉，但又受其他原因的牵制，而没有来得及灭掉的国家，楚国一有机会便拉拢他们成为可以利用的力量，这种国家多数属于中等国家，而且所处的地位又很重要，容易形成几个国家相互结盟的局面，如当时的郑国、宋国就都属于这种国家；还有一种是被楚时灭时复的国家，如陈、蔡等国，这种小国更是楚国军赋极其重要的来源，因为不论是灭掉它还是恢复它，都是出于楚国国家利益的考虑，它们完全是棋盘上一颗由楚国任意摆布的棋子。晋楚城濮之战时，陈、蔡两国的军队担当楚军的右师，但不幸的是这两个国家的军队一触即溃。

楚国对附属国军队的征用没有时间和数量上的规定，一切都依具体情况而定。在时间上一般是以战争的发动时间为准，大的战争前，楚国就要会见这些小国的国君，与他们共同约定出征的日期，当时叫作"约攻"。小国对楚国出军赋的数量也是没有一定的标准，晋楚城濮之战时，陈、蔡两国为楚国所出的兵力大约有二百乘左右，这个数字在春秋初期算是比较多的了。楚国对附属国的兵力征用过于频繁，这些小国有时不堪战争的重负，就会以各种方式逃脱楚国的控制。如城濮之战时，陈、蔡两国的军队在战争中，出兵不出力，而且在战争有一点艰苦时，马上一触即溃，纷纷败逃。也有一些小国还敢于公开抵制楚国征用兵力，这些都说明楚国对于这些小国的征赋程度是很高的，甚至可以和别国入侵所造成的损失相当，所以小国将这种对大国的义务看作"皆小国之祸也"。他们甚至还告诫自己的子孙，不要在祭坛上宣扬这种"祸害"。

战国时期，各诸侯国的力量势均力敌，此消彼长，大国的地位并不是一成不变的，固定的小国来充任某一大国的附属国这一情形基本上不再出现。这个时期进贡的内容与春秋时期相比有一些不同之处，小国对大国仍然要进贡物资，但军赋的进贡已经消失，取而代之的是贡献土地和贡献大国所需要的宝物，因此依靠别国的军力来充当军赋这一现象就很少见了。

（三）楚国的税制

楚平王时期的大夫斗且曾经对为官贪婪的令尹子常说："古代的人们聚货以不妨碍百姓的衣食之用为度。所征的物品以够用为度。"这里所说的聚货，当时的意思就是征税。斗且的意思就是要令尹子常不要横征暴敛，使人民衣食无着。古代的税与赋是有区别的，用当时的话来说就是"税以足食，赋以足兵"，这主要是指它们的用途而言的；从它们征收的渠道来说，税是取之于田地、商业、关卡和杂派等，这与赋也是有区别的。

先说田税。斗且对令尹子常的话中还指出了田税所包括的内容，他说：

"天子的田有九畡，用来作为天下民众的衣食之源，国君从中征取一部分税收，用来作为百官的用项。"他道出了周天子税收的来源和目的。即国君是以百姓耕种所得的一部分收获物来作为百官的俸禄。由此可见，楚国也正是按照这一规矩来办的，这就是楚国征收田税的明证。

田税一般是按土地的占有来征收，山泽之地自然也包括在土地之中。楚庄王时期的孙叔敖作令尹时，广泛地开辟山林资源，以利征税。他"聚藏于山，殖物于薮"①，"钟天地之美，收九泽之利，以殷润国家"②。即收各种土田上的出产以为税，上交给国家。这样看来，田税以粮食为主，还有各种土地上的土特产品。田税有多种用途，其中主要是供祭祀之用和作为百官的官俸以及举事之费。春秋中晚期，楚国出现俸禄制，有的有功者可以达到禄万担，这万担之禄所用的粮食就应该是田税中所得。

田税的负担者一般是广大的庶人，我们现在见到的征收标准主要是汉代的标准，它规定：纳税者向国家交税不超过所耕公田收获物的十分之一，使百姓用自己的收获物，内可以供养自己的父母以尽孝心，外可以供奉国家的税收负担，还能够养自己的妻子儿女。这样看来，楚国的百姓能够拿出去交给国家作为税收的部分绝不会很多，如果多了，百姓将无以奉养自己的家人。楚国的标准是税收既不妨民衣食之利，而又"足以宾献"和"足以共用"，在百姓可耕田不十分充足的情况下，这二者的关系必须把握得十分恰当，否则，总有一部分会没有着落。

楚国有十分优越的自然条件，史书上的记载说"楚有江汉川泽山林之饶"③。如果按照楚国的收税标准，利用这些富饶的土地，田税的收入是足够"食万官"和"给郊社宗庙百神之祀"所用的。但如果碰上楚国的贪婪之官，他们像恶豺狼一样地蓄聚积实，使老百姓的生活过不下去，田税的征收自然就会受到影响了。田税和田赋的区别主要表现在征收时间和征收目的上，田赋一般因战争需要而征收，所以它是不定期的，而田税则是为了保证国家机构的正常运转，保证官员的俸禄和国之大事的举行而征收，所以它是

---

① （清）严可均编：《全上古三代秦汉三国六朝文·全后汉文卷九十九·楚相孙叔敖碑》，中华书局1958年版，第2014页。

② （清）严可均编：《全上古三代秦汉三国六朝文·全后汉文卷九十九·楚相孙叔敖碑》，中华书局1958年版，第2014页。

③ （汉）班固：《汉书》，中华书局1962年版，第1666页。

定期征收的。

　　商业税在楚国有两种，一种是市税，一种是关税。市税是在集市贸易上由官府管理市场的官员向坐商征收的税，关税则是由政府官员或都邑领主向过往的行商征收的税。

　　春秋时期楚国的商业已经相当发达，集市繁华兴旺。有文献记载，楚国的都城郢都中的集市，车辆的轱辘互相撞击，人们走路都只能是肩挨着肩地挤着走。人们这样形容当时的集市大街的拥挤热闹状况：早上穿的衣服，到晚上就可以被挤破。楚国的集市上有各种各样的商品出售或交换，有排列在一起的卖各种商品的小摊群，如屠宰羊只出售羊肉的店面，卖干鱼的小店，卖农产品、手工业品和手工业器械的小铺面等。楚国有名的农家代表人物许行，就曾把自己家里种的粮食拿到市场上去换回各种器械。当时楚国的商人地位比较高，他们在必要的时候还能干预国家的大事。春秋晚期的时候，楚国遭受了一场大的战争灾难，连楚国的国君昭王都被赶出了国都，城内的很多人也都纷纷跟随楚王一起逃难，楚国有一个名叫屠羊说的卖羊肉的商人，一路上都跟随着楚王，忠心耿耿。后来楚国恢复平静以后，楚昭王重新回到郢都，大力嘉奖跟随在身边的有功人员。屠羊说接到将要受奖的通知以后，拒绝了楚王的美意，仍然回去卖他的羊肉去了。屠羊说一路上跟随楚王说明了他对楚国和楚王的忠心，对国家之事的关心；他不接受楚王的嘉奖，又说明他爱自己的屠羊之事甚于为官，或者说商人所得的利益不亚于为官所得的利益，因此商人经商的兴趣非常浓厚。

　　楚国有这么兴旺的集市，一方面说明楚人对经商之事的重视，以及经济之发达，同时也反映了楚国对于商业的经营有方，这表现在楚国对集市的管理上。楚国对商业集市的管理有专门的法令和专门的官员，管理集市的官员叫作市令，或者叫市长，他们的职责是管理市场的商业秩序和负责对市场征收市税，同时还要及时向上级反映市场的经营动向。楚庄王时期，楚国的集市就已经相当兴旺了，楚庄王在当时可能是出于一种良好的愿望，希望把集市办得更好，便下令把集市的钱改小币为大币。谁知道在当时的集市上，大币并没有小币那么受欢迎，百姓感到不方便以后，纷纷不在集市上做生意了。市令掌握了这个情况后，便马上把集市上的情况反映到令尹那里，令尹又及时地把意见反馈到楚王那里，于是楚王只好取消了这一条法令，让老百姓继续使用小币交易。

楚国的市税制度是一种什么样的状况呢？按有的学者的说法是楚市税的征收项目与周礼上所规定的市税内容相同，就是货物囤放邸舍之税，即"廛布"；列肆开店税，即"絘布"；掌斗斛铨衡的牙税，即"总布"①。

关税的起源应该早于市税。早在春秋中期，齐国就已经设有严厉的关卡，向过往的商人收税，当时被人们称为"偪介之关，暴征其私"，即把关卡设在离都城很近的地方，以隔开都城与别的地方的联系，使那些想进入都城的人们，必须向关卡交税才能通过，而且征的税还很重，这是齐国当时所设关卡的情况。

楚国重视商业，虽然也设立关卡，但是一般不会暴征，有时还会为一些特殊的商人开方便之门。安徽寿县出土过几块战国时期楚国的大商人鄂君启所用过的金节。鄂君启是楚国的一个大商人，他在当时的各诸侯国之间进行长途贩运的商业活动。当时的楚国对于大商人有一种优惠政策，就是给那些进行长途贩运的商人发放一种用铜制作的金节，让他们随身带着。在沿途的关卡上，只要出示这块金节，关卡就可以免征他们的关税。鄂君启的这块金节上写着铭文"见其金节则毋征，不见其金节则征""如载马牛羊出内关，则征于大府，勿征于关"。这种金节很清楚地说明了四个问题：一是表示战国时期楚国已经实行了关税制度；二是表示商人如果有了楚王发放的金节就可以豁免关税；三是规定某些物品的税由大府（即政府）负责征收；四是金节铭文还表示，楚国当时的关卡已经有二十多处，并且有官员把守。楚国对于大商人的保护政策，一方面让他们享有免征关税的优惠权，另一方面，为避免沿途的关卡任意对他们多征税，有些税就让他们在出发之前直接上交给政府。

杂派之税叫作"敛"，这是在田税之外所征的一种税，它专门用于工程建筑和临时性征派。楚国从春秋至战国，筑宫室楼台颇多，有的楚王在位时以廉洁为本，筑台大不过容宴豆，耗用木材以不妨碍国家的完备为准；财用开支以不劳烦官府为准；役使民力以不妨碍人民的正常生活为准。财用不烦官府就是取之于民，但取之于民又要以不妨碍人民的正常生活为底线，这对当时的国君来说应该是非常有节制的了。但并不是每个楚王都能做到这一点，有些生活奢侈、秉性贪婪的国君，往往要筑很高很大的台，有的台往往

---

① 参见郭仁成：《楚国经济史新论》，湖南教育出版社1990年版，第53—55页。

要休息三次才可以爬到顶。楚国这些用以修筑楼台和宫殿的器材全部是取自民间,所以如果国君一旦放纵自己,给老百姓带来的将是不堪承受的负担。楚灵王修筑章华台时,民力几乎被用尽,民间的财物也几乎耗完。楚平王在位期间大兴土木,也是任意使用民力和财力,造成当时"宫室无量,民人日骇,劳疲死转,忘寝于室"。这么多的宫室楼台所需要的费用无疑大大地增加了人民的税敛负担。

还有一个征税的原因就是战争的频繁,导致楚国修筑城郭、城池也需要很多的财力,这些开支也同样是由人民来承担。楚国从春秋末期筑郢都到战国时期的几次迁都,都需要巨大的开支,这些开支也只有转嫁到人民身上。这些都是官府的杂派之税。

楚国的各级政府以及某些民间的人士为老百姓兴修的水利工程也是人民的一种税敛。春秋时期的孙叔敖和战国时期的春申君,都曾在自己的住地带领民众修水渠,修灌田,这其中的部分费用也应该是取之于民,是向人民征收税敛而得。

除了这些比较固定的杂派以外,有时还有一些临时因为各种名目向人民加征的税,如楚国的附属国陈国的司徒一官,为自家嫁女而向封地上耕种的依附农民征赋税,这是典型的增加田税以供公女出嫁之资的做法。

杂派之税一般都是不定时征收的,在比较体恤民情的君王统治时期,这种杂派有时以日计,有时以旬计,有时以月计,以不耽误百姓的劳作之事为标准。楚国的令尹蒍艾猎为楚军筑城只花了一个月的时间,这就是比较体恤民众的工程。如果遇到荒淫贪婪的楚王的统治,就会造成因"宫室无量"以致"民人日骇""劳疲死转"的结果。筑城郭的费用一般无定制,都是根据修筑的项目大小而定。在这种工程比较小的时候,就直接取之于民,使"用不烦官府"。如果某一项工程导致"财用尽焉",那就表示使用的是官府从税收中划拨的钱财。令尹蒍艾猎修筑沂城时,事前要"分财用""具糇粮",这就可以看出筑城所用的是官府支付的相应经费。从当时整个楚国的经济预算来看,宫室楼台的大量建造,必然要增加人民的负担,造成民力的枯竭。

(四) 楚国的役制

春秋战国时期,徭役、军赋和田税一道构成庶人的三项主要负担,也就是古代所说的力役之征、粟米之征和布帛之征。粟米之征、布帛之征和力役之征不同的是，前者是按土地的亩数来计算征发的数量，而后者则是按人口来征课的。正如周代所规定的"以岁时登其夫家之众寡，辨其可任者，国中自七尺以及六十，野自六尺以及六十有五，皆征之"①。这就是征发劳役的规定。

楚国的徭役负担可以分为两大类：一类是劳役，另一类是兵役，即军中的杂役。劳役中的最大部分是修建土木工程，这种工程性的徭役有三种性质的：一种是纯粹为统治阶级服务的徭役，如修筑宫室、园囿、墓葬等。一种是属于为国家服务性质的，如修筑城池等。还有一种带有人民共同利益的劳役，如修水利、开沟控渠等用之于民的工程。所有这些都是由政府统一征发来完成的，因此带有官方的色彩。

为统治阶级修建宫室、园囿的劳役，占整个劳役中的很大一部分。据史书记载，整个春秋战国时期，楚国的宫室、楼台、园囿就有四十七处之多，江陵郢都纪南城已经探明的大型台基就有八十四座，其中大部分都是大型宫殿，加上城外的大小离宫、楚宫，数以百计，而这还不是完整的统计。楚国的君王和王公贵族，在比较关注民生的时候，还能够注意控制这种建筑的规模和数量，一旦遇上昏庸或贪图享乐的统治者，这种工程的修建就会泛滥成灾。国君和王公大臣们除了生前要享受舒适的生活外，死后还要为自己在阴间安排一个极乐的天堂。

从发掘的楚墓中可以看到，楚国的君王、卿以至大夫一级的官员，墓葬都有程度不同的奢侈，这些墓葬坑的挖掘和下葬的事情都是由征发的役徒来完成的。

楚国有一个专门扮演滑稽角色的名叫优孟的优伶，曾经讥讽楚王为马办丧事要用贵族的待遇，他说："征发甲士士卒，来为它挖坑，让老者弱者为墓葬背土。"从优孟的这一番话看，为王公贵族修建陵墓还是一种比较轻的徭役，老者和弱者尚不能豁免要来服役。那么遇到劳动强度大的徭役，青壮年男子更要出大力。

为国家的利益而修筑工程也占劳役中的较大部分。楚国在大力向外扩张的阶段，在边境地区修筑了不少的"方城"，既作为防守的壁垒，也作为进

---

① （清）阮元校刻：《十三经注疏·周礼注疏》（清嘉庆刊本），中华书局2009年版，第1543页。

攻的据点。在巩固疆域和防备外侵的阶段，楚国开始大量地修筑城池，至春秋中后期，开始在郢都修建防御工事，叫作"城郢"，这除了利用军中的役徒担当徭役以外，还需要征发大量的民役，这种工程的劳役一般由国家出财粮，役民出力。在整个劳役中占比较小的部分的是为民众的利益而修建的公共工程，如兴修水利和开挖沟渠等。史载孙叔敖在任令尹以前，曾主持修建了水利工程期思陂，期思陂的修建是孙叔敖为处士时主持的工程，这种工程可能是利用在野贵族的能力加信誉，发动民众来完成的，虽然也可能有官方的支持，但它不应完全归于官方的劳役一类。而淮南地区的芍陂是由楚大夫子思主持修建的，它应是由官府征发民役来完成的。

除了大型的土木工程以外，楚国的官营手工作坊中也要征发不少的劳役，这种劳役主要是征发工匠来完成。从楚国郢都内众多的手工作坊遗址，可以看到楚国官营手工作坊内劳动的概况。据考古工作者考察研究，郢都城内至少有四个相当规模的制陶手工作坊区，遗址内有好几处窑址，还有密集的水井、大量的陶器烧制废品和与制陶有关的遗物，如郢都城内中部偏北的龙桥河西段西岸，发现东周窑址7座，与制陶有关的堆积4处，水井270余座。密集的水井之间没有相互打通的现象，许多井内都有窑渣堆积，出土遗物基本特点的差别也不明显，它们大部分都应该属于同一时期的窑址。这些水井，一部分是供工匠用水，一部分则是作为作坊的冷藏井，还有一部分是供作坊制坯用水的[①]。这些工匠的身份大部分是征发来的役徒，与楚灵王修乾谿台时所征发的不少工匠一样，他们都是有自由身份又有一技之长的"国人"或"庶民"。他们奉官府之召或者之聘，到作坊中去铸器，除领取报酬之外，这些工匠的名字有时还可以刻在所制作的手工业产品上，他们有时被称为"铸客"，有时也被称为"冶师"或者别的什么名字。这些被称为"客"或者"师"的工匠应该是自由人，而不可能是奴隶或者刑徒身份的人。

除了劳役以外，楚国的老百姓还有在军中服役的义务，军中役徒的征召和征发兵役一样，是按田亩土地来进行的。但所负担的任务却和劳役大致相同。军中役徒要担负一部分的工兵的职责，还有一部分属于工匠的性质，他

[①] 杨权喜：《楚郢都的制陶手工业》，载楚文化研究会编：《楚文化研究论集（第2集）》，湖北人民出版社1991年版，第32页。

们在军中修理器械、卒乘等，此外还有一部分则是担负军中后勤的职责，他们要负责军中的养马与供给将士的饭食。

按照周礼的规定，征发徭役的方法是，每年登记百姓的家庭，这相当于查户口的性质，了解可以服劳役的人员，然后按照国中的人士身高七尺、年龄六十及以下，野鄙中的人身高六尺、年龄六十五岁及以下的标准，列出应服劳役者的百姓的名单。可以免除劳役的人是那些身份高贵的人、贤良的人、有一技之长的人、为公家做事的人、年龄太大的人和患有严重疾病的人。这些可以免除徭役的人当中，贵者、贤者、能者、服公事者，无疑都是为官的阶层，这些人占免役者中的大多数，只有老者和疾者是不能再担负徭役的平民。把这些都除开，实际上承担徭役负担的大多是平民、庶人和奴隶。楚国的服役者的身份具体可以分为如下几类：

一种为国人，这是除了贵族以外的所有居于国中的人士。楚灵王修乾谿之台时，征发了大量的国人去服役，由于时间长，劳役重，国人深受这种劳役之苦。楚灵王修章华之台时，也是搞得国人疲惫不堪。这些为楚王修筑宫室楼台的国人，他们居住在国中，或是耕种贵族或国家土地的农民，或是以手工业技艺谋生的个体劳动者。楚公子弃疾在篡夺王位时，曾利用楚灵王大兴土木这件事来反对他，他跑到修筑乾谿台的役民们中去号召时说："公子比已经立为王了，早一点回去你们还可以保住自己的土地，如果晚一步回到国中去，你们的食田就会成为别人的了。"于是这些服役的国人纷纷离开工程现场，回到自己的家中，不再为楚灵王修台。公子弃疾很了解这些服役的国人要保住自己的食田的心理，因而很顺利地达到了目的。春秋时期楚国已有了不少具有自由身份的手工业者，楚国有个楚庄王曾经想聘为相的人，人称北郭先生，他就是以织草鞋为生计。楚国的服役者中还有很多像北郭先生这样身份的人。楚国在进行大的战争前，要先安抚商农工贾之类的人，工就是指的手工业者，还有商贾也是属于国人之列，他们的服役内容主要是在国中修筑宫室和筑城等。春秋时期楚国修建了不少宫室楼台，这些建筑的水平都比较高，仅靠农民服役者是不够的，还要有工匠参加。工匠的地位要高于野人，服役的年龄也要窄一些。

另一种是居住于野鄙之地的野人，他们是附着于里社土地上的农奴和一般的平民。楚国由于扩张的结果而设立了许多县，设县的同时，就在县鄙之地开始筑城。楚庄王时期，令尹蒍艾猎在县鄙之地筑城，负责筑城工程的官员——封人，在很短的时间内就做好了筑城的准备工作，而参加筑城的服役者在30天内就完成了这一项工程，这在当时不能不算是一个奇迹。这项工程能够在这么短的时间内竣工，不仅是因为管理这项工程的官员有能力，还有一个重要的原因，就是这项工程征发的服役者都是居住在工程附近的野鄙之地的平民和农奴一类的依附农民，实行的又是包工制度，所以工程很快就完工了。春秋时期楚国为防备边境被骚扰，这种筑城工程进行过多次，因而野鄙之地的人被征服役的次数是很多的。但一般在战争中间，这种筑城的事情大多由军中的工兵或者军中的役徒来完成，而在平时，就由服劳役的野人来担任了。服役者中间还有一种奴隶身份的人，这种人有些是在手工作坊中服役。楚共王时期，楚国讨伐鲁国，鲁国就送给楚国三百个有纺织缝纫技艺的工匠，这些人就应该是没有自由身份的奴隶。由此可以推知，在楚国各类需要工匠服役的工程中，也有部分服役者是奴隶的身份。楚灵王筑章华台时，就将逃亡的奴隶抓去修筑章华台。但楚国的役徒中奴隶身份的人所占比重不大，见于记载的更多的是具有自由身份的国人和野人。

这些充当役徒的国人和野人，他们的地位和待遇其实也是很低下的，楚国的高级贵族以"役夫"作为恨极之时的骂人之语，可见役徒地位之低下。这些同样处于役徒地位的各种人等，他们由于在社会上的地位有所差别，所以在服役中的待遇也有一定的区别。军中的役徒是军中身份地位最低的人，他们除了担任最苦最累的活以外，人身安全也没有保障，他们可以任意被作为引诱敌人的诱饵，前去送死。在天寒地冻之时，更是没有一点起码的人身保障，常常因冻饿而死亡。服劳役的役徒相对军中役徒来说，待遇要稍好一点，尤其是身为国人的役徒，作为服役者来说，他们也要承担繁重的劳动，难免遭受苦役，但作为一个服役的整体来看，他们则是统治者不可忽视的一股力量。在大兴土木、大举用兵之前，国君都要对这些人进行不同程度的安抚。在暴戾的君王违背民意、加重徭役负担时，明智的官员就要加以劝谏，进行阻止，以免发生不测。国人服役者比野人服役者的待遇优越还表现在，他们服役的年龄范围要小一些，对身体状况的要求却严格一些，这就使那些年龄大的或身体不好的人可以免服徭役。

野人的具体地位不太明确，但未见有楚王对野人进行安抚，也未见有官员为被役使的野人说几句公道话，可知野人的地位是比不上国人的。楚国的野鄙之地甚为广大，楚君的离宫、行宫等大部分都修筑在野地，战事的进行也在野地，所有这些无疑都是加在野人身上的负担。同时由于楚国战事的频繁，灭国又多，加上春秋中后期的楚国对宫室的修建也日益频繁，所以加在服役者身上的负担也越来越重。如果是在比较体恤民情的楚王统治时期，统治者还能比较有节制地役使人民，那就是一般的劳役都按不超过三十天来征发，在大的战争之前，也要对人民进行安抚后再征用民力，征用的标准是"民不废时务"。即使是宫室台榭，也尽量地缩小规模。但如果是一个贪婪的国君，人民就要大大地遭殃了。楚国历史上一位有名的奢侈贪婪的国君楚灵王在世时，就大开修建宫室台榭之风气，他为修建寝宫，三年没有息过民役；为修建章华台，五年不停止徭役；修乾谿之台时，更是花了民众八年的时间。后来老百姓承受不了这种负担，只好采取逃避徭役的办法停止这种苦役。楚灵王也因为过分地役使民力，引起三军的叛乱，被赶下台。这就是役民过重的结果。但是楚国历史上还没有像别的国家那样发生役民叛乱的事情，这只能说明楚国的这种役民过重的情况并不是经常发生，所以还没有形成一种民众普遍的过深过重的怨气。这与楚国奉行有张有弛、经常抚民的民本政策分不开。

四、墓葬出土文物中所见楚国经济管理制度

迄今为止发掘的五千多座楚墓中，出土了数不清的随葬物品，使人们对南方的楚文化的发展水平有了崭新的认识。尤其是出土的大量精美的工艺品、礼器和日常用品，使我们联想到楚人当时的手工业水平之高，恐怕已经达到了一个相当的程度。所幸，楚遗址中发现的各种手工业作坊的遗迹，能够窥见楚国手工业生产的一个侧面。

楚国工艺品的精美和工艺的先进，首先是从当时流行得最为广泛的产品——青铜制造物中体现出来。楚国在春秋战国时期，铜的开发和生产的技术是很先进的，楚国占有当时最先进也是最大的两座冶铜中心，一座在当时的东鄂即现在的大冶铜绿山铜矿[1]，还有一座在湖南麻阳九曲湾古代铜矿遗址[2]。大冶铜绿山这一座矿址，最早的开发是在西周时期。大约在春秋中期

---

[1] 黄石市博物馆：《铜绿山古矿冶遗址》，文物出版社1999年版；夏鼐、殷玮璋：《湖北铜绿山古铜矿》，《考古学报》1982年第1期。

[2] 李庆元、李仲均：《麻阳古铜矿遗址调查》，《有色金属》1984年第3期。

以后，主要为楚人和越人共同经营。在这两座冶铜遗址上，发现了不少当时先进的采矿和冶矿的技术。在遗址内，考古工作者发现了一整套的采炼技术。开采方式是采用竖井、斜井、平巷和盲井几种方式联合的开拓法。随着生产技术的不断提高，井巷断面不断增大，开采的深度也不断增加。遗址中的采矿矿井分为几种不同的类型，由此可以断定这是几个不同时期内的矿井。西周时期的井巷比较窄小，只有 50 厘米的长宽。人只能在井下爬行；而春秋时的井巷则达到了 60 厘米的长宽，井下的人身体可以稍稍直起一点点；战国时期的井巷又比春秋时期的明显增大，竖井为 100 厘米见方，平井则达到 120 厘米宽、150 厘米长了，这种高度对当时的人来说大概可以半弯着腰在里面直行。与此同时矿井的深度也在增加，到战国时期已深达 50 余米。井巷的支护木框也出现变化，木框由原来的榫接式间隔方框变为搭接式密集方框，这种改变增加了木框在井下的抗压强度，并简化了安装。这无论是对于采矿工人的安全系数还是延长矿井的使用期限的提升，都有不小的作用。采矿的方法由群井跟踪矿脉向下采矿，变为向上式方框支柱充填法采矿。在矿井中还安装了木绞车轴，取代了原来由人工上下搬运材料和矿石的方法，这也是战国时期的一项发明。这种工具的使用无疑减轻了矿工的劳动强度，也提高了生产效率。后来人们把这种绞车复原后，发现它基本上具备了现代矿井提升机所应具备的功能，可以说这种古代先进的木制机械装置就是现代矿井提升机的雏形。采矿所用的工具，在春秋以前主要是青铜工具，当时的矿工用这种比较简陋的工具在矿井内一点一点地进行小断面的开凿掘进，到战国时期，这里的工人们开始使用大型的青铜工具，或者铁制工具。工具的改进使开采速度得到大幅度的提高，这对于古老的手工作坊是一次重要的革命。在矿井的排水方面，当时的人们也掌握了一套比较完整的排水系统，这一套排水系统可以保证井下生产的正常进行。

春秋战国时期的采矿业迅速发展，相应的冶炼铜矿和制造青铜器的技术也必然会随之发展。在铜绿山古矿冶遗址上，已经发现用各种材料筑起的在不同的部位鼓风的炼铜鼓风竖炉八座，同时还有大量残存的炼铜炉炉壁，表明此处曾经有不少的炼铜竖炉存在过。这是大规模生产的遗迹。同时还出土了大量的炼铜的残渣，残渣内只有百分之零点几的含铜量，表明当时的炼铜的含量已经达到 93% 以上。由此可见在铜绿山这个地方，古代的人们已经成功地掌握了配矿的技术。丰富的铜矿资源和先进的冶炼技术，使楚国的古铜器的大量生产成为可能。

正是由于铜的资源丰富，楚国才财大气粗，敢于陈兵周疆，问代表周天子权力的九鼎的大小轻重，并口气颇大地炫耀，自己只需要集中楚国戟尖上的一点钩喙，就足以铸成像周天子那样的九鼎。而且楚国对周边的小国出手大方，郑国的国君第一次朝见楚王，就获得楚国给予的铜的赏赐。这表明当时楚国的青铜资源在各诸侯国间都占有很有利的地位。

从春秋一直到战国，楚国青铜器不仅数量多，而且质量精良，制作技术先进，成为古代世界的一绝。楚国的青铜制造为适应器物的特征，还采用了各种不同的铸造方式，尤其是到战国时期，冶铸方法呈异彩纷呈之势。湖北当阳赵家湖金家山九号春秋楚墓[①]，出土了一组春秋中期的铜鼎，它采用的是多块泥范和芯的复合范铸法，该墓出土的铜盏则采用多范组合整体浇铸的浑铸法和分铸后再铸接为一体的方法铸造。湖北荆门包山楚墓[②]和随县曾侯乙墓[③]中发掘的战国时期的青铜器中，铸造技术表现出更加先进和更加多样化的特点，除分铸法之外，还有铸焊法。在这两座墓葬中还发现对青铜的小铸件采用了套铸法，它表明楚国的铸造技术在当时是处于领先的水平，而且发展到一个新的阶段。同时这些技术也得到了广泛的应用，这说明在战国时期，楚国的铜器生产处在一个大批量生产和高工效的新阶段。曾侯乙墓中出土的青铜器采用的分铸法，在技术上有了更大的突破，而最能代表楚国当时的铸造水平的应该要推熔模铸造法，也就是通常所说的失蜡法。

楚国的青铜铸造达到了这么高的水平，应该说是与楚国对于手工作坊的管理有密切的关系。当时楚就已经有了专门管理冶炼铜的手工作坊的机构，在楚国叫作"造府"，是负责铸造之事的。后来楚国又出现了铸铁的作坊，于是后来又依照管理铸铜的方法，设立了专门管理铸铁的机构，叫作"铁官"。

漆器，也是楚国出土文物中光彩夺目的一件瑰宝。从文献记载中可以看到楚国的髹漆工艺是从春秋时期开始的，《庄子》一书中说，楚国的狂人接

---

① 湖北省宜昌地区博物馆、北京大学考古系编：《当阳赵家湖楚墓》，文物出版社1992年版，第115—117页。

② 湖北省荆沙铁路考古队编：《包山楚墓》，文物出版社1991年版，第26—29、96—117、289、318—321页。

③ 湖北省博物馆编：《随县曾侯乙墓》，文物出版社1980年版，第474—479页。

舆在自家的门口曾经这样唱道："桂可食，故伐之。漆可用，故割之。"① 但楚国的漆器不应该是从这个时候才开始的，早在西周时期，湖北就有了漆器的问世，只是这个时候的漆器我们很难见到，由于质量的问题，可能它们早已都朽烂了。湖北当阳曹家岗三号墓②中出土的漆盘和赵家塝三号墓③中出土的朱漆棺，年代就是春秋中期的，但在这个时候，楚国的漆器数量还不多，直到春秋末战国初，楚文化发展到鼎盛期的时候，楚国的漆器制作工艺才日臻完美，而且漆器种类繁多。现在出土的从西周时期一直到战国末期的各式各样的楚国漆制品中，有髹漆的棺椁、精致的漆杯、漆盒，有巧夺天工的漆绘木雕和描绘精美的漆乐器等。有的大型楚墓，一次就出土上百件漆制品。漆器的种类特别多，使用的范围也很广，它包括了家具、容器、妆具、饰物、玩物、乐器、兵器、葬具，以及一些杂器。它的生产工艺也是多种多样，楚漆器的内胎根据器物的用途和类别，采用各种不同的原材料，有木胎、竹胎、金属、皮革、陶器等。

楚国木胎制作采用雕刻法和分雕拼接法，在湖北江陵望山一号墓④出土的一件彩绘木雕座屏，就是用分雕拼接法制成的。在一块高15厘米，宽51.8厘米，厚仅5厘米的小座屏上，雕刻着栩栩如生的鹿、凤、鸟、蛇、蛙五种共51个动物，设计之巧妙，制作之精细，令人叹为观止。在大型楚墓中出土的这类漆器装饰品，绝不会是一家一户的小型生产工坊所能生产出来的，必定是百闻百见之后，在高度发达的技术的基础上，集大家之成的产品。如此等等，都反映了当时手工业作坊之发达，从而使漆器工艺更具复杂性和先进性。

楚国的漆器工艺精湛，而髹漆工艺技术更达到了相当的美学高度。楚国的漆器颜色丰富多彩，仅以上所说的木雕彩绘漆屏上就有红、绿、金、银四种主色，此外还有黄、蓝、白、赭褐、黑等颜色，各种颜色的搭配鲜艳夺目。但每一件器物都有一种主色调，这样就构成了主次分明而又绚丽和谐的

---

① （明）周圣楷编纂：《楚宝》，（清）邓显鹤增辑；廖承良等点校，岳麓书社2016年版，第834页。
② 湖北省宜昌地区博物馆、北京大学考古系编：《当阳赵家湖楚墓》，文物出版社1992年版，第115页。
③ 湖北省宜昌地区博物馆、北京大学考古系编：《当阳赵家湖楚墓》，文物出版社1992年版，第29—30页。
④ 湖北省文物考古研究所编：《江陵望山沙冢楚墓》，文物出版社1996年版，第79—96页。

色彩。楚国的漆器制作工艺中，还有一种很有特色而又颇为先进的工艺，那就是描金和金属镶嵌工艺。描金就是用极细的金彩在器物表面描绘各种图案，针刻则是用针在已经刷好的漆面上，用针刻出极细的花纹，刻出的线条内可以填入不同的颜色，以显示出美丽的图案。江陵张家山出土的铜扣漆壶就采用的是这样一种漆器工艺。金属镶嵌是用金银或别的什么金属嵌入漆器内，使漆器显得高贵华丽。楚国的漆器制造技术和工艺，是从比较原始、粗放、简单向细腻、繁复逐步发展的，它积累了无数代人的经验和智慧，而且也只能在集约生产的条件下才有可能逐步得到提高和发展。很难想象，如此工艺先进、种类数量众多、规模庞大的漆器，会在一个个小小的家庭作坊单门独户地生产出来。

丝织业也是楚国主要的手工业之一。自从20世纪80年代初期江陵马山砖瓦厂一号墓[1]出土了大量的丝织品以后，人们开始对先秦时期楚国的丝织业刮目相看了。这座墓出土的丝织品保存完好，有绢、纱、罗、绨、绮、锦、绣、绦等各种类型的材料，丝织品上还有用各种颜色织出和绣出的龙、凤、麒麟、虎、舞人、花卉等美丽的图案，纺织的技术已经达到相当高超的水平，堪称当时的一流。楚国的丝织业如此的发达，绝不可能只是个体手工业的成果，而应是众多工匠集体智慧的结晶。楚国设立丝织业手工作坊的记载始见于春秋中期，鲁国在楚国侵犯自己的土地时，为了贿赂楚国，曾送给楚国三百个工匠，其中有二百人就是从事纺织和缝纫的工匠，这些必定是放到楚国官营的手工作坊中去的。鲁国在大难临头之际为求生存而送的礼物必定是敌国最需要和最喜欢的东西，由此可以看出楚国对纺织等手工业的重视，也说明楚国手工作坊的兴盛众所周知。楚国当时设有专门负责织造手工业作坊的机构，叫作织室。织室内的分工负责比较细致，在一些丝织品上有时还加上织造者的姓氏，或者织造机构的标志[2]。

楚国青铜器中乐器的制作，是一项专门的技术，楚国出土的几套编钟，尤其是曾侯乙墓[3]出土的一套完整的编钟，制作技术之高超使编钟已经可以发出七声音阶，并且已经具备了旋宫转调的功能，旋宫的范围也大大超过了《周礼·大司乐》上的记载。每件钟都能敲出两种不同的乐音，全套甬钟四

---

[1] 湖北省博物馆江陵工作站：《江陵马山十座楚墓》，《江汉考古》1988年第3期。
[2] 李学勤：《东周与秦代文明》，上海人民出版社2016年版，第227页。
[3] 邹衡、谭维四主编：《曾侯乙编钟》，金城出版社2015年版。

十五件，总共可以敲出五个八度音程。编钟铸造发展到这种高度，是经过了数代人的努力才达到的，而且编钟的铸造也需要专门的积累了丰富经验的工匠以及各项工艺的配合才能完成，更重要的是，这种大型乐器的铸造只能在大型的手工作坊中完成。

楚国还有许多手工业生产的种类，在其发展的过程中，工艺和技术逐步趋于完美和先进，如玉器的生产、钱币的制造、建筑业、金银首饰和装饰品的制造等，都显示出楚国手工业水平的高超。楚国手工业的发展，除了有赖于楚国个体经济和个体手工业的发展以外，主要依靠的是楚国在各地尤其是在都城内设立的大批手工作坊。手工作坊一方面替官府和楚王生产了大量的生活用具和奢侈消费品，另一方面这种集体的生产方式，也促进了手工业经验的积累和技术的提高，使大规模的生产、精细的制作成为可能。

楚国官府办的手工作坊就在楚国经济大力发展的同时，迅速地发展起来。据有的学者统计，楚国的官营手工作坊共有十种，它包括负责铸造的、冶铁业的、织造的、负责造船的、专门酿酒的、专门屠宰牲畜的、铸钱造币的、从事淘金的，还有监督制造官府所需的铜器的作坊等[1]。除了中央所属的手工作坊以外，楚国还有一些宫廷手工作坊、贵族家庭作坊和属于地方管辖的手工作坊、[2]。楚国宫廷内所设的手工作坊，当然是专门为楚王宫内需要的手工业品进行加工和生产的地方。贵族家庭的手工作坊是一些贵族家庭为自己家族制造器物和储藏货物的地方，在一些器物上常常有"×××自作"之类的铭文，就表明这种器物是在自家的作坊内生产的。能够拥有自己的作坊的贵族必定是既有大的财力，又拥有众多管辖人口的大贵族之家，他们完全有能力设立一个家族的手工作坊。地方管辖的手工作坊是属于地方政府的一种机构，它专门管理地方上的手工作坊的生产，仍然具有官营的性质。

楚国的钱币有不同的币名和式样，这就表明它是在不同的地方生产的，这不同的地方就是各个不同的手工作坊。

楚国有这么多种类齐全的手工作坊，必定是有专门的人进行管理。从楚国的历史中可以了解到，管理楚国手工作坊的专门官员是工尹，他是专管百工的官员，也就是说，楚国所有的手工作坊都在他的管辖范围之内。工尹是

---

[1] 参见刘玉堂：《楚国经济史》，湖北教育出版社1996年版，第172—183页。
[2] 参见郭仁成：《楚国经济史新论》，湖南教育出版社1990年版，第89页。

一个从上到下都设有的官职，在楚国地方上的手工作坊，就在地方所设的工尹的管辖之下。新造尹也是楚国管理官办手工作坊的官员。此外，还有一些其他的官员也管理着楚国手工业生产，如大工尹，这个官职如果按照楚国官员称呼的惯例，他应该是在工尹之上一级的官。工佐也是管理楚国手工业生产的官员。少工佐，顾名思义，就是在工佐之后的一级职官。司徒也有一些掌管手工方面的职责。这一类官员管理的是楚国的一些工程之事，这其中当然也包括一些手工业方面的事务，但他们不应该算是专门管理手工业的官员。除此之外，楚国还有一些涉及手工业生产的官员，但他们不应该算是主要的官员。

第八章 楚国法制与周及各诸侯国法制的关系

一、楚国法制与周代法制的关系

（一）楚文化的源起与周文化的关系

据《史记·楚世家》记载，周成王时，封楚先祖熊绎于楚蛮，封为子男之田，姓芈氏，居丹阳。《左传·昭公十二年》也记有楚灵王时右尹子革回忆楚先祖的创业经历说的一段话："昔我先王熊绎，辟在荆山。筚路蓝缕，以处草莽，跋涉山林，以事天子。唯是桃弧棘矢，以共御王事。"[1]《史记·孔子世家》记载："楚之祖封于周，号为子男五十里。"[2] 这些文献记载均说明，在西周初年，楚先王熊绎被周成王封于丹阳，号为子男之爵。周天子虽然封给楚人先祖这块土地，但它不仅只有五十里，而且还僻处荆山，是一片穷乡僻壤的不毛之地。

楚文化的产生阶段，大约就是周天子分封之前后，自西周早期至春秋早期。自1980年以来，许多考古工作者极力探索先楚文化与早期楚文化的形成等问题。开始出现大范围的突破，是始自考古资料的不断出现。虽然研究也取得一些进展，但由于对西周早中期的楚国遗址和墓葬尚难以确定，对这个课题未能进行全面而深入的探讨。之后在湖北当阳赵家湖等地发掘了300余座楚墓[3]，还在江陵雨台山[4]和九店砖瓦厂[5]发掘1200余座春秋战国时期

---

[1] （清）阮元校刻：《十三经注疏·春秋左传正义》（清嘉庆刊本），中华书局2009年版，第4482页。
[2] （汉）司马迁：《史记》，中华书局1982年版，第1932页。
[3] 湖北省宜昌地区博物馆、北京大学考古系编：《当阳赵家湖楚墓》，文物出版社1992年版。
[4] 湖北省荆州地区博物馆编：《江陵雨台山楚墓》，文物出版社1984年版。
[5] 湖北省文物考古研究所编：《江陵九店东周墓》，科学出版社1995年版。

的楚墓，出土了许多重要的文物，为人们研究这个时期的楚城与楚文化提供了必不可少的实物资料。

在这批墓中，墓主为楚国下层贵族的随葬品主要有铜鼎、簋、铄等礼器和黑皮陶或黑光陶器，楚文化的特点是以中原文化为主体。墓主生前的社会地位大致相当于士这个阶层的，其随葬品主要有黑皮陶鬲、盂、罐、豆等，其文化特点受中原文化的影响仍相当深刻。墓主为庶民这个阶层的，随葬品主要有红陶鬲、盂、罐、豆等，其文化特点则以楚文化为主体，同时也受到中原文化的一些影响。这种情况，至春秋早期的墓中仍然存在。

楚文化的发展阶段大约自春秋中期至战国早期。这个时期随着楚国的不断强盛、疆域的不断开拓、城邑的不断增多、城邑的规模更加宏大，早期楚文化在吸收与融合周边诸文化的基础上，开始形成并发展了具有鲜明特色的楚文化。并且楚文化的源头也随着20世纪末到21世纪初，在湖北的西北部陆续发现的好几座大中型墓的出土遗物中找到了答案。从湖北郧阳发现的辽瓦店子墓①，到随州发掘的好几座不同时期的曾国墓②，其中的出土文物都不同程度地展现出楚文化的发展轨迹。前面已经述及，辽瓦店子墓中出土文物已经具有当地土著文化与中原文化结合的特征，随着继续向南发掘的墓中出土的器物，可以找到这些特征逐渐变化的线索。然后随着地域的南移和时间的向前推进，两者结合后产生的新的特色愈加明显。考古学者与历史学者由此从20世纪就开始争论不休的楚文化的源头逐渐清晰地梳理出来，基本上形成一种为大多数人所能接受的结论：楚文化的源头应该就是从北方而来，是本地的土著文化与中原的周文化结合的结果。这一结论基本印证了张正明先生在20世纪所著的《楚文化史》中所得出的结论③。尽管还有一些其他资料可以支撑楚文化西来说等说法，但这种说法的资料相对少许多，这些资料可以说明楚文化的来源是在不断地发展过程中，逐渐地吸收不同地区的文化而形成的，这与楚文化采纳百家、自成一体的特征是相一致的。楚文化是本地土著文化与北方的周文化融合后产生的一种新的文化，证明了楚文化与周文化的关系。由此还可以从其他方面来证实这一结论的正确，比如本

---

① 武汉大学考古与博物馆学系、湖北省文物局南水北调办公室：《湖北郧县辽瓦店子遗址东周遗存的发掘》，《考古》2008年第4期。
② 可参见湖北省文物考古研究所编：《曾国考古发现与研究》，科学出版社2018年版。
③ 张正明：《楚文化史》，上海人民出版社1987年版，第26页。

书在述及楚国法律制度时，会发现楚国的法律制度尽管颇有自身的特色，但与周制也有着千丝万缕的联系，楚国的法律制度中有一部分内容就是沿袭周制，这是毋庸置疑的。

春秋战国之际至秦将白起"拔郢"（公元前278年秦军攻陷楚郢都纪南城）的200余年中，楚国先后灭了越、蔡等诸侯国，占据了长江下游的安徽、江苏、浙江的大片土地，东北至山东南部。秦国自商鞅变法之后，奖励耕战，国力逐渐强盛。楚怀王时期，秦军攻占楚汉中地区；楚顷襄王二十年，秦军攻邓、鄢；公元前278年白起拔郢、烧夷陵，秦军占领湖北的大部分地区并设置南郡，楚顷襄王东徙陈城（即陈郢）；楚考烈王二十二年又徙寿春（即寿郢）；公元前225年，秦将李信率兵20万攻楚；公元前224年，秦将王翦率兵50万击荆，数战而大败楚军，杀楚将项燕，并于公元前223年俘楚王负刍，楚国灭亡。在这个历史时期，楚秦相争，楚国屡败，大片国土沦丧，国力日益衰落。因此，随着楚国由鼎盛变为衰弱，楚城也不断减少直至全部沦落殆尽，以至于被改为秦王朝的郡县。

（二）墓葬出土文物中所见楚国法制与周代法制的关系

夏商周都是通过青铜礼器建立一种文化体系，从二里头文化时期到楚文化上层的发展就是不断地接受这种价值认同的过程，是同一种系统的文化。我们了解江汉地区的文化与夏商周文化的关系，尤其是江汉之地后来形成的楚文化与周文化的关系，从源头上说，也应该从出土器物入手，从而可以更进一步地了解楚制与周制的关系。

江汉地区流行"楚式鬲"。其渊源可能是在距今5000年至4000年后期的"石家河类型"鄂西青龙泉上层文化陶器的基础上产生的，从西向东，流行于鄂中地区；距今4000年至3000年间，"楚式鬲"流行的中心地带，从东向西，从鄂中地带转到鄂西地带；距今3000年以后的西周晚期至春秋时期，"楚式鬲"从鄂西中心流行区向外扩散。这样，沿着"楚式鬲"这条线索，追踪商周时期楚人或楚文化的活跃中心，似可认为是从鄂中转到西部，再从西部向外扩张[①]。

由"楚式鬲"的产生、再上溯江汉地区的原始文化区，可以分为三片：

[①] 可参见王劲：《从楚式鬲鼎等器的渊源看楚文化与土著文化的关系》，载中国考古学会编辑：《中国考古学会第七次年会论文集》，文物出版社1992年版；杨权喜：《江汉地区的鬲与楚式鬲》，《江汉考古》2001年第1期。

以淅川下王岗、郧县青龙泉下层为代表的，以仰韶文化为基础的原始文化区；以巫山大溪、宜都红花套、枝江关庙山为代表的，以大溪文化为基础的原始文化区和以黄冈螺蛳山、武昌放鹰台和京山屈家岭为代表的，以屈家岭文化为基础的原始文化区。它们之间文化面貌的阶段性变化基本相似，可知它们的社会发展进程也是大致平衡的。

进入青铜时代，商王朝的势力开始进入湖北，在南方的黄陂盘龙城建立了基地。关于盘龙城的性质学界有不少说法，此处仅从文化面貌上分析。盘龙城遗址的文化面貌有颇多可圈可点之处，从形式上看，它很像郑州二里岗遗址。但此时，江汉地区依旧是楚文化的范围，此地此时存在的文化基本上是土著文化，商文化仅仅是对它有一定影响而已。而且盘龙城的商文化在此停留的时间不算太长。从遗迹与遗物看，盘龙城与郑州商代城址类同，所含楚文化因素基本没见。从当时楚人的分布范围看，盘龙城遗址亦与楚无关。

就具体盘龙城遗址出土的文物而言，有些陶器的形制特殊，具有本地区的特色，如覆杯形器盖、壶形器等在郑州二里岗未见。但是有很多器物与郑州二里岗的同类器物的形制大体相似，如盘龙城的侈口斜腹缸，与郑州二里岗相似；盘龙城的短颈有肩大口尊与郑州二里岗相似……上述事实表明两者的共同点是主要的，这些共同点为研究盘龙城与郑州商城的关系提供了依据[①]。

盘龙城所出玉器实物，充分证明其研磨技术已十分成熟、精湛，器表已很少见到磨制痕迹。制玉工匠既能制造大而薄的大型玉戈和刀等，又能制作璋和璜等，立体圆雕制作得如此生动、精致。可以说，盘龙城的玉器，种类不算太多太全，但从技术成熟的程度来说，是可以肯定的[②]。但它与湖北所发掘的石家河文化中的玉器显然是有区别的，盘龙城出土的玉器种类基本上就是商朝的类型。

盘龙城存续的时间不是太久，到盘龙城七期的墓葬已打破城垣，说明此时的宫城已经荒废，而在城址与遗址群范围内，未发现有商后期的遗迹，也未发现春秋、战国、秦汉以后的遗迹或遗物，到了魏晋南北朝和宋、明以

[①] 湖北省文物考古研究所：《盘龙城：1963—1994 年考古发掘报告》，文物出版社 2001 年版，第 623 页。

[②] 湖北省文物考古研究所：《盘龙城：1963—1994 年考古发掘报告》，文物出版社 2001 年版，第 628 页。

后，才有人在此活动，留下极薄的文化堆积和建筑遗存。可见盘龙城城垣的营筑和使用年代，上限相当于二里岗上层一期偏晚，碳 14 测年大约为公元前 1390 年或稍早。下限在二里岗上层二期晚段，之后城址即已荒废①。

有学者认为：长江流域青铜文明的兴起，以盘龙城为代表的文化进入长江流域，此前长江流域有自己的青铜器生产地点，盘龙城后期呈现衰退，洹北商城文化有一个兴盛，是在盘龙城废弃以后出现的。它的出现是联结中原与土著之间的一个点。在北边随枣走廊建立了曾国和鄂国，从叶家山西周墓地中把铜锭与礼器放在一起，可以看出当时国家对铜锭的重视。蕲春毛家嘴、黄陂鲁台山都与随枣走廊文化有关系。周人灭商有蜀人参与，表明长江流域文化与中原文化的联系。宜昌万福垴墓葬的发掘，发现有很明显的楚文化因素，大批编钟的出土……表明当地应该是地位很高的一个地点。它暗示楚文化早期离此地不远。楚可能在西周早中期往北发展，受晋打击后往东发展，早期楚文化的发展重心从地理上定位应该在长江流域。此时楚文化还应该是周文化的一个分支，楚代表中原文化在长江流域的发展，楚国是中原文化的代言者②。

西周早期，湖北地区出土的墓葬中发现的文物基本上还是以周文化的特色为主。汉阳、蕲春、武昌等地的西周遗物，同中原相对应时期遗址的文化面貌也很接近。

到了春秋中后期及至战国时期的楚国，几乎占据了差不多半个中国的地域，除了军事征服手段以外，社会历史文化背景条件究竟是怎样的呢？有一个线索值得注意，即曾长期流行于中国东南广大地区的几何印纹硬陶，到商周时期发展到高峰，大约恰是在春秋战国之交发生了一次急剧变化，从原来多彩多样的图案，一下子简化为小米字格纹和小方格纹。这一变革不可能是军事征服或政治原因造成的，只能从社会经济文化等方面上去找原因。

在春秋中期的当阳曹家岗五号墓③、赵巷四号墓④等楚国下层贵族墓中，首次见到具有楚文化特色的单头镇墓兽，其在春秋晚期至战国早期的楚墓中

---

① 湖北省文物考古研究所：《盘龙城：1963—1994 年考古发掘报告》，文物出版社 2001 年版，第 448 页。
② 张昌平：《早期中国向南的发展——长江流域的文明进程》，荆楚文明讲坛第三十四讲，湖北省博物馆，2021 年 5 月 9 日。
③ 湖北省宜昌地区博物馆、北京大学考古系编：《当阳赵家湖楚墓》，文物出版社 1992 年版。
④ 宜昌地区博物馆：《湖北当阳赵巷 4 号春秋墓发掘简报》，《文物》1990 年第 10 期。

更为常见，漆器上彩绘花纹图案也颇具楚国风采；在春秋中晚期的河南淅川下寺楚国贵族墓①中，出土了具有楚文化特色的青铜编钟、平底束腰升鼎、小口浴鼎等大批文物。这个时期的中小型墓中，随葬铜兵器较为常见，仿铜陶礼器相当盛行，主要组合为鼎、簋、缶、壶、鼎、缶、敦、壶等；陶鼎大多成偶数，为其他文化所少见。小型楚墓随葬的陶器，主要有陶鬲、盂、罐、长颈壶等，典型的楚式鬲有别于传统的周式鬲，长颈壶也很富有特色。

《枣阳郭家庙曾国墓地》②中也对西周至春秋时期文化因素的变化有一些分析论述：郭家庙曾国墓虽以中原周文化为主导地位，但这里毕竟远离姬周文化的中心区域，其地域文化因素的个性特征亦比较明显。在陶器组合上其年代应该属于西周晚期或者西周末期。从陶器的形态上看，较深厚地保持了西周早中期的古风。然而，郭家庙所出土的文物中的个性也颇有显现，如早期前段所出的蛇纹方形器座，其作器风格应该是西周早中期的传统，但器型和纹饰风格却为同时期周文化风格所鲜见。该报告据分析出土文物后得出大致结论：郭家庙墓地，中原文化因素占主导地位，但早晚有别。时代偏早的器物，文化面貌几乎与正统的周文化无异；时代越晚的，与中原周文化差距越大，越接近汉淮方国文化与楚文化。如春秋早期后段的 GM8 所出铜匜的形制、纹饰与黄夫人墓铜匜、河南淅川下寺墓的铜匜已经比较接近。在陶器的演变上亦有同样的走势可循。如附耳陶鼎，到了春秋早期后段，已经基本接近楚式附耳鼎，与当阳赵家湖早期楚墓的陶附耳鼎非常相似。"从这种变化中不难观察到郭家庙墓地随葬器物所展示的文化发展趋势，是由正宗的中原周文化趋向于后世的楚文化。当然，春秋早期，楚文化尚未形成自己独立的特色，尚处于吸纳汉淮方国文化的孕育期，在稍后的春秋中期，楚文化的特色方才明朗。郭家庙墓地的使用年代正处于楚文化即将形成这一阶段。因此，楚附近的曾国在文化上与楚交流，必然造成相互影响与融合。"③

前期关于楚文化与周文化的关系还有不少论文，而枣阳郭家庙是 21 世纪发掘的最新的考古资料，这些资料的发掘进一步证明了楚文化是与周文化

---

① 河南省文物研究所、河南省丹江库区考古发掘队、淅川县博物馆编：《淅川下寺春秋楚墓》，文物出版社 1991 年版。
② 陈千万主编，襄樊市考古队、湖北省文物考古研究所、湖北孝襄高速公路考古队编著：《枣阳郭家庙曾国墓地》，科学出版社 2005 年版。
③ 陈千万主编，襄樊市考古队、湖北省文物考古研究所、湖北孝襄高速公路考古队编著：《枣阳郭家庙曾国墓地》，科学出版社 2005 年版，第 357 页。

关系之接续融合而后变异成一种新型的文化的事实。

以上是以楚文化为主体对江汉平原古文化进行的分析，如果结合近年的工作，还可再做些补充。在湖北省境内，沿长江一线西头的宜昌—荆山一带的古文化独具特征，中段的汉江以东或云梦泽一带、大洪山周围、京汉铁路两侧的文化也自成系列，黄冈市以东的皖、赣、鄂三省邻近地区，正是自古以来的南北要道，文化的多样性特别清楚，需要更多地从南北连接着手。

从以上列举的新石器时代到夏代、商代、周代的考古资料可以看出，楚文化的形成是一个长期的缓慢的过程，不能说哪一种文化一定是楚文化的来源，它是多种文化在一个长期的发展中逐步互相影响而后融合的结果，但是会有一条相对主体的线索，这条线索就是张正明先生在《楚文化史》中首先提出的，它是以江汉地区的土著文化与北方来的中原文化为主线而后吸收多种文化而后形成的[①]。

因而，在谈到楚文化的特征时，其中非常重要的一个特征就是它的兼收并蓄、颇具包容性，楚文化是在此基础上形成的一种多元性区域文化。楚文化这种特征在早期更多是在出土文物中体现出来的，楚文化发展到高峰时，该特征则体现在方方面面，楚国的法律制度中同样具有这样的特征。精神文化都是从物质文化中积累而来，从考古文物的融合变迁中，可见其为精神文化所建立的基础，从细微处可以发现，其文化特征历经多年最终形成，而后成为一种得以长久保持的文物模式，不论文化发展到什么程度，或者流传到哪里，这种特征都会经久不衰地保存在文物中，由此可以对其精神层面的法律制度有一种基本的认识。

（三）楚国法制中的周代法制痕迹

具体说到楚制中周制的痕迹，首先分析楚人吸收周制的指导思想，一是楚国在表面上认可周天子的地位，因为名义上楚仍然是被周封为子男之国的诸侯，因此表面上尊崇周天子的制度是必须的。二是因为楚人的发展相比周王朝要落后许多，因而，楚制会在基本的体制方面沿用周制。比如行政制度、官制、法律、土地制度等。但是，楚人又是不喜循规蹈矩的民族，他们喜好破格、创新的性格，使他们不会跟着周制后面一成不变。三是楚人在发

[①] 张正明：《楚文化史》，上海人民出版社1987年版，第26页。

展进程中，对周制的吸收是在不断加深的，也即处在不断的融合同化过程中。这种融合与同化，使得楚制在接受周制的基础上产生了不同的形式。比如在周制的基础上有自己的改进或者创新等。其次分析楚制与周制的关系，有几种不同的形式，一是一部分楚制完全是在自身的发展中形成的，带有明显的楚人的特征。这部分中有些是成文法，有些是不成文法，还有一些基本上是习俗或者礼仪。二是沿袭周制的部分，有制度层面的，有礼仪层面的，也有一些是习惯法。三是沿袭周制的内容也有一些特征，比如其沿袭的内容与制度的特征有密切的关系。从制度的特征而言，相较于出土文物，它更具有规范性和稳定性，不会轻易变动，因而，楚制中沿袭的周制，一般是比较稳定的，为当时大多数诸侯所遵循的内容。楚制沿袭周制中礼仪的成分比较多。这是因为当时的礼仪很大程度上也可以充当制度与法，同时礼仪在运用上，比规范式的法律和制度更广泛，在与周王朝的交往过程中，礼仪更加被重视，因此，楚制在接受周制时，对礼仪的遵循更加明显和广泛。

二、楚国法制与各诸侯国法制的关系

楚制在发展的过程中，也有一些内容是受到各诸侯国的影响，它接受了各诸侯国制度法律的内容，这些内容常常与周制的内容混淆，不太容易分清。需要做细致的区分。楚制中的这一部分内容是在与各诸侯国交往的过程中逐渐接受的。同时这一部分内容促使各诸侯国的文化逐渐走向融合，初期往往只有些微弱的表现，后期则基本同化，到战国时期区别已经不太明显了。

但是，楚国的民族性中桀骜不驯与标新立异的品德，在其习俗中屡屡体现，并在楚国确立自己的制度时，贯穿其中。

首先是与周王朝的异同。熊绎孙熊黮在位时，周昭王大败，溺于汉水而死。《史记周本纪》记载：“昭王南巡狩不返，卒于江上。其卒不赴告，讳之也。”[①]《左传·僖公四年》记管仲代表齐桓公问责楚使，“昭王南征不复，寡人是问”[②]，楚使对齐的问责毫无所怵地回答：“昭王之不复，君其问

① （汉）司马迁：《史记》，中华书局1982年版，第134页。

② （清）阮元校刻：《十三经注疏·春秋左传正义》（清嘉庆刊本），中华书局2009年版，第3891页。

诸水滨"①。由此可见楚在初起时,已经颇有自己的性格,不会轻易顺从。但是,在发展的过程中,楚国受各种情况的制约,又不得不表现出顺从。这些在楚国与周王朝以及诸侯国交往时的言论及行为举止的逐渐变化中可以看得比较清楚。下面比较分析一下。

(一)行政制度的沿袭与灵活变通

楚国的建立在诸侯各国中是比较晚的,在周天子所封诸侯已经渐成气候之时,楚人才从周天子那里获得五十里的封地,而且被明令:"镇尔南方夷越之乱。"② 意思就是楚国只是周朝为了南方的安宁而策封的,因此只准驻守在南方,不得各地乱跑。楚国接受了周王的五十里封地,但显然没有完全按照周天子的要求像诸侯国那样治理楚地,一是在封地上的楚人对自己的首脑称谓不同。当只有周王一个可称王,所有的诸侯只能称侯、伯、子等称谓的时候,楚人的首领却和周王一样的自称为王了。表面上楚人似乎很自卑,周夷王时,楚国国君熊渠说出了自称王的原因,即"我蛮夷也,不与中国之号谥"③。实则我行我素,充分体现楚国不喜跟随别人,而好自成一体的风格。这种称谓,后来被各诸侯国所沿袭,春秋末战国初,诸侯国大多都以王自称了。周天子的王的称谓已经沦为与诸侯一个位置上。二是楚人一直不安分于子男五十里之地,稍有实力,就要向外扩张。在向东、向南、向北的地方,都有早期楚人的足迹。这种扩张的野心从楚人初始于荆山之地,一直到北向问鼎中原,直至地半中国,都是楚人破格的性格使然。因而楚人的行政制度一部分是跟随周王朝或者各诸侯国,另一部分则是在自身的发展和征战中,由自身的性格决定然后根据发展的需要,而实行的独特的行政制度。

楚人从中央制度到地方的行政制度,直至基层制度都有自己的独特之处。从总体上看,楚人的中央行政制度与周王朝大体一致,比如也有以土地封下属的做法,但楚人的封地与周王朝和诸侯国却有不同之处。楚人的分封不是世袭封地,受封者也不是在封地上有一切的威权。楚人分封往往是三世而收地,其受封者,亦相当于封地上的行政官员,以封地所获作为报酬,他不能把封地作为自己的永久所得,亦不得将封地层层分封给下属。这种分封

---

① (清)阮元校刻:《十三经注疏·春秋左传正义》(清嘉庆刊本),中华书局2009年版,第3891页。

② (汉)司马迁:《史记》,中华书局1982年版,第1697页。

③ (汉)司马迁:《史记》,中华书局1982年版,第1692页。

制楚人一直没有完全接受，在楚国的行政制度中，中央一级以王权为主，地方则是王权统治下的中央集权的雏形。

　　楚人的行政制度中有一项在当时必须面对的现实，即对外部扩张以后得来的土地的控制和管理，以什么方式对待。楚国东部、东南部，是楚人最早向外扩张的地区，楚君熊渠受周天子所封五十里子男之地，并奉命镇尔南方夷越之乱后，就开始以怀柔的政策对待这些地区，因而甚得江汉间民和。然后开始向外扩张，打下了庸、鄂和杨粤，并将自己的三个儿子封在这三个地方为王。对于这种称王的做法，学者们有许多不同的解释，但不论有多少不同的解释，有一点可以肯定的是，这种做法，是楚人的独创，不管这种王是封地的称呼，还是独立小邦国的称呼等，都是一种独一无二的做法。周人的解释显然与当时的楚人或者后世学者的看法不同，可能就是觉得楚人僭越了周天子的王的尊号，取消了楚人最初的这种封号，于是短暂的楚人称王的试验就此终止。虽然这种做法并没有形成为一种制度，但是，楚人这种创新并灵活的思路在他们建立行政制度的过程中，却成为一种传统。这种封自己的子弟为王的做法虽然短暂，但由此使楚人认识到王这一称呼的重要性，于是楚人在数代后的首领熊通时，再一次把王这一称号用于最高的国家首领身上，武王这个称号正式被楚人启用，至此"王"这一称号一直沿用到楚国灭亡，并被后来的诸侯国效仿。

　　国家行政制度的沿袭与灵活，导致地方行政制度的依规而行。地方的行政机构，楚人根据不同的地区而采取了不同的设置方式。比如在对付所灭国上，就有不同的治理方式，对北边的所灭国，一般是以设县来处理。北边多是老牌的诸侯国，楚人在此地的灭国之战打得都不是那么轻松，有的是反复争夺多次，灭国、复国，反反复复，最后为了北边所灭国地区的稳定安全起见，采用了迥异于分封式的行政管理方式，即最早的中央集权的方式统治该地。早期楚国的县所具有的中央集权性质，前已多有描述，此不赘言。总之，就是为了让这些被楚国灭掉的小国，能够牢牢地掌握在楚国君王手中，才直接由楚王任命此地的官员管辖该地，即最早的县。县的中央集权性质已经有许多学者论述，本书前已有述及，应该是比较公认的事实。虽然它还只是中央集权制的最早形式，还很不成熟，有许多不足之处，但它对秦统一以后的中央集权制是有影响的。也对中国封社会几千年的中央集权制有影响。对其他地方的行政机构，楚人根据实际情况有各种不同的管理方式，有些是沿袭周制，比如分封土地，这种方式是当时周朝对中央以至地方官员发放俸禄的基本形式，也是对周天子所辖各地的行政方式，它基本上被周天子所封的诸侯所沿用。这种方式实质上就是当时周朝和所封诸侯国的政治制度。但从楚国开始，这种制度有了改变，那就是县制的设立，在国家制度的变革上，楚国可以说是开创者。对于其他地方的所灭国，楚国有几种不同的处理方式，一是把被灭国的国君和贵族迁到其他的地方，使他们脱离原来的土地，也就是改变他们原来使用的周王朝的统治方式，换上适应楚国国情的行政方式，以便控制。二是将被灭国土地划分成小块，分而治之。这小块的土地可以作为贵族的分封之地，而被灭国土地上原有的臣民，则成为奴仆[①]。这种形式基本上是部分沿袭周制，但分封的土地并非世袭，只是分封的贵族对其土地具有一定的行政管辖权。三是对被灭国实行"不泯其社稷，使改事君，夷于九县"[②]。这是楚国打败郑国时，郑伯肉袒牵羊对楚称臣时，楚庄王说的一段话，意思是，你向我称臣了，我便保留你的社稷，不灭你的国。这是楚人对所灭国的又一种处理方式，但这一种与楚国的行政制度没太大关系，基本上被灭国原来是什么样的行政制度，还是什么样。只是这种由被灭国向楚称臣的形式并不是一种终极的方式，一般可能会反复多次，最后还是被楚灭掉，或者被其他国家灭掉。

（二）楚国法制与秦国法制的比较

楚国的法律制度在春秋至战国时期有了很大的发展，从最初的不成文法、习惯法到后来的成文法和从法到律的发展，以及专职法律官员的出现，无不体现出楚国对于法律的重视。楚国专职法律官员在楚国法制的发展中是一个很突出的现象，这种专职法律官员的作用体现在，一是有专职的执法官员，二是执法官员的分布和职责很明确，三是执法官员的地位，还有楚国执法官员执法的程序和过程在民众生活中的体现，都是楚国法律占有相当地位的表现。

当然，楚国对法律的重视程度与其他国家相比，在某些阶段也会出现不同程度的差别，这里主要想说说楚国法制与秦国法制的异同。楚国在发展过程中，基本上是一个相对比较平衡的状态，各方面的发展大致是齐头并进

[①] 何浩：《楚灭国研究》，武汉出版社1989年版，第91页。
[②] （清）阮元校刻：《十三经注疏·春秋左传正义》（清嘉庆刊本），中华书局2009年版，第4078页。

的。从大的方面讲，物质与精神，从具体的内容来看，楚国的政治、经济、军事、文学、艺术等，都取得了不凡的成绩，张正明先生把楚文化主体部分概括为六大支柱，包括物质的三大支柱和精神的三大支柱。这在当时来说是比较全面的概括总结。但进入21世纪以后，随着楚墓的不断发掘，更多的内容展示在世人面前，使人们看到更多楚文化新的面貌，其中有更多的物质内容，也有新的精神内容。概括而言，应该说楚文化在物质层面，还应该包括大量出土的玉器，精神方面的有数量可观的简帛文字。这些都是楚文化发展的重要内容，而法制在楚国的发展中也起着非同小可的作用，其发展也不可小觑。只是与发展不太平衡的秦国相比，楚国的法制到后期的发展不如秦那么宏大，在国家体制的诸多内容中，也不似秦占据那么重要的成分。

秦国是由西北部少数民族发展起来的后起之国，这个国家在各方面的发展呈现出诸多的不平衡状态。张正明在《秦与楚》一书中进行了比较系统和详尽的分析比较，此处只谈法律："秦人的先世继承了商朝的蓄奴制，尽管社会制度滞后，仍视蓄奴为天经地义……秦人的先世因袭了周朝的宗法制，这在大骆以谁为嫡嗣这个名分问题上显露无遗。""楚人的先世则长期滞留在原始社会与文明社会交接时段中，即令其部落贵族对蓄奴制心向往之，也还来不及发展出成熟的蓄奴制……楚人的先世却还保留着原始社会晚期的民主传统。"[1] 张正明用简洁的语言比较了秦楚两国社会形态与社会制度的区别，这种社会制度的不同导致后来秦楚两国在法律的诸多方面显示出差别。尤其是在秦国的商鞅变法后，秦与楚在法律方面的差别更大。鉴于秦国在当时诸侯国中国力的不足及诸多社会及制度方面的问题，秦孝公决定效法当时成为流行趋势的变法，任用了商鞅在秦国开始走变革之路。秦国与其他诸侯国的显著不同即是，秦国尤其重视在法制方面加大力度。在当时的政治舞台上基本上呈现出百家争鸣的局面，除了老牌的儒家、道家等以外，就是以秦国商鞅为主的法家。秦孝公任用商鞅就是看中了商鞅的法制思想，于是在秦国开展了一场对秦国乃至对后世的中国都产生了深远影响的商鞅变法。加强了法制改革，也提升了法律在国家的地位和作用，所谓变法，很大程度上就是加强法制的另一种说法。

历史上有秦国重用法家一说，这里的法家从狭义的范围来理解，就是重

---

[1] 张正明：《秦与楚》，华中师范大学出版社2007年版，第56页。

视法制。秦国的法律制度从商鞅变法的内容中可以看出来，商鞅在秦国颁布一系列法令进行政治、经济、军事、法律等方面的变法。首先是政治方面普遍推行县制，设置县一级官僚机构，设县令主政。这是秦正式地、全面地将国家机构引向中央集权制的改革。其次是经济制度的改革，废除贵族的井田制，实行土地私有制。推行重农抑商，奖励耕织的法令，以农为本，以商为末，强化国家的经济基础及收入来源。再者是军事方面，废除世卿世禄制，实行奖励军功，编订户口，按户按人口征收军赋。最后是法律方面的变法，颁布并实行魏国李悝的《法经》，增加连坐法，轻罪用重刑。这一条的厉害之处在于，此后民间对违法行为都得要付出比原来高得多的代价，这是大大加重了法律的执行力度，为保证变法的推行起到保驾护航的作用。此外还有在民风民俗方面的变法，革除残留的戎狄风俗，推行小家庭政策。规定两个以上儿子的家庭，到立户年龄而不分居的，加倍征收户口税。这种民俗的变法，很明显是以提高人口快速增长为目的。对秦国的商鞅变法后世有许多的评价，其中最重要的评价是秦国从此后，始用法家治国。商鞅变法后，秦国的法律的地位可以从史籍中一窥究竟。《史记·秦始皇本纪》记丞相李斯曰："今天下已定，法令出一，百姓当家则力农工，士则学习法令辟禁……臣请史官非秦记皆烧之。非博士官所职，天下敢有藏《诗》《书》、百家语者，悉诣守、尉杂烧之。有敢偶语《诗》《书》者弃市。以古非今者族。吏见知不举者与同罪。令下三十日不烧，黥为城旦。所不去者，医药卜筮种树之书。若欲有学法令，以吏为师。"[1] 可见法律在秦国的地位之高，应该是超出楚国的。

秦国法律的内容和执行程度到底如何，其最重要的证据就是从秦墓出土的竹简，1975 年在湖北云梦城关发现了一批秦国的简牍[2]，其简牍保存完好，字迹清晰，内容丰富，其中主体内容是秦国的法律文献。简牍中发现的法律文书中可以窥其大概。首先，在云梦秦简中发现了律令，这是用文字写成的法律条文，也是迄今为止发现的我国最早的成文法。秦墓出土的律令内容很多，一共有十八种，关系到各方面，有经济的、军事的、宫廷内务的、民间犯罪等。还有关于法官对犯罪者居住地查封，而后对案件进行侦查、勘

---

[1] （汉）司马迁：《史记》，中华书局 1982 年版，第 255 页。
[2] 参见陈振裕、罗怡编著：《云梦睡虎地秦简——让秦国历史"活起来"》，武汉大学出版社 2021 年版。

验，然后进行判决的文件，即封诊式。云梦秦简是从一个叫作喜①的官吏墓中发现的，此人生活的时间大致是秦昭王至始皇存续的时间，其身份应该是一个与法律有关的官员。因此在他的墓中埋葬了大量的法律文书，给后世留下了宝贵的研究秦国法律制度的资料。云梦秦简所记的内容大致上就是秦昭襄王至秦始皇时期，即战国晚期，距商鞅变法仅几十年时间。从墓中出土的大量法律文书可以看出，商鞅变法在秦国的巨大影响，秦国的法律制度之丰富，执行法律力度之强，在当时应该是首屈一指的。

再看看楚国，原本楚国在法制方面已经有了长足的进步，但是楚国任用吴起变法时并没有把以法家思想治国放在首位，吴起变法更多的侧重于吏治、经济和军事的改革，吴起变法中的改变吏治的政策，即选贤用能，是为了选拔有用的人才，废除过去的旧贵族特权制度，让那些白吃国家俸禄的贵族不再是国家的负担，以便把不急之官捐出来；废公族疏远者，是为了把这些对国家无用之人的俸禄取消，以抚养战斗之士，壮大军队的力量。在法律制度方面的变革即明法审令，制定法律并公之于众，让官民都知晓，便于国家广泛而公正地执法。

商鞅变法前，秦国已经在法制方面相对比较完善，这一点明显优于楚国。楚国在众多诸侯国中是出土竹简最多的，但直到目前为止，没有发现一条成文法。楚国出土法律文书比较多的墓葬是荆门包山大冢②，其中有不少诉讼的内容，也体现了楚国不少法律条文，但没有如云梦秦简这样明白无误的律令，即成文法。也许有一天楚国发掘的墓葬中也会有一份这样的法律文献出土，让我们对楚国完整的法律执行状况一窥究竟。

---

① 参见鲁西奇：《喜：一个秦吏和他的世界》，北京日报出版社2022年版。
② 湖北省荆沙铁路考古队编：《包山楚简》，文物出版社1991年版。

后 记

《武汉地方法治发展史》从动议、酝酿、论证、立项、编纂到出版，历时八年。该丛书的面世，凝聚了武汉乃至全国部分法学法律界、历史学界和出版界人士的共同心血。

本课题的确立得到了武汉市委、市政府及市委政法委主要领导的大力支持，得到了武汉市依法治市（普法）领导小组、武汉市委政法委、武汉市委宣传部、武汉市社会科学领导小组、武汉市财政局等部门和单位的鼎力帮助。

本课题的研究得到了中国社会科学院法学研究所、中共中央党校法学研究部、党的建设部以及杭州师范大学等国内高校和科研机构的大力支持。中国法律史学会会长张生、杭州师范大学法治中国化研究中心范忠信等同志，为本课题聘请专家学者咨询论证及修改定稿做了大量的工作。

本课题在研究过程中，还得到北京大学、中国政法大学等高校和研究机构法学、历史学、中共党史等专业知名学者的悉心指导（名单见扉页）。他们在主题确定、资料搜集、大纲拟定、初稿写作、修改定稿等方面，提出了诸多宝贵意见和建议。

本课题编纂过程中，华中师范大学、湖北经济学院、中南财经政法大学、江汉大学、武汉市委党校，以及武汉市中级人民法院、武汉市人民检察院、武汉市公安局、武汉市司法局、武汉仲裁委员会办公室、武汉律师协会等课题承担单位，为课题顺利开展提供了全力支持。倪子林、龚维城、陈芳国等给予了具体指导。湖北省档案馆、武汉市委党史研究室、武汉地方志办公室、武汉市档案馆、武汉市图书馆、《长江日报》社等单位，为资料收集提供了帮助。

对以上领导、专家学者和单位的大力支持，在此一并表示衷心的感谢！

本课题研究头绪复杂，内容繁多，为推进课题研究顺利开展，武汉市法学会与江汉大学城市治理研究中心成立了专项课题组，课题组设置了以武汉市法学会周玉、万洪源、唐巍、孙剑华、张雪莲、熊音、李敏、彭轩等为主要成员的编务组，以江汉大学李卫东、王耀、王肇磊、童旭、储著斌、余超、谢宙、欧阳思萌等为主要成员的学术联络组。两组同仁在编委会领导下，相互协作、相互配合，组织开展了大量工作。

此书是探究武汉地区先秦时期法律制度的源起和发展进程的课题。因为源起部分一直追溯到新石器时代，这是一个未曾探讨过的课题，没有文字的记载，也没有简帛的记录，基本上仅凭考古资料来探索，所以尽管研究楚国典章制度多年，但仍然感觉到此课题的难度。从新石器时代开始进行探索法律的起源，是否合适，是否能得到学界的承认，都是写作之中时常会考虑的问题。好在有学界的前辈对人类早期社会组织以及国家的形成为探索打下了基础，因此，就大胆地动笔了。在写作过程中，对具体问题的选择，考古资料的筛选，结论的得出，每一步都有难过的坎，其中的艰辛费时难为外人道。好在最终坚持过来了。不过探索新的领域也有一种新鲜的刺激，能够找到一些资料，并且做出一些分析，得出一些结论，对于我来说，也是一种欣慰。当然，这种探索还只是一种尝试，还有诸多未能涉及的问题，以及未能分析到位之处，时感学问的不足，以至存在诸多的遗憾，因此心存忐忑。

此书历经数年，感谢北京和武汉各大专院校的学者，武汉市法学会的领导和同仁，对书稿的设计和具体问题的处理，都提出了学术上意见和建议，武汉市法学会和江汉大学课题组的领导和同仁，在管理上也付出了艰辛的劳动，对我多方关照和提醒，在此深表感激。我的学生杨理胜，为我搜索大量的考古资料，也付出了很多心血。

本书的写作参考运用了诸多学者的研究成果，在此一并致谢！

编　者

2021 年 10 月